全国高等学校体育教学指导委员会推荐教材

大学体育与健康教程

主 编　白晋湘 谭志刚 唐吉平 陈碧华 周强猛

中南大學出版社
www.csupress.com.cn
长 沙

编委会

主　编　白晋湘　谭志刚　唐吉平　陈碧华　周强猛

编　委（按姓氏笔画排序）

王　可　　王　华　　尹俊卿　　左　燕　　龙佩林

龙承学　　白晋湘　　朱晓红　　刘卫华　　李成军

李兴平　　李　政　　杨明雄　　吴　力　　吴永海

吴湘军　　宋彩珍　　陈玉凤　　陈碧华　　周道平

周强猛　　胡建文　　段绪来　　唐吉平　　梁　红

舒颜开　　谭志刚　　谭　蕾

前　言

大学体育课程作为高等教育和现代体育的重要组成部分，是培养全面、自由、和谐发展的高素质人才的有效路径，是造就新一代有竞争力、创造力、协作能力的高智能人才的重要渠道，也是促进大学生身心健康发展，巩固其终身体育意识和形成体育锻炼习惯的重要基础平台。

由白晋湘教授等主编的《大学体育与健康教程》，紧扣《全国普通高等学校体育课程教学指导纲要》《学校体育工作条例》《国家学生体质健康标准》的精神与要求；以“健康第一”为指导思想，以素质教育为基础，以教育性、知识性、兴趣性、发展性为编写原则；结合当代大学生身心素质发展特点和普通高等学校体育教学面临的新形势、新局面和新需求，在编写过程中，力求做到体育基础理论知识全面、卫生健康知识系统、体育技能项目丰富新颖、锻炼方法手段多样；希冀在本教材的指导下，能有效促进高校体育教学实践活动的开展，能帮助当代大学生在课内或者课外学习、掌握科学的健康知识与体育健身方法，同时也能为大学体育课程的建设起到积极的推动作用。本教材包括“体育与健康知识篇”和“运动技能实践篇”两大部分，最大的特色之处就是运动技能实践篇吸收了近年来我国民族传统体育文化研究整理、挖掘出来的最新项目成果，为大学生的健康发展提供了易学习掌握、易开展推广、易传承发展的优秀民族传统体育健身项目。

参加本教材编写的人员有吉首大学的白晋湘（第一章第一、二节）、周道平（第一章第三、四节）、吴湘军（第二章第二、三、四节）、陈玉凤（第二章第五、六节）、吴永海（第三章第一、二节）、李政（第五章）、梁红（第六章第一节）、李成军（第六章第二节）、吴力（第六章第三节）、龙承学（第六章第六节）、段绪来（第六章第十节）、杨明雄（第六章第十一节）、刘卫华（第六章第十二节）、胡建文（第七章第一节）、刘蓓（第七章第二节）、龙佩林（第七章第三节）、左燕（第七章第四节）、舒颜开（第七章第五节）、李兴平（第七章第六节）、朱晓红（第七章第七节），南华大学的谭志刚（第三章第三节），湖南网络工程职业学院的陈碧华（第二章第七节），湖南城市学院的唐吉平（第四章），张家界航空工业职业技术学院的王华（第六章第五节），长沙师范学院的周强猛（第六章第八节）、宋彩珍（第六章第七节）、王可（第六章第九节）、谭蕾（第二章第一节）、尹俊卿（第六章第四节）等，全书由白晋湘统稿、审定。

在此，向书中直接或间接引用其理论和方法的专家、学者表示最诚挚的谢意，对所有关心、支持和为本书成稿、审定、出版作出贡献的单位及个人致以诚挚的谢意。

由于水平有限，书中不足之处在所难免，恳请读者批评指正。

编　者

2017 年 5 月

目 录

第一篇 体育与健康知识篇

第二篇　运动技能实践篇

第一篇

体育与健康知识篇

第一章 大学体育

第一节 大学体育概述

《中共中央国务院关于深化教育改革，全面推进素质教育的决定》中明确指出：“学校教育要树立健康第一的指导思想，切实加强体育工作。”教育是立国之本，是提高国民素质的根本所在，大学体育作为高等教育的重要组成部分，在增进学生身心健康，提高整体素质方面有不可替代的作用。因此，要充分认识大学体育在21世纪人才培养中的特殊价值；在全面推行素质教育的过程中，要切实贯彻“健康第一”的指导思想，积极发挥学校体育在促进学生身心健康发展中的主渠道作用，全面提高大学生身心健康水平。

一、大学体育的目标与任务

（一）大学体育的目标

大学体育是高等教育的重要组成部分，是培养全面发展人才的重要内容，是造就一代有竞争力、创造力、高素质的各类有用人才的有效渠道。在实践中，人们越来越认识到：通过体育锻炼可以实现对学生身体、心理的教育培养以及人格、品质的陶冶塑造，可以促进学生全面发展、达到身心完美状态。大学体育就是本着这样的价值取向开展的，集健身、健心为一体，为大学生的身心健康发挥着积极、独特的作用。在当代“健康第一”的教育思想的指导下，大学体育把塑造健康体魄、陶冶健全精神、提高社会适应能力、形成良好体育锻炼习惯作为最终的奋斗目标。

大学体育的总体目标是：以育人为宗旨，引导和教育学生主动、积极地锻炼身体，掌握现代体育科学的基本知识、技术和锻炼身体的正确方法；提高学生体育文化素养；加强学生独立从事体育锻炼的意识；培养学生“终身体育”的思想，为身心的全面发展打下基础；创造条件，提高有发展前途的学生的运动水平，为国家培养和输送优秀体育人才。

（二）大学体育的任务

根据我国《学校体育工作条例》中的有关规定，大学体育应努力完成以下基本任务：

1. 增强学生体质，增进学生身心健康

通过合理的体育教育和科学的体育锻炼，使学生在身体形态、生理机能、身体素质和身体基本活动能力等方面都得到全面发展，塑造健康体格，促进身体正常生长发育，增强对自然环境和社会环境的适应能力、对挫折的承受能力和对疾病的抵抗能力，促进学生体质全面发展。

2. 培养学生的运动能力与良好的体育习惯

通过各种体育途径，对学生进行体育与健康基础理论知识的教育；同时通过科学的体育锻炼过程，提高学生的体育素养，帮助学生学习和掌握 1 ~2 项感兴趣、有特长、有延续性的终身体育运动项目的基本技能和科学的锻炼方法，争取学到手、带着走，逐步养成良好的体育习惯，并能用所学到的科学知识进行自我调控、自我检测和自我评价，达到终身受益的目的。

3. 进行思想品德教育，培养健康的心理素质

高校体育有着丰富的内涵，不仅要育“体”，还要育“心”，寓思想品德教育于体育活动和竞赛之中，进行爱国主义、集体主义教育，培养拼搏进取的竞争意识和遵纪守法等良好的社会公德，树立现代体育意识，把健康与学习、工作、生活和自身发展联系起来，提高体育的兴趣和对体育比赛的欣赏能力，培养勤奋好学、勇敢顽强、团结合作以及胜不骄、败不馁、锲而不舍等品质，促进学生个性健康发展。

4. 提高学生运动水平，培养体育竞技后备人才

体教结合，坚持育人与育才并举，是实施奥运战略、竞技体育可持续发展的一种创举，也是我国体育教育普及与提高的重要环节。高校应在广泛开展群体活动的基础上，对部分体育基础较好并有一定运动专长的大学生进行有计划的课余运动训练，举办各类体育竞赛活动，既可丰富校园文化生活，又可为国家培养全民健身骨干和竞技运动后备人才。

二、大学体育的作用与价值

（一）大学体育的作用

1. 促进大学生身心健康发展

体育运动中的和谐交往、竞争拼搏以及耐负荷锻炼等方面，在帮助大学生稳定心理状态、进行自我调节、提高自控能力等方面起着积极作用。大学生正处于生长发育的旺盛时期，通过参加体育锻炼，能够有效地促进大学生的身体健康，提高对外界环境的适应能力和对疾病的抵抗能力，塑造健美的体态，掌握必要的运动技巧，提高身体素质和基本活动能力。

2. 培养大学生的体育能力与习惯，为“终身体育”奠定基础

根据大学生的年龄、生理及心理特点，大学体育教育在结合学生的运动兴趣的情况下，能够有针对性地培养学生独立从事体育锻炼的兴趣，帮助学生系统地掌握体育基础知识、技能和科学锻炼身体的方法，提高体育文化素养和体育审美能力，培养良好的锻炼习惯，为“终身体育”奠定基础。

3. 加快实现“体育强国”的目标

大学体育是学校体育与社会体育的连接点，不仅是实现全民健身计划的主战场，还是向社会输送体育人口和体育人才的摇篮。大学生将成为体育活动的积极分子，走向社会后还会在更大范围内成为群众性体育活动的骨干，对全民健身计划的实施起到积极的推动作用。大学体育还可以凭借良好的教育氛围和优越的教学条件，帮助有运动天赋的大学生提高运动水平，为国争光。

（二）大学体育的价值

1. 大学体育的文化价值

大学体育推崇的是时代先进文化，传播的是现代文明，倡导的是科学理念，弘扬的是奋斗、进取精神。体育属于文化的范畴，是大众文化的一个有机组成部分。体育一词的英文就直白地表述为身体文化（physical education），这说明了体育与文化紧密联系。

随着时代的发展，现代体育的内涵和外延发生了重大的变化，体育成为一种与人们生活休戚相关的复杂文化现象，对个体的身心成长、发展以及社会政治、经济、文化等方面产生了积极、重大的影响。大学体育可以提高大学生的精神追求、文化品位，丰富课余文化生活，陶冶情操。因此，大学体育的文化价值是：体育文化的熏陶、精神需求的满足和文明素养的塑造。

2. 大学体育的社会、心理价值

大学体育主要是以身体与智力活动为基本手段，根据人体生长发育、技能形成和提高的规律，通过体育教学、课外体育锻炼等形式，达到促进身体健康发展，提高身心素质水平和运动能力，丰富和改善生活方式，调节心理，陶冶性情，提高和完善个性品质，提高生活质量等目的的一种有意识、有目的、有组织的社会活动。

目前体育锻炼已经成为大学生用以调节精神生活、陶冶性情、改善心态的有效途径，成为拓宽生活时空、扩大信息来源与人际交往的重要渠道。大学生可通过体育活动调节日常生活，扩大人际交往范围，缓解社会压力，调整失衡心态，体验幸福生活。

3. 大学体育的美学价值

运动竞赛是体育的重要组成部分，是体育的魅力所在，其竞争性、观赏性以及比赛结果的不确定性能够满足人们的审美需求，使人如痴如醉，遐想无限。

体育比赛的竞争中充满着合作，严谨中渗透着幽默，平民化的气氛中散发着高雅气息，有静态般的雕塑美，也有运动中的动态美，这些都带给人们深刻的心理体验。在体育比赛中，爱与恨、悲与喜、乐与忧、期望与失望、成功与失败等都融为一体，带给人无限的遐想和无尽的回味。情感得到升华，痛苦得以释怀，愤怒得到宣泄，心态得到平衡，这就是体育的独特与精彩之处，这就是体育文化的神奇与魅力所在。体育审美品位的提高与在体育比赛中学会欣赏美、创造美也是大学体育教育的目标。

三、大学体育实现的途径

体育课是实现大学体育目标的主要组织形式。体育课除了向学生传授体育理论知识外，更主要的是指导学生进行各种身体练习和活动。根据体育课的任务、内容和性质，其主要组织形式可分为理论课和实践课。

理论课是在室内组织的教学活动，可通过讲授和录像、投影等多媒体教学手段向学生传授大学体育学习的目的与任务、体育理论知识、科学锻炼身体的方法等。对体育实践具有普遍指导意义的科学理论知识，可使大学生深入理解体育的本质，并对培养其独立进行科学锻炼的能力和树立科学的体育观具有重要意义。因此，《全国普通高等学校体育课程教学指导纲要》规定各类体育课的理论部分不得少于教学时数的12%。这一规定比较符合大学生体育学习的基本规律。

实践课是指在室内外进行的身体练习课，是根据体育教学大纲和教学计划规定的任务和内容，按步骤进行的系统教学活动，其目的是在身体练习的过程中，向学生传授提高身体素质和基本活动能力的方法，以及不同运动项目的技术和战术等专门知识，提高他们的基本活动能力和运动技能，最终达到增强学生体质、增进健康的目的。这也是体育课区别于其他课程所具有的独特的教学组织形式。

（一）体育课程

体育课程是完成大学体育工作任务的主要组织形式。我国大学体育课程是以《全国普通高等学校体育课程教学指导纲要》（以下简称《纲要》）为依据组织实施的。《纲要》规定普通高等学校一、二年级必须开设体育课，三年级以上开设体育选修课，并指出其是编写大学生体育教学大纲，进行体育课程教学、评估和管理的依据。根据学校教育的总目标和体育学科的规律，可有针对性地开设以下几种类型的体育课：

1. 基础课

基础课是大学体育承前启后、打好基础的课程，是使学生在体育基础知识、技能的学习和全面身体训练的全过程中逐步加深对体育的认识，提高身体素质和运动能力，改善身体形态、机能，增进健康，树立正确的体育观，为以后的学习奠定良好基础的课程。

2. 选项课

选项课是在全面身体训练的基础上，根据学生的爱好和特长，以某一类身体练习项目为主的教学活动，可使学生掌握该项目科学锻炼的基础知识和技能，培养学生锻炼的兴趣和习惯以及对体质和健康的自我评价能力。

3. 选修课

选修课是在前两年体育教学的基础上，根据学校条件和学生的个性爱好分班分组进行的教学活动，其目的是进一步提高学生的体育理论水平和体育实践能力，培养学生独立锻炼的能力，为终身锻炼打好基础。

4. 保健课

保健课是对个别身体异常和病、弱学生开设的必修或选修课，是有针对性地进行康复、保健体育教学的一门课程。

（二）课外体育活动

课外体育活动是大学体育工作的重要组成部分。《纲要》规定：普通高等学校除安排有体育课、劳动课外，还应当组织学生开展各种体育活动。《纲要》对高等学校开展课外体育活动提出了严格的时间要求，在形式、内容等方面又保留了充分的选择余地，使各校能够根据本校的实际情况，开展多种多样的课外体育活动，与体育课相互促进，巩固和提高学习和练习的效果，增强体质，增进健康，丰富学生的课余生活，培养和发展学生体育锻炼的兴趣和独立锻炼的能力。这对形成终身体育观有重要的促进作用。只有对课外体育活动进行科学安排和合理组织，有计划、有步骤地进行，才能形成一个有序运转的完整体系，发挥更大的效益。课外体育活动在我国高等学校一般有以下几种形式：

1. 早操和课间活动

早操是学生清晨起床后进行的体育锻炼，是我国大学生作息制度的一项内容。清晨的身体活动，能提高大脑皮层的兴奋度，加快血液循环，促进新陈代谢，为大脑工作的能量供应做好准备，使学生能以良好的身心状态进入一天的学习、生活，有利于提高学习效率。

活动内容可根据学生的兴趣和需要多样化，并有计划、有组织地长期坚持。长期坚持早操，养成晨练的习惯，是形成科学生活作息观念的重要途径。这不仅有利于大学生的身心健康，同时对培养其科学生活的习惯和能力，以及走向社会以后能继续保持良好的生活作息规律具有深远的影响。

课间活动是每天上午理论课下课后在休息时间进行的体育活动。课间在教室周围或附近的运动场进行轻微的身体活动，可呼吸室外新鲜空气，消除维持坐姿时身体局部肌肉、视听等感觉器官和大脑皮层的疲劳，调节精神状态，是一种脑力劳动后有效的积极性休息。课间活动时间短，可采用广播操、眼保健操、散步、韵律操等活动身体，使身心充分放松，从而以充沛的精力进入下节课的学习。

2. 课余体育锻炼

课余体育锻炼是高等学校根据《学校体育工作条例》的规定，在大学生一天课程学习结束后，有计划、有组织地进行的体育活动。下午空闲时间相对集中，充分利用这段时间，组织学生进行科学的体育锻炼，对增强体质、增进健康、丰富校园文化生活、促进个性的全面发展十分重要。

课余体育锻炼应根据各校的具体情况，组织各种形式灵活、丰富多彩、措施得当、适应大学生的个性发展需要的活动内容，这样才能使学生体验到体育活动的乐趣，吸引更多学生长期、持久地进行体育锻炼。在组织形式上，可以班为单位，分组、分项目进行锻炼；也可根据学生的爱好成立兴趣小组进行活动，还可组织多种多样的校内比赛等。在内容上，要和体育课相互联系，巩固和提高课堂的学习内容，推行《国家学生体质健康标准》的达标内容，也要安排大学生喜爱和需要的各种现代运动项目；在组织措施上，要充分发挥学生体育骨干的作用，建立必要的规章制度，重视安全教育，防止运动伤害事故的发生，合理安排体育场地、器材等。

3. 体育文化节

体育文化节是在课外集中一段时间组织全校学生进行的体育活动。体育文化节时间比较灵活，可用一周或几天的时间有目的、有计划地组织这一活动。活动内容应丰富多彩，符合大学生的兴趣爱好，既要生动活泼、富有趣味性，又要兼顾知识性和教育性。在举办体育文化节前要做好充分的准备和宣传工作，调动全体学生的积极性，在相对集中的一段时间内在校园创造一种热烈的体育氛围。

（三）运动训练和竞赛

运动训练是大学课余体育的重要组成部分，也是我国发展体育事业、提高竞技运动水平的需要。从《体育法》第二十八条规定中可以看出，国家对优秀运动员在就业和升学方面给予照顾，这便为高等学校引进优秀体育人才创造了条件。对具有体育才能和发展潜力的大学生进行课余运动训练，不断提高其竞技水平，使其在国内外的比赛中创造优异成绩，既可为学校和国家争得荣誉，又可扩大学校的影响和知名度，同时也能培养体育骨干，推动学校体育的普及和开展，为国家竞技运动培养后备人才。运动训练要根据学校的实际情况，在人、财、物可能的范围内，选择具有群众体育活动基础或一些已形成传统的项目组建运动队。训练工作要根据高等学校的特点，合理地安排训练时间，处理好训练与学习的关系，使学生在顺利完成学业的同时，通过运动训练，提高运动水平；要充分发挥大学生体能和智能的优势，制订科学的训练计划，进行系统训练，注重科学研究，不断总结大学生训练的规律，提高训练效果。

《学校体育工作条例》中规定：学校体育竞赛应贯彻小型多样、单项分散、基层为主、勤俭节约的原则。每年至少举行一次以田径项目为主的运动会。根据《学校体育工作条例》的规定，高等学校举办运动竞赛应以校内为主。在校内可经常性地举办班级、年级之间的单项比赛，每年还要组织全校性的运动竞赛活动。运动会可采用教学赛、友谊赛、邀请赛、表演赛、对抗赛等多种形式，根据实际需要也可组织校际间的比赛和观赏高水平运动队的比赛。运动竞赛对检查教学训练效果、促进运动技术水平的提高、推动学校体育的开展、丰富大学生课余文化生活都有重要的意义。

第二节　大学体育与人才素质培养

学校体育最本质的功能是“增强体质、增进健康”，但对于通过体育课程教学、课余体育活动的开展以及课余的体育训练与比赛，使学生在接受科学锻炼身体的知识、方法和进行身体锻炼的过程中所培养出的延伸功能，如对人才必备的道德品质、心理健康、学习效率、创造能力、人际关系、审美能力等素质的培养，许多人不太明白和理解。这里，我们做一个简要介绍。

一、对道德素质的培养

（一）增强爱国意识，培养敬业精神

现代体育中所表现出来的拼搏精神，极大地震撼着每个民族的心灵，维系着民族的感情。特别是在一些世界大赛上，不管是观看者还是参加者，当看到自己国家的运动员高高地站在领奖台上，赛场上徐徐升起国旗、奏响国歌的时候，都会感到无比的兴奋与激动，会为祖国而骄傲，会为自己是祖国的一名成员而骄傲，从而更激励自己在学习与工作岗位上，努力作贡献，报效祖国。

（二）学会尊重他人，增强团队精神

参加体育活动是每个公民的权利，体育活动是不分民族、职业和社会地位的，参加者都是在同一个平台上进行合作与竞争，充分发挥自己的个性与潜能。不管是参加娱乐性的体育活动，还是参加正规的体育竞赛，大家都是在统一的规则、同样的场地条件下进行活动的，参加者必须遵守规则、尊重裁判、尊重同伴、尊重对手、尊重观众。这些有利于培养人们遵守社会公德的习惯，教会人们尊重他人。

体育活动中的集体分工、集体配合，以及各人所承担的各种角色的地位、作用以及相应的权利、职责和义务，使参加者能逐渐认识、理解并掌握一定团体和领域内的行为规范，逐渐体会到一个团队、一个集体要做好一件事，必须依靠全体成员共同努力，单单依靠个人单枪匹马是不行的，从而提高人们对团队作用的认识，增强团队协作精神。

二、促进智力素质发展

体育教育、体育锻炼不但有利于人们的身心健康发展，而且也能促进智力的发展。

人的重要生理活动，主要是通过反射的方式进行的。反射可以分为条件反射与非条件

反射。非条件反射是遗传的，其中枢在大脑皮层下部。条件反射是通过后天的学习、训练建立起来的反射活动的高级形式，其中枢主要在大脑皮层。体育活动中的各种技术动作和变幻莫测的战术配合，是通过感受器不断地对大脑皮层进行复合性的强化刺激而产生的刺激效应，能使大脑皮层的兴奋与抑制更加深入、更加集中。日常参加篮球、排球、足球、网球、羽毛球等体育活动的过程，就是在不断地接受外界的刺激信号后，大脑不断进行分析而发出指令并做出相应应对行为的过程，这一过程的不断重复，能提高人的注意力、观察力、记忆力、想象力和思维能力（即智力五要素），这对促进智力发展，提高学习、工作能力是大有裨益的。

三、对审美情操的培养

健美的形体不仅反映出一个人的体质，还展现出一个人的气质和精神面貌。体育锻炼可以改善人的体形，如经常参加篮球、排球与跳跃运动，可以帮助你长高；经常参加健身跑、健美操运动，可以使肥胖的人减去多余的脂肪，也可以使瘦弱者变得健壮；经常参加游泳运动，可以使你的皮肤保持光滑，富有弹性；经常参加体操、舞蹈与武术运动，可以使你形成良好的形体姿态，站立时躯干挺直，精神饱满，给人以生机勃勃的振奋感。坐姿端庄、稳重，不仅显示出你的体态美，还显示出你的个人修养；行走时步履矫健、动作敏捷，给人以健壮、精力充沛的感觉……人们在体育活动中审视着他人的健康美的同时，也追求着自己的健康美。在追求健康美的实践中，人们不断提高着自己的审美眼光和审美修养。

四、对创造素质的培养

体育不仅能培养人们良好的品德、顽强的意志，还能培养人们敏锐的观察力、奇异的想象力、良好的记忆力和逻辑推理能力，这些都是提高创造素质的基础。

体育活动中，人们需要根据现场情况的不断变化而果断地作出相应的反应。如篮球比赛前，教练员与队员就要对对方出场队员及其位置分工、技术特点以及可能采用的战术进行预测，以制订相应的制约对方、发挥我方特长的办法，而这就需要人们发挥自己的观察力、记忆力，再经过逻辑推理，制订出我方的战术方案。在比赛中，如果对方出场人员或战术的运用不是预测中的情况，场上队员就要视情况随机应变，教练也得寻找适当的机会叫暂停，布置新的战术。队员可以在不断变化的时机中，创造出漂亮的、令人意想不到的配合，充分展现出创造力。体育活动中充满了动作节律、直觉、想象和各种操作性的逻辑思维与非逻辑思维，因而是开发人的右脑的极好手段，而开发右脑，有利于激发人的创造潜能。

五、对心理素质的培养

大学生情感丰富、热情奔放，但由于他们心理和社会化程度还没有真正达到完全成熟的水平，因此，情感上有时会表现出冲动性、突发性、两极性和易变性。

体育活动中的情感体验强烈而又深刻，不管是在体育课上，还是在课余活动或竞赛场上，成功与失败、进取与挫折共存，欢乐与忧伤、痛苦与憧憬相交织，同时人的情感表现也相互感染、融合在一起。这种丰富的情感体验的刺激，有利于情感自我调节能力的发展。

通过体育活动，人们能学会竞争，学会表现自己的才能与实力，增强自信心；通过体育活动，人们能够学会控制自己，理智地看待一些不良刺激，并使自己的个性更趋于成熟。

六、对人际交往素质的培养

人际交往是指在社会活动中，人与人之间进行信息交流和情感沟通的过程。在学校里，大学生人际交往的障碍往往比较常见，如孤独、腼腆、自卑、恐惧、猜疑、偏见都是人际交往中心理障碍的表现，而这些都能在体育活动中得以改善，因为体育运动是一种有章可循、有法可依，带有一定约束力的社会活动。人们在这一活动的过程中，既需要交流与合作，又需要沟通与竞争。经常参加体育活动，可以促进个体适应社会能力的形成与发展，提高人际交往的能力。

体育活动中与同伴的合作，以及在体育活动中建立起来的默契、关爱与信任，极大地丰富了人们交流的内容，扩宽了人际交往中的沟通渠道，有利于人们进行情感交流。参加体育竞赛的组织工作，更能锻炼人的策划能力、组织能力、人际交往能力。在组织工作中，你要与各种人打交道，你要宣传竞赛的意义、组织的方法，以取得各级领导与参赛单位的支持，你要安排好竞赛场地、器材、裁判、工作人员，你要安排好开幕式、闭幕式以及颁奖仪式，还要做好赛后的工作小结，等等。在这一过程中，你将会克服腼腆，克服社交恐惧，提高与人打交道时的语言表达能力；你会注意到自己说话的分寸，提高说话的技巧与艺术；你也会注意到自己的服饰与礼仪，希望能展示自己，给人留下良好的印象以实现你的计划；你会遇到各种问题与矛盾，从中学会解决矛盾、赞美与批评人的艺术……

在大学的学习、生活中，积极参加体育活动，积极组织体育活动，有利于提高大学生的综合素质，有利于为社会培养现代化人才。

第三节　校园体育文化

一、校园体育文化的功能与价值

校园体育文化只有通过学校制订长期的规划、方案并通过具体的、细化的实施途径在实践过程中形成特定的体育文化氛围才能得以实现，并通过师生之间的作用关系，师生与体育文化内涵之间的作用关系，同学之间的协作关系，师生与校园媒介之间的作用关系等，才能产生其体育文化功能。校园体育文化的不断完善，为育人营造最优化的环境，从而实现学校教育的培养目标。

（一）导向功能

大学校园体育文化是学校师生员工体育价值取向的向导，大学校园体育文化建设应体现国家和广大师生利益的一致性。大学校园体育文化的内容和形式，以及所构成的文化氛围，深刻影响着学生的体育思想行为和体育生活方式。它是一种客观的、实际的环境力量，起着制约和规范人们体育行为的作用。尤其对大学校园的青年学生来讲，他们的人生观、世界观、价值观和审美观都还处于逐步成熟阶段，特别需要正确的引导。大学校园体育文化的导向作用，主要通过两个渠道来实现：一是国家和学校的体育发展战略、路线、方针、政策，以及由此而产生的社会价值导向对大学师生的指导作用。二是大学校园体育文化本身蕴含的世界观、价值观、道德观等对大学师生的潜移默化的文化影响。

（二）凝聚功能

大学校园体育文化的凝聚功能主要体现在大学校园体育精神文化上。大学校园体育文化建设的一个重要目标，就是形成一种内求团结、活跃校园氛围，外求发展、提高大学声望的精神风貌。良好的校园体育文化环境使人身居校园，处处感到大学校园独有的魅力和生机。同学之间、师生之间、师生员工与学校之间，通过体育传统和文化氛围建立强烈的责任心和荣誉感，进而激发一种令人振奋、催人上进的力量。将来走出校园，学生会时刻怀念、感受到学校的体育文化在他们学习、生活中所带来的快乐、健康和力量，进而会在一生中发扬其在大学中形成的体育观念和生活方式。这种回忆会让他们为维护母校的声誉、为母校争光而努力奋斗。总之，优秀的校园体育文化具有催人奋进的凝聚力和激励作用，能激发全体师生员工对学校的认同感、自豪感和荣誉感，能激发广大师生员工的工作热情和学习热情，进而使学校的凝聚力得到拓展和升华。

（三）规范行为功能

校园体育文化所形成的体育纪律、体育伦理、体育道德、体育制度、体育风俗等，是师生共同创造、认可并自觉遵守的，它表现为一定的纪律性和规范性。凡是符合校园体育文化建设规范的行为，必将得到肯定和鼓励，而违背校园体育文化建设规范的行为，则会受到人们的谴责，这在大学校园体育社团建设中尤为重要。因此，校园体育文化同大学文化一样，对每一位师生都具有约束力，它在体育文化活动中通过文化要素来规范每个人的行为。

（四）心理疏导功能

心理疏导功能主要指的是大学校园体育文化对大学生优良的个性品质和良好积极的心理状态的形成作用，以及对大学生的各种压力和心理障碍的调节、疏导、释放所产生的功效。大学校园体育文化活动以其固有的刺激性、娱乐性、欢快性、体验性丰富了大学生的精神生活，使他们在紧张的学习之余，体验到激励的情绪和迸发的躯体运动感，感到心情愉快、精力旺盛、情绪高涨。良好的大学校园体育文化的精神氛围可在一定程度上消除大学生心理上和情绪上的自我干扰和互相摩擦，减少内耗，协调人际关系，从而体现校园体育文化的心理疏导功能。

（五）娱乐功能

丰富的校园体育文化内容，不管是竞技运动项目还是休闲运动项目，不管是高水平比赛还是大众水平的练习，普遍都带有浓厚的娱乐色彩，这正迎合了大学师生员工的生理、心理特点和文化需求。在这些活动中，师生暂时忘掉了工作和学习中的烦恼，焦虑和紧张等心理压力得到了很好的缓解和释放，进而获得精神愉悦与自由，保持乐观情绪。这些体育文化活动还能陶冶情操、净化心灵，使人享受生活的乐趣，有利于人们的身心和谐、健康地发展。正如贝弗里奇在《科学研究的艺术》一书中写道：“娱乐和度假主要是一个个人需要的问题，但是，科学家如果连续工作时间太长，会丧失头脑的清晰和独创性……我们大多数人都需要娱乐和变换兴趣，以防止变得迟钝、呆滞和智力上的闭塞。”

（六）传播功能

大学是培养高层次、应用性、创新性人才的重要基地。通过大学校园体育文化可以广泛传播体育思想，提高师生员工的体育意识，创造积极向上的体育文化氛围，指导正确的体育行为。校园体育文化的内容、形式及校园体育文化建设中所形成的文化环境与文化氛围能够引导师生树立“以人为本，健康第一”的观念，良好的体育文化氛围则是一种无形的力量，体现了师生共同的体育价值观。同时，各个学校的体育运动队通过参与校际间的体育比赛，展示了运动队的竞技水平和精神面貌，也间接地反映了学校的综合实力和办学水准，无形中为学校树立了良好的社会形象，有效提高了学校的社会声望。

（七）审美功能

审美功能又称美化功能，它是一种推动人类自身发展的内驱力。校园体育文化的审美功能是看不见、摸不着的，是融在学校成员的情感体验之中的。要使每一个学生的心灵美好、生活充实多姿，就必须重视校园体育文化的审美功能，通过情感和美感的力量使他们茁壮成长。对当代大学生来说，丰富而健康的体育文化活动，为他们充分地表现爱美的天性提供了机会和条件，让他们能够以各自的审美情趣美化生活，从中得到多样化的体验，并极力按照美的规律塑造自己。在引导和鼓励学生追求仪表美的同时，我们应注重教育学生对自然美、体形美、艺术美等的向往与追求，帮助学生抵御那些低级淫秽、腐朽、毒害青少年健康成长、与社会主义精神文明格格不入的审美情趣，培养高尚的道德情感和审美情趣，以推动社会主义精神文明建设不断向前发展。

二、校园体育文化的主要传播途径

（一）校园体育文化的网络传播

1. 建立专题性体育网页

针对当代学生热衷于上网的特点，可在网上建立专题性体育网页来满足不同学生群体的需求。一方面，网络传播速度快，信息容量大；另一方面，网络更新速度快、更新方便，便于网页管理者及时对内容进行更新，体育信息不至于太过陈旧。而建立专题性的网页，最重要的是要突出内容的专题性。因此，必须对体育信息进行系统分类，以便不同学生群体查询，如制作体育新闻网页、体育学习网页、体育宣传网页等。专题性体育网页可以发布在校园网上，学生通过访问校园网来在线学习体育知识，也可以让学生登录由体育教师特别指定的体育网页进行学习。

2. 建立体育论坛

体育论坛是学生体育爱好者进行谈论和交流的有效平台，也是师生间交流的一种有效方式。可根据学生参与体育活动的情况，安排体育教师做客论坛，与学生进行交流、探讨。话题如“你喜欢什么样的体育运动项目”“与老师共评球赛”“你是怎样看待自己的健康”等。通过讨论，学生会把自己的想法呈现给体育老师和其他同学，体育老师会对学生的观点做出评述或提出合理的建议。这样既能加深师生之间的了解，增强师生之间的感情，又能增长学生的体育知识；同时，在体育论坛中，学生所提出的问题也是对校园体育文化建设最好的反馈信息，学校可通过学生提出的问题实施有针对性的建设措施，使其贴近学生去进行校园体育文化建设，有利于学校体育事业的健康发展。

3. 创建体育教师个人网页

基于想了解体育教师这一目的，体育教师的个人网页是最受学生欢迎的。体育教师的个人网页内容应该包括自身的简历、所获的奖项、所擅长的体育项目、教学思路和科研成果等。同时，学生需要学习的东西很多，教师可以利用个人网页进行课程资源的开发和内容重组，让学生在网络上进行复习，也可以根据学生的个性差异，为学生提供适合个性发展的学习内容，从而实现真正意义上的因材施教。

此外，体育教师要充分利用各种网络资源为体育教学工作服务，积极参与体育网络资源的建设，运用网络技术贡献自己的体育教学经验和成果，使之成为网络资源的一部分，与广大同行交流和分享，供众多学生学习。

(二)校园体育课的文化传播

1. 显性传播

体育课的显性传播途径非常多，包括教师的教授、体育教学设备(书籍、器材、场地等)的使用等，特别是随着学校硬件设施和社区环境的改善，体育课的场地不再局限于教室和操场，教师也可到室内体育馆、多媒体教室、邻近公园等场地进行教学。此外，随着体育教师专业知识的逐步完善，体育知识传播的质量也得到了提高。体育器材是学生体育学习的重要辅助工具之一，它是学生完成学习和练习的重要物质基础。适合的器材能较好地促进学生的学习和提高学生的练习兴趣，而不当的器材会削弱学生的学习和练习兴趣。学生因身体素质、兴趣爱好和生活经验不同，对器材的要求也不同。因此，在教学中，应尽可能地给学生提供多种器材，让学生自己选择，使每个学生都参与到体育学习中来。在体育教学过程中，体育教师担当的不仅是体育知识的传播者，同时还是体育教练，可以说，体育教师是一个多功能的传播“窗口”，学生通过这一“窗口”可以直接学到很多体育运动技能和体育知识，特别是当前的教学模式发生转变以后，教师不再被当成一种课程实施的“工具”，他们更加贴近学生，了解学生所想，解决学生所要，因而教师的传播作用就更加明显了。

2. 隐性传播

(1) 通过学生个性传播。新课程标准更加强调学生在学习方面的需要、体育与生活的联系、学生参加体育活动的感受以及在学习当中的价值观等，过去大纲安排得非常详细的内容被淡化了。如此一来，学生的个性及兴趣在体育课堂得到了加强，同时，学生的主体地位在更大程度上得到了体现。这说明在新课程标准下的体育课的文化传播内容已经不仅仅是教师个人的主观意愿体现，也不是由教学大纲来详细安排，学生的个性及兴趣方向在很大程度上决定了体育文化内容的传播，而以学生兴趣为中心的体育课更容易为学生所接受。因为“兴趣是最好的老师”，只有让学生对某种体育项目有兴趣，他们才会以一种自发的形式去学习。所以说，虽然体育课的内容是由学校及体育教师决定的，但实际上学生的个性及兴趣才是体育文化传播内容的根源。

(2) 通过体育课堂氛围传播。体育课堂氛围是由多方面的因素组成的，它包括教师的素质、课堂纪律、教学环境等。一堂成功的体育课首先要具备良好的教学环境，这是非常重要的。在一个器材摆放有序、场地布局合理的环境下进行体育教学，学生一开始就会认为这是一个适合体育学习的环境，就能以最短的时间投入到体育课的学习当中去。同时，教师素质的高低是不可忽略的，因为教师的一句话或一个动作都是一种传播源，很容易被学生模仿，因此，一个品德高尚的体育教师，首先就能通过一种超然的气质来征服学生。此外，课堂纪律的好坏也是至关重要的，只有在课堂纪律良好的氛围下，学生才能认真地进行体育学习。

（3）通过传统体育文化渲染。我国的乒乓球运动水平在国际上一直处于领先的地位，是我国体育事业的骄傲，所以乒乓球在中国几乎家喻户晓。即使是在落后的贫困山区，小小的操场上依然可见几个用水泥板搭成的简易乒乓球台。很明显，在中国，乒乓球运动随处可见，它已成为一个国家的传统体育项目。同理，一个学校也有它的传统体育项目，在校的学生同样会为其传统的优势体育项目而自豪。而在这种深厚的传统体育项目的环境中，学生很自然地会对其产生浓厚的兴趣，在无形之中，该传统体育项目便在学生的脑海里生根发芽。这整个过程不需要学校的硬性规定和教师的课程要求，完全是一种隐性的体育文化渲染行为，而且其文化传播效果更好，影响更深远。

（三）校园体育活动的传播

1. 体育竞赛

早在20世纪初期，竞技体育就被国外一些专家看作是一种文化生活，一种独特的精神崇拜。他们深信，竞技体育可以提高青年进入社会生活的能力，有助于增强青年的身体素质、培养青年的自信心，形成良好的性格和意志品质。近年来，我国先后建立了几十所培养高水平运动员的试点大学和近300所培养体育后备人才的试点中学，并定期召开全国大学生、中学生运动会，这有力地推动了学校体育运动和竞技体育水平的提高。以竞技体育的优势项目来带动学校体育的全面开展，既提高了学校体育在整个教育中的地位，又大大促进了校园体育文化的发展，丰富了校园文化生活。此外，校园内的各种体育竞赛也是校园体育文化不可缺少的一部分，它已成为一种独特的教育方式，比如通过体育竞赛，培养学生的竞争意识以及良好的社会道德与合作精神。目前，很多学校已开始重视学校体育竞赛的建设，在每学期举行各式各样的体育竞赛，取得了良好的育人效果。

2. 体育文化节

学校体育文化节是在树立“健康思想”的基础上，结合体育精神、体育价值观念、体育道德、体育行为等展开的体育活动，与体育竞赛活动相比，多出了“快乐”的成分。在校师生通过体育文化节不仅能享受到节日的快乐，也能锻炼身心。一般体育文化节可分三个步骤进行：一是节前的氛围渲染，让全体师生以足够浓厚的兴趣投入到体育文化节的氛围中去。节前的氛围渲染可以是对节日内容的宣传、对活动技术的培训以及对节日环境的装饰等。二是在体育文化节过程中的互动，让师生一起参与体育文化节的组织、实施全过程，向学校体育组织提出活动设想，收集有关体育与健康的资料，采取图片展览、文字解说、网上发布、现场宣讲等多种形式在全校宣传。三是学校举办隆重的总结颁奖典礼，表彰成绩优胜队伍，奖励活动组织人员、创意优秀人员，大力宣传团结合作、勇于拼搏、积极参与、强身健体的体育精神。节后还可在全体师生中开展“我在学校体育文化节中”的征文活动，及时交流各自的感受。

3. 日常体育活动

日常体育活动较之体育文化节和体育竞赛，具有更大的普遍性，它是学生自发的或有组织的体育活动。尽管如此，日常体育活动还是不能脱离“健康思想”的基础，要在巩固课堂教学内容的同时，通过丰富多彩的活动来健身和丰富学生的生活，促进学生体格、体能的完善和发展，培养学生对体育的兴趣、坚强的意志和良好的社会情感，形成良好的人际关系。作为一种发散型的体育活动，其体育健康思想的统一、活动内容的科学性是很难控制的，并且它与学生体育习惯的形成息息相关。这就要求学校在日常体育活动传播过程中完全掌控其体育健康思想的方向以及内容的科学性。同时，日常体育活动应该遵循体育运动的连贯性。“冰冻三尺，非一日之寒”，一个健康的身体不是偶尔一次体育锻炼就能实现的，它要求学生经常参加日常的体育锻炼。

第四节 奥林匹克运动文化

一、现代奥林匹克运动的产生

在公元 14～18 世纪，欧洲大陆出现了三次大规模的思想文化运动(文艺复兴、宗教改革、启蒙运动)，这“三大运动”打开了中世纪束缚人们思想的精神枷锁，迎来了思想解放和科学创新的繁荣。同时，也使得近代体育思想和复兴奥林匹克的活动应运而生。

1450 年，意大利国务活动家马捷奥·帕尔维耶里首先向世人提出：应将古代奥林匹克运动会(简称奥运会)精神灌注于社会生活意识的范围之中。卢梭在《爱弥儿》中倡导“通过跑跳等活动获得一定的有关奥运会的知识”。1793 年，素有“德国体操之父”之称的古茨穆茨在其著作《青年体操》中论述了古代奥运会；1804 年，他又提出了恢复奥运会的倡议，唤起了人们研究古希腊体育的兴趣，为近代体育的形成和奥林匹克运动的复兴奠定了思想基础。

近代欧洲体育的产生与传播为奥林匹克运动的复兴提供了物质条件。17 世纪中叶，英国资产阶级革命沉重地打击了封建制度，确立了资本主义在英国的地位。与此同时，素有近代体育“三大基石”之称的德国体操、瑞典体操、英国户外运动在世界范围内广泛传播。

1766 年，英国学者理查德·钱德勒首先到奥林匹亚进行科学考察，发现了因洪水和地震被掩埋了 1200 多年的古代奥运会遗址。1875 年，由埃·库尔季斯教授率领的德国学者对奥林匹亚进行了为期 6 年的挖掘，终于使古代奥运会的遗址重见天日。这些考古发现有力地推动了奥林匹克运动的复兴。

皮埃尔·德·顾拜旦——现代奥林匹克运动创始人、社会活动家、教育家，出生于巴黎一个古老的贵族家庭，曾就读于巴黎政治科学学院，是一位体育运动爱好者，擅长曲棍球和足球运动。1896 年，其担任国际奥林匹克委员会第二任主席，1925 年，辞去主席职务后任终身名誉主席，1937 年 9 月 2 日病逝于日内瓦。

1891 年，顾拜旦创办了《体育评论》杂志，热情宣传“复兴奥林匹克运动会”的主张。1892 年，顾拜旦遍访欧洲，宣传奥林匹克理想。1893 年，顾拜旦在英国业余田径协会主席赫尔伯特、美国普林斯顿大学教授斯隆和瑞典将军巴里克等人的支持下，组建了恢复奥运会的“筹备委员会”。1894 年 6 月 16 日，“复兴奥林匹克运动会代表大会”(亦称“国际体育运动代表大会”)，终于在法国巴黎索邦神学院(巴黎大学前身)正式举行。代表着 34 个国家、49 个体育组织的 79 名代表，一致同意顾拜旦的主张，决定恢复奥运会。6 月 23 日，与会代表宣誓“信守业余原则”后，成立了“国际奥林匹克委员会”(简称国际奥委会)，并通过了顾拜旦制定的第一部《奥林匹克宪章》，选举希腊诗人维凯拉斯为国际奥委会第一任主席，顾拜旦任秘书长。会议决定“从 1896 年起，按古希腊奥运会传统每 4 年举办一次现代奥运会”，“第一届现代奥运会在希腊举行”。至此，人类复兴奥运会的愿望和顾拜旦为之奋斗多年的梦想终于得以实现。

二、现代奥林匹克运动的发展

1896 年 4 月 6 日 ~15 日，第一届现代奥运会在希腊雅典隆重举行，这标志着现代奥林匹克运动正式诞生，掀开了人类文明史上体育文化的新篇章。

“奥林匹克运动的宗旨是，通过没有任何歧视、具有奥林匹克精神——以友谊、团结和公平的精神互相了解的体育活动来教育青年，从而为建立一个和平的更美好的世界作出贡献。”它所包含的原则是：参与原则——奥林匹克运动重在参与，只有参与这一社会实践活动，才能实现它的理想；竞争原则——奥林匹克运动是一项倡导挑战与竞争的社会活动，参加体育比赛必须具有强烈的竞争意识，要勇于挑战人体极限，不断超越自己，超越对手；公正原则——奥林匹克运动的竞赛必须遵守规则，平等公开；友谊原则——奥林匹克运动的最高目标是通过体育活动，把全人类凝聚在一起，相互交流，增进了解和友谊，进而达到团结、和平、进步的目的；奋斗原则——奥林匹克运动的全部活动，是要实践和弘扬人类自强不息、坚韧不拔、顽强奋斗的精神。

早在 1908 年，顾拜旦先生就提出“对于奥林匹克运动会来说，参与比取胜更重要”，并在后来对这一格言作了精辟的解释：“生活中重要的不是凯旋而是奋斗，其精髓不是为了获胜而是使人类变得更勇敢、更健壮、更谨慎和更落落大方。”“更快、更高、更强”是指奥林匹克运动不断进取、永不满足的追求精神和不畏艰险、敢于斗争的拼搏精神。

根据奥运会竞赛项目设置必须遵循广泛性和普及性的原则，国际奥委会规定：只有在至少 75 个国家和四大洲的男子中以及在 40 个国家和三大洲的女子中广泛开展的运动项目，同时，至少有两次被列入世界锦标赛或洲的锦标赛，才有可能列入夏季奥运会的竞赛项目；只有在至少 25 个国家和三大洲中广泛开展的运动项目，才有可能列入冬季奥运会的竞赛项目。新项目的设立，一般由国际奥委会、国际单项体育组织和奥运会的举办城市三方协商决定。

纵观奥运会一百多年的发展历史，竞赛项目呈现出随着奥林匹克运动的广泛传播而不断增多的趋势。从 1896 年至 2016 年的 120 年里，夏季奥运会的竞赛项目由 9 个大项增加到 28 个大项(306 个小项)；冬季奥运会从 1924 年第 1 届至 2014 年第 22 届的 90 年里，竞赛项目从 5 个大项(13 个小项)增加到 15 个大项(98 个小项)。

历经百年演进的现代奥林匹克运动，作为一种“主要的国际力量”，它的触角已经深入到社会政治、经济、文化、教育的各个领域，并以其巨大的综合效能推动着社会的进步。

三、中国的百年奥运梦

甲午战争以后，严复等有识之士开始致力于发展体育，试图通过发展体育来“强国强种”，同时也就有了参加奥运会和举办奥运会的想法。早在 1907 年 10 月 24 日，南开中学年仅 31 岁的校长张伯苓就在天津第五届学校联合运动会的颁奖仪式上，热情洋溢地介绍了 1906 年在雅典举行的庆祝奥林匹克复兴 10 周年运动会，提出“应立即成立一个奥林匹克运动会代表团”。1908 年，《天津青年》杂志在一篇题为“竞技运动”的文章里提出了三个问题：中国何时才能派一位选手参加奥运会？中国何时才能派一支队伍参加奥运会？中国何时才能举办奥运会？但直到 1932 年，中国才第一次派出短跑选手刘长春参加在美国洛杉矶举行的第 10 届奥运会。1945 年抗日战争胜利后，中国体育界曾考虑提出申办第 15 届奥运会，但最终放弃该想法。

1932 年、1936 年和 1948 年，中国三次参加奥运会，三次都空手而归。中华人民共和国成立以后的第三年，中国体育代表团冲破重重阻碍在第 15 届奥运会闭幕前一天赶到了赫尔辛基，五星红旗第一次在奥运赛场升起，但因只赶上参加游泳项目的比赛，未能取得好的成绩。此后，由于中国在国际奥委会的合法席位被中断，直到 1984 年，中国体育健儿才得以重返奥运会赛场。在美国洛杉矶举行的第 23 届奥运会上，射击选手许海峰在男子自选手枪慢射比赛中夺得金牌，这是中国在奥运会上的第一枚金牌，实现了金牌零的突破。进入 20 世纪 90 年代，世界更为中国人的表现而震惊：在巴塞罗那奥运会上，中国共取得 16 枚金牌；在竞争更为激烈的亚特兰大奥运会上，中国又夺得 16 枚金牌；在悉尼奥运会上，中国运动员共夺得 28 枚金牌，排名首次列金牌榜第三位；而在 2004 年雅典奥运会上，中国运动员共夺得 32 枚金牌，排名仅次于美国，列第二位；在 2008 年中国北京举办的奥运会上，中国获得 48 枚金牌，居金牌榜第一位。中国人被称为“东亚病夫”的日子终于一去不复返了。

当今的奥林匹克运动是一个开放的世界性文化体系，而广泛吸纳人类各民族文化的精华则是其生存与发展的必然选择。作为东方文化的代表，中国传统文化以儒家理性主义为核心的“人与自然和谐发展观”，越来越引起世界的瞩目。

中国传统体育在数千年悠久历史的积淀中，形成了注重身心协调发展、保养生命、延年益寿的养生体系，其完整的结构功能和深厚的理论基础具有广泛的普适性特点。对于奥林匹克运动中出现的偏重竞技能力训练、追求人体单项机能提高、忽视心灵与肉体统一的现象，其无疑是一种完善和补充。而中国传统体育伦理观念中的公正、诚实、仁爱、友善的行为准则和谦谦君子风格，对于当今世界体坛此起彼伏的“绿茵场暴力”“假球”“黑哨”等现象及屡禁不止的“兴奋剂浊流”，则是一剂治本的良药。

在当前世界文化多元化、政治多极化、经济全球化的格局中，中国在国际奥林匹克运动中的地位和制衡作用，是任何一个国家都不能替代的。而中国运动员在奥运会上的杰出表现，则使世人认识到没有中国运动员参加的奥运会是不完整的奥运会。因此，奥林匹克运动的发展需要中国传统文化的介入，更需要中国人民及其民族传统体育的加入。

第二章　体育锻炼与大学生身心健康发展

第一节　健康新理念

一、健康概念

什么是健康？健康的本质是什么？这是人类关注的永恒主题。随着人类对世界、对宇宙和对自身认识的逐步深入，健康的含义也在不断发展、变化。1946 年世界卫生组织将健康定义为：健康不仅是免于疾病和衰弱，而且是要保持身体方面、心理方面和社会方面的完美状态。1982 年世界卫生组织又重申：健康不仅是疾病与体弱的匿迹，而且是身心健康、社会幸福的完美状态。这一健康定义，把健康的内涵大大地扩展和深化了，纠正了以往“健康就是没有疾病”这一观点的偏差，提出了健康应该包括身体、心理和社会三个方面，纠正了那种把身体、心理、社会诸方面机械分割开的观念，把“健康”放置于人类社会生活的广阔背景中，进一步指出了人们的健康不仅是医务工作者的工作目标，而且也是国家和社会的责任。

世界卫生组织将现代人健康的标准概括为 10 个方面：①有充沛的精神，能从容不迫地应付日常生活和工作的压力而不感到过分紧张；②处事乐观、态度积极、乐于承担责任，事无巨细不挑剔；③善于休息，睡眠良好；④应变能力强，能适应环境的各种变化；⑤能抵抗一般性感冒和传染病；⑥体重得当，身材匀称，站立时头、肩、臀位置协调；⑦眼睛明亮，反应敏锐，眼睑不易发炎；⑧牙齿清洁，无空洞，无痛感，齿龈颜色正常，无出血现象；⑨头发有光泽，无头屑；⑩肌肉、皮肤富有弹性，走路感到轻松。

二、现代健康观的内涵

现代健康观应以具有权威性的世界卫生组织对健康的定义为认识基础，不能单纯地从人的生物性方面来考察健康问题，而应更全面、客观地从生物、心理、社会三方面来探讨人的健康。以生物、心理和社会为基础的健康模式，应包括以下几个方面的重要内容。

（一）生物因素

人是一种生物，具有生物属性的人的健康首先必须要躯体结构与功能正常。健康受到多种生物性不利因素影响。

（1）自然因素：①生物因素：病原微生物、寄生虫等；②化学因素：有毒的化学物质、原有机体所需的化学物质的过剩或缺乏等；③物理因素：高温、噪声等。

（2）体质因素：机体器官功能失调、内分泌失调、先天性异常等。

(3)遗传因素：染色体异常、基因变异等。

人将这些影响健康的生物性不利因素的行为反应分为两种：一是适应，二是改造。人类在进化过程中，不断增强与生物性健康环境平衡的能力和抵抗疾病的能力，这便是适应。人通过掌握自然科学的客观规律，发挥科学技术的力量，主动地避免、控制和消灭影响健康的不利因素，积极地预防与治疗疾病或通过各种形式的身体活动增强体质，这便是改造。

(二)心理因素

心理活动是人脑的机能，是人脑对客观世界的反映。人的健康应当包括心理健康，即气质、性格、情绪、智力、心理年龄等都处于一种正常状态。心理活动是在生命活动的基础上产生的，反过来又通过情绪的中介作用影响人体内脏器官的生物、生化变化。积极的情绪可增进健康，延缓衰老；消极的情绪则会损害健康。心理因素可以致病，也可以治病。良好的心理状态有利于疾病的预防、治疗和身体的康复。

(三)社会因素

自然性和社会性是人之所以为人的基本属性。人的健康的社会因素是指人具有正常的社会活动方式与社会活动能力，包括政治、经济、文化、风格、习惯、职业、社交、婚恋、经历、地位、生活方式等诸多方面。积极的社会因素(环境)可促进人的健康，消极的社会因素(环境)可导致疾病。社会因素在更多的情况下是通过一些中介因素导致疾病和影响健康的。例如：工业生产的迅猛发展，本是人类进步的表现，但如果人们片面地追求经济发展，而忽视环境保护，使工业废物过多地进入生态环境，将给人们的健康带来极大的危害。

对社会因素所导致的疾病，主要靠改变社会条件来防治。对身体健康不利的社会因素类危害，人类不能采取被动的行为——适应，而应采取主动的行为——不断地改造社会环境，消除社会致病因素，积极争取健康。

三、树立“健康第一”的理念

21 世纪的国际竞争，就是高素质的国民和专门人才的竞争。没有高素质的国民和专门人才，很难占领激烈竞争的制高点。而所谓的高素质人才，就是德、智、体全面发展的人才。早在 20 世纪 70 年代末期，联合国教科文组织就提出了新时代人才的三项基本标准，即“健康的体魄、高尚的道德品质和丰富的科学文化知识”。在人才评价的标准方面，其明确地将健康放在首位。

在 1999 年 6 月的全国第三次教育工作会议上通过的《中共中央国务院关于深化教育改革，全面推进素质教育的决定》明确指出：“健康体魄是青少年为祖国和人民服务的基本前提，是中华民族旺盛生命力的体现。学校教育要树立健康第一的指导思想，切实加强体育工作，使学生掌握基本的运动技能，养成坚持锻炼身体的良好习惯。确保学生体育课程和课外体育活动时间，不准挤占体育活动时间和场所。举办多种多样的群众性体育活动，培养学生的竞争意识、合作精神和坚强毅力。”健康的体质是思想道德素质和科学文化素质的物质基础，是高素质人才成才的物质基础。

我国改革开放以来，随着社会稳定、经济持续发展、人民生活水平逐步提高和教育改革的不断深化，我国学生的身体健康水平有了明显提高。但是，由于改革开放以后成长起来的青少年多为独生子女，家庭、学校放松了学生意志品质方面的培养。加上应试教育长期片面追求升学率的影响，导致学校只重视智育，轻视德育、体育与健康教育。此外，由于营养科学知识滞后、饮食结构不合理等原因，我国学生体质健康方面仍存在着一些不容忽视的问题，如耐力素质、柔韧素质呈停滞甚至下降趋势，肺活量有所下降，肥胖儿童及超体重儿童比率增长较快，近视率居高不下，农村地区学生口腔保健水平亟待提高。另外，学生心理品质方面也存在明显弱点，意志比较薄弱，缺乏抗挫折能力，缺乏竞争意识和危机意识等。为此，教育要树立“健康第一”的指导思想，这既是改革教育现状的客观需要，也是我们所面临形势的必然要求。树立“健康第一”的理念，将对人类发展、社会进步以及对我国在21世纪的改革与发展产生深远的影响。

第二节　体育锻炼与体质健康

一、体育锻炼能改变身体成分

身体成分包括肌肉、骨骼、脂肪等。体内脂肪是一个关键因素，脂肪过多者是不健康的，他们在活动时要比其他人消耗更多的能量，心肺功能的负担也更重，因此心脏病和高血压发生的可能性更大。另外，肥胖也会使人的心理健康水平下降。要维持适宜的体内脂肪，就必须注意能量吸收和能量消耗之间的平衡，体育锻炼是控制脂肪增加的重要手段。

从运动生理学角度来观察，组成人体总体重的各个部分（骨骼、骨骼肌、关节、韧带、脂肪等）从功能上可分为两类：去脂体重和脂体重。身体内的脂肪贮藏量决定于脂肪细胞的数量及每一个脂肪细胞的体积或容积。研究表明，当人进入成人阶段以后，运动或限制进食都不能有效地减少脂肪细胞的数量，所以成年人体重的减轻只能依靠脂肪容积（体积）的减小，而不是脂肪细胞数量的减少。

体育锻炼对身体成分的影响，与运动量、运动类型及持续时间等因素有关。过小的运动量或持续时间短的运动对去脂体重增加的效应不确定，而长期规律的运动训练可使人的去脂体重增加，这一点由优秀运动员的体脂百分比明显低于正常人所证实。一般以往或多年不参加运动者，在增加运动量后，去脂体重会增加，有的其去脂体重的增加抵消了脂体重的减少，因而体重保持稳定。对于身体比较健康者来说，为使去脂体重增加，则需要借助于力量训练，如体操、摔跤、举重等。在身高相似的人群中，参加力量训练者的体重可比不经常参加体育活动者高出20%～30%，高出的体重几乎全都是去脂体重。由此证实，运动不仅可以减少脂体重，还可以增加去脂体重。

二、体育锻炼对提高心肺机能的意义与作用

人体的呼吸系统、血液与血管系统组成了人体的氧运输系统。氧运输系统对人的健康及生命具有十分重要的作用，它把氧气从体外吸入体内并运送到各个器官、组织，供人体生命活动的需要。呼吸系统把氧气从体外吸入体内，氧气进入血液与血液中的血红蛋白结合，再由心脏这个血液循环的“动力站”不停地推动，使血液流至全身，将氧气送到人体各个组织、器官。

（一）使心脏具有更强的工作能力

在运动过程中，心肌细胞能获得更充足的氧气及营养供应，因而经常参加体育运动，会使心肌营养性肥大，使心脏重量增加、容积增大，搏动有力。一般人的心脏重约 300 g，而运动员或经常参加运动者的心脏重量为 400～500 g；一般人的心容积为 750 mL，而运动员或经常参加运动者的心容积可以达到 1000 mL。运动还可以使心脏的工作能力增强，延缓心脏的衰老。一些专家认为，坚持运动可以使心脏延缓衰老 10～15 年。

（二）增强心肌的收缩力，增加每搏输出量

长期坚持锻炼的人，安静时心率低于一般人，为 50～60 次/min，而一般健康成年人每分钟的心跳为 75 次左右。安静状态下同时出现心搏量增加和心率降低是心脏功能增强的重要标志。经常参加体育锻炼，可使心脏的重量、容积增大，收缩力量增强，从而使每搏输出量增多。安静时的心率减慢，可使心肌获得更多的休息时间，从而使心力贮备增加。人体运动时，心跳加速，经常锻炼的人由于每搏输出量增加，每分钟输出量也就大大高于一般人，因而可以提供更多的氧以满足身体活动的需要。

（三）形成运动性心脏肥大

运动性心脏肥大现象不仅在职业运动员身上出现，而且在长期坚持耐力项目锻炼的人身上也可见到。长期坚持健身锻炼者，会形成运动性心脏肥大，但其肥大不同于心肌肥厚的病人，运动性心脏肥大与病理性肥大在功能上存在着本质的差别。

（四）对血管有良好的影响

血管分为动脉血管、静脉血管和毛细血管，它是血液流通的管道，是营养运输的途径。血压是指血液对血管壁所产生的侧压力。经常参加体育运动可以使血管壁的弹性增加，减小血流的阻力，提高血流量，有利于血液循环。同时，经常运动还可以增加毛细血管的数量，增大血管表面积和横断面积，增加末梢血流量。

（五）对预防心血管疾病有良好的作用

体育锻炼不仅仅使心脏功能增强，同时还能改善体内物质代谢等过程，减少脂类物质在血管内的沉积，增强纤维蛋白溶解酶的活力，防止血栓形成，保持甚至增进血管的良好弹性。同时，运动还可以改善微循环，调节体内环境的平衡与稳定。另外，在运动过程中，肌肉的收缩会产生一些化学物质，如三磷酸腺苷、组织胺等，这些物质进入血液内有扩张血管的作用，从而使血压降低。因此体育锻炼对心血管疾病可以起到积极的预防作用。

（六）对呼吸系统有良好的影响

锻炼时肌肉活动产生的二氧化碳刺激了人体的呼吸中枢，使呼吸频率加快、肺容量加大、呼吸肌（膈肌、肋间外肌和肋间内肌）和呼吸辅助肌得到了锻炼，特别是膈肌的上下运动幅度增大。另外，在身体锻炼时，由于肌肉活动时需要更多的氧气，因而呼吸次数增加、深度增加，肺通气量大大增加。例如，安静时一般人每分钟呼吸 12～16 次，每次呼吸吸入空气约 500 mL，每分钟肺通气量为 6～8 L；而剧烈运动时呼吸次数可增至每分钟 40～50 次，每次吸入空气达 2500 mL（为安静时的 5 倍），每分钟肺通气量可高达 70～120 L。因而，在体育锻炼中，呼吸器官可以得到很大程度的锻炼与增强。如一般人在安静时，由于需氧量不多，只需要大约 50% 的肺泡张开就可以满足人体对氧的需求；而在体育锻炼时，

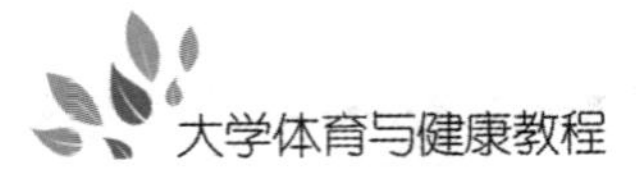

由于需氧量的增加，促使大部分肺泡充分地张开，这对肺泡弹性的改善起到了良好的作用。同时，运动时肺部的毛细血管的血液循环也得到了改善，加强了肺部的营养吸收，提高了肺的机能。

三、提高心肺循环系统功能的基本手段与方法

（一）有氧运动

据有关资料表明：经常参加一些慢跑、骑自行车、越野、滑雪和游泳等有氧运动项目，对改善心肺系统功能具有明显效果。在有氧运动中，人体是在氧供应充分的条件下进行运动的，能源来自体内的糖和脂肪的有氧代谢，而有氧代谢能力主要与人的心肺功能有关，心肺功能强，有氧运动的能力就会大大提高。经常进行有氧活动，有利于提高心肺循环系统的功能。运动时要注意控制运动时间，一般应不少于 5 分钟。运动强度以心率为测量标准，一般控制在 130 次/min 为宜。若运动量过大，造成血液供氧不足，便会变成另一种摄取能量的方式——无氧酵解。

（二）无氧运动

人体在缺氧条件下进行的运动，称为无氧运动。因为无氧运动负荷强度大，所以不适合体弱者及初参加运动者；但是对经常参加体育运动的人来说，进行一定量的大强度的无氧运动，对于进一步提高心肺功能、增强心肺循环系统的适应能力，具有良好的作用。

此外，体育锻炼对呼吸、消化、神经、内分泌及血液系统等均能产生良好的影响，可促进青少年的生长发育；可使中年人保持旺盛的精力，并发挥各器官的正常功能；可使人的体力衰退保持在最小限度内。总之，体育锻炼对提高人体体质、增进人体健康有重要意义。

第三节　体育锻炼与心理健康

大量研究表明，长期的体育锻炼对心理健康具有调控、促进作用。大学生应学会通过体育锻炼获得健心效用，养成健康心理。

一、心理健康的定义及标准

（一）健康的新观念

在现代社会生活中，什么是真正意义的健康呢？联合国卫生组织（WHO）为健康所下的定义是：健康不但是没有身体缺陷和疾病，而且要有完整的生理、心理状态和社会适应能力。这一定义摒弃了“无病即健康”的生物学健康观。

（二）心理健康的含义

对于心理健康的认识，许多学者有不同的观点和解释。综合各种观点和解释，可以认为：心理健康是指个体的一种持续的、积极的内部状态，个体表现出良好的社会适应性，并充分发挥其身心的各种潜能，在应对各种问题和环境时更多地表现出积极的倾向。

（三）大学生心理健康的标准

大学生心理健康应符合以下条件：

(1)智力发育正常。智力是指一个人的认识能力和活动能力所达到的水平。它是个体从事一切社会活动的前提和基础，是其了解、认识外部世界十分必要的条件。智力正常且能充分发挥的人，往往表现出强烈的求知欲望，乐于学习，积极探索，有意识地培养自己的观察力、思维力、想象力、判断力和记忆力等能力，并在认识活动、实践活动中充分发挥作用。

(2)人格完整。人格是个体比较稳定的心理特征的总和。人格完整的基本特征是：自我意识清醒，有自知之明，能正确把握自己、支配自己，具有适当的情绪调节能力，积极进取，有强烈的责任感，对生活充满信心和希望。

(3) 自我评价正确。正确的自我评价，是大学生心理健康的重要条件。大学生是在与现实环境和与他人的相互关系中、在自己的实践活动中认识自己的。一个心理健康的大学生，对于自己的认识应当比较接近现实，尽力做到有自知之明。对于自己的优点感到欣慰但又不至于狂妄自大，对于自己的弱点和错误既不回避也不自暴自弃，而是善于正确地自我接纳与改正。

(4) 情绪健康。情绪健康的主要标志是情绪稳定和心情愉快。情绪健康是大学生心理健康的一个重要指标，这是因为情绪在心理变化中起着核心的作用，情绪异常往往是心理疾病的先兆。大学生的情绪健康内容应当包括：①愉快情绪多于不愉快情绪；②情绪稳定性好，善于控制和调节自己的情绪；③情绪反应是由适当的原因引起的，反应的强度与引起这种情绪反应的情境相符合。

(5)意志健全。意志是指人在完成一种有目标的活动时进行选择、决定和执行的心理过程。意志健全者在行动的自觉性、果断性、顽强性和自制力等方面都表现出较高的水平。意志健全的大学生在各种活动中，都有自觉的目的性，能适时做出决定并运用切实有效的方法解决所遇到的各种困难，在困难和挫折面前能够采取合理的反应方式，能在行动中控制自己的情绪和言行，而不会出现行动盲目、优柔寡断、轻率鲁莽、害怕困难、意志薄弱、顽固执着、言行冲动等情况。

(6)和谐的人际关系。其表现为乐于和善于与人交往，不卑不亢，能正确地对待他人和社会，在人际交往中善于取长补短，宽以待人，乐于助人。

(7)良好的心理承受能力。其表现为具有坚韧的意志和坚强的毅力，善于控制和调节自己的情绪，自我评价恰当，快乐有度、悲伤有度，在各种环境下均保持稳定的心态。

(8)心理行为符合大学生的年龄特征。大学生是一个处于特定年龄阶段的社会特殊群体，他们应当具有与其年龄和角色相应的心理行为特征。如果一个大学生经常严重偏离这些心理行为特征，那么他/她可能心理异常。

二、大学生心理发育特点

大学生的认知、情感、意志、个性等主要心理过程和心理特征正处在一个动态的调节过程之中，并且由过去的被动性调节逐渐转为主动自我调节。因而该时期的心理变化是一生中最复杂、波动最大的，其特点明显地从以下四个方面呈现出来。

(一)自我意识方面

进入大学之后，大学生的自我评价能力和自我控制能力较中学时代有所提高，但发展的水平参差不齐，有的自尊心较强，却不懂得尊重别人；有的能够控制自己；有的却易受情绪波动的影响。为了努力塑造一个真实的、理想的自我，他们开始认识到自我教育的重要性，并努力朝着既定的方向、目标不断进取。

（二）情感方面

大学生的情感不再像中、小学生那样天真、纯朴、直露，而是比较内向、含蓄，表现为心理上的“闭锁性”；另外，敏感、自尊、好表现自己也是大学生突出的情感特征。随着年龄的增长，大学生的情绪波动性逐渐减弱，情感也日臻丰富、复杂。

（三）意志方面

从中学升入大学，标志着一个青年踏上独立生活和成人社会的路途。在各方面的影响下，大学生的独立性、自觉性明显增强，并能在行动中清晰地意识到自己行动的目的性和社会意义。从果断性和自制力来看，其发展较为缓慢。不少学生常表现出优柔寡断、动摇不定、分不清主次和事情的轻重缓急等特征，或草率，或武断。在坚毅性方面，也有很大的个体差异性，有的同学常感到困惑，经受不起心理波折。所以，大学生的意志品质仍然有不稳定的表现。

（四）性格方面

由于大学时期个性倾向日趋形成，自我意识不断发展，大学生的性格基本形成且较稳定，对待现实所持的一贯态度和较稳定的行为方式，是大学生性格的主导方面。它突出体现大学生个性的本质。在性格、意志、理智、情绪等特征方面，大学生也表现出逐渐稳定的特点，并自觉地培养良好的性格。但是，大学生的性格发展尚不成熟，所以渴望成才的大学生，还必须自觉地进行良好性格的自我教育和自我锻炼，为成才创造良好的主观条件。

三、影响体育锻炼产生良好心理效应的因素

体育锻炼要达到产生良好心理效应的目的，消除不利影响，应注意以下因素：

（1）喜爱体育锻炼并从中获得乐趣，是体育锻炼产生良好心理效应的基础。如果对体育锻炼没有兴趣，就很难从中获得乐趣，就不可能产生满足感和良好的情绪体验。

（2）体育锻炼方式以有氧运动为主，宜采用重复性高与有节律的身体活动，如慢跑、游泳、骑车、跳绳等。

（3）研究表明，不同的运动项目或不同的运动形式所获得的心理效应是不同的。可避免那些竞争激烈的运动项目，多选择以个人形式进行的项目，这样无论是在运动时间、空间，还是动作节奏方面，都更易于控制，更容易获得良好的情绪体验。

（4）锻炼者应注意运动强度和时间。要想获得良好的健心效果，运动强度应以中等为好，即心率控制在最高心率（最高心率 = 220 − 年龄）的 60% ~ 80%，一次锻炼的持续时间控制在 20 ~ 30 min。运动强度过大，易产生紧张感和疲劳感；运动强度过小，很可能心理效应尚未出现。运动时间过短，达不到锻炼效果；而运动时间过长，又可能造成厌倦、疲劳，引起不良情绪反应。

（5）体育锻炼应持之以恒。研究表明，身体练习的系统性越强，体育锻炼所产生的良好心理效应就越明显。

四、体育锻炼对心理健康的积极作用

1992年，国际运动心理学学会发表声明，充分肯定了体育锻炼对健康心理的积极作用：通过体育锻炼，可保持积极的情绪状态，充分发挥自己的潜能，培养自己克服困难、应对挫折的能力。

（一）体育锻炼促进智力发展

体育锻炼可以促进大脑的发育和改善神经系统的工作能力，使锻炼者的注意、反应、思维、记忆和想象等能力得到提高。体育锻炼所引起的一些非智力成分的良好变化，如情绪稳定、性格开朗、疲劳感下降等，均对智力的提高有重要的促进作用。研究表明，体育锻炼能有效地促进血液循环，增强心肺功能，使大脑获取更多的氧气，给大脑的记忆和思维能力提供必要的物质保障，进而提高脑力劳动的效率；而且还可以提高人的视觉、听觉、本体感觉、神经传导速度、神经过程的均衡性和灵活性，促进神经系统功能的增强。

（二）体育锻炼可以丰富人的情绪体验

情绪状态的调控能力，是衡量体育锻炼对心理健康影响的最主要的指标。研究表明，经常参加体育锻炼的人，其焦虑、抑郁、紧张和心理紊乱等消极的心理变量水平明显低于不参加体育锻炼者，而愉快和轻松等积极的心理变量水平则明显要高一些。体育锻炼之所以能够调节情绪，是因为体育锻炼的参与者能体验到运动带来的愉快感觉；心理学家认为，适度负荷的体育锻炼能够促进人体释放一种生物化学物质——内啡肽，它能使人们获得愉快、兴奋的情绪体验。当人们参与自己喜爱和擅长的体育锻炼时，可以从中得到乐趣，振奋精神，缓解压力，从而产生良好的情绪体验。

（三）体育锻炼有助于完善人格

体育锻炼是一种身体活动，其项目的多样性、组织形式的多样性、运动过程的复杂性、运动结果的不确定性、运动竞赛的公平性，都会给人以多种多样的刺激，在这一过程中人会碰到各种困难，如生理的不良状态、气候环境的变化、动作学习的难度、畏惧心理、疲劳以及运动损伤等，在克服这些困难的同时，人们培养了坚韧顽强的意志品质，增强了承受挫折的能力，有助于个体形成积极进取、乐观向上的生活态度和勇敢顽强、不怕困难的意志品质。

（四）体育锻炼能确立良好的自我概念

自我概念是个体主观上对自己的身体、思想和感情的整体评价，它是由许许多多的自我认识所组成的，如我是什么人，我主张什么，我喜欢什么等。自我概念与身体表象——“头脑中形成的身体图像”和身体自尊——“个体对自己运动能力及身体外貌、身体抵抗和健康状况的评价”有关。坚持体育锻炼，对于改善人的身体表象和身体自尊至关重要。研究表明，锻炼者比非锻炼者具有更积极的总体自我概念，体能强的人比体能弱的人更加倾向于具有更高水平的自我概念，肌肉力量与身体自尊、情绪稳定性和自信心呈正相关。

（五）体育锻炼有利于形成和谐的人际关系

现代社会生活节奏的加快和网络的高速发展，使人们越来越缺乏直接的社会交往机会，人际关系不断疏远。体育锻炼可打破这种失衡状态，让不同职业、年龄、性别的人相聚在运动场上，进行平等、友好、和谐的交往，使人们相互之间产生信任感，有效地进行情感和信息的交流。研究表明，增加与社会的联系，会给个体带来心理上的益处，可使个体忘却烦恼、痛苦，消除孤独感，同时能有效地促进与他人协作能力的养成。

（六）体育锻炼能帮助消除心理疾患

社会竞争的日益激烈和生活压力的增加，可能会使人们产生悲观、失望的情绪，进而导致忧郁、孤独和焦虑等各种心理障碍的产生。研究证明：中等或大强度的长期体育锻炼，能治疗非精神病人的抑郁症状，并且体育锻炼不会使抑郁症状复杂化，没有其他心理方面的副作用，是一种安全地对付抑郁的康复手段。人们积极参加体育锻炼，会使身体素质得到改善，个体会以自我锻炼反馈的方式传递其成就信息至大脑，从而获得自我成就的认知和情感体验，产生愉快、振奋和幸福感。

因此，适宜的体育锻炼能克服心理障碍，使个体获得心理满足。体育锻炼作为一种心理治疗手段已在国际上流行。临床研究表明，通过参加一些如慢跑、打球、体操等身体练习，能有效减轻焦虑和抑郁症状，增强自信心。学生通过体育锻炼，可以减缓或消除由于学习和其他方面的挫折而引起的焦虑和抑郁等症状，为不良情绪的宣泄提供一种合理、有效的手段，防止和克服心理障碍或心理疾病的产生。

第四节　体育锻炼与社会适应

一、社会适应能力的定义

社会适应能力是指人适应社会环境的调节能力。良好的社会适应状态是指一个人的外显行为和内在行为都能适应复杂的环境变化，能为他人所理解，为社会所接受，行为符合社会身份，因而能保持正常的人际关系。

适应与发展被视为人生发展的两个基本课题，适应意味着个体通过不断的身心调整，与环境保持着一种和谐的状态，并有效地完成某些任务，社会适应能力是个体心理健康水平的重要标志之一。

二、体育锻炼对大学生社会适应能力的影响

（一）体育锻炼能提高人体适应外界环境的能力

体育活动、体育锻炼是提高人体适应自然环境的最佳方法之一。体育锻炼是以身体运动为基本形式，身体运动会对人体各器官、组织施以一定的运动负荷，使人的身体在形态结构、生理机能、运动素质等方面发生一系列积极的适应性反应。另外，体育锻炼往往要承受外界环境对身体的各种刺激，如冷、热、刮风、下雨等自然因素，这些外界因素在客观上又提高了人体对外界的适应和耐受能力。长期进行体育锻炼，不仅能强壮身体，增进健康，而且身体的各个器官、组织在中枢神经的支配下，承受外界刺激和协调各器官、组织的能力都能得到增强，从而有利于健康，为现代人在紧张繁忙的社会生活中的竞争与生存奠定坚实的健康基础。

（二）体育锻炼能促进社会交往和增进友谊

体育锻炼是一种社会活动，人们在体育运动过程中，不仅能够锻炼身体，而且在各种

体育锻炼活动中还可以促进社会交往和增进友谊。人际交往是现代人适应社会生活的重要内容。参与社会群体及其活动是大学生增强社会适应性的根本途径和实践形式。体育锻炼作为校园体育文化活动的重要内容之一，是大学生一种基本的学习、生活、娱乐方式。在体育锻炼活动中的人群既有多样性，又有复杂性，增加了学生在体育活动人群中的交往，扩大了学生交往的范围及其与周围的联系，进而也增加了个人从外界获得各种有意义信息的机会，这无疑有助于人格的全面发展。

（三）体育锻炼能增强规范意识

在人的社会化过程中，对规范的认识和遵守是必不可少的。遵守规范的意识也是人的社会适应性的基本内容。体育竞赛是建立在平等、公平原则基础上的，它尊重每个参与者在公开的场合进行公平竞争的权利，因此在培养学生竞争意识的同时，也增强了其平等、公平意识。要参与社会竞争，必须具有公平竞争意识，只有依靠真正的实力才能立于不败之地。

（四）体育锻炼能提高合作、竞争的意识和能力

在体育锻炼过程中，始终贯穿着竞争与奋发向上的精神，即使在简单的体育游戏中也充满着你追我赶、争强取胜的竞争意识。随着现代社会竞争越来越激烈，竞争意识已成为现代人的一种重要的基本素质。因此，经常从事体育锻炼可增强人们的竞争意识和进取精神。

（五）体育锻炼能培养意志，增强对挫折的承受能力

体育锻炼中的身体练习能磨炼人的意志，增强自信。进行体育锻炼都必须承受一定的生理负荷与心理负荷，都必须不断地克服自身内部的身心障碍和外部阻力，每前进一步，都是对人的磨炼与考验，都要付出极大的努力。经常坚持体育锻炼，特别是竞赛，能有效培养青少年吃苦耐劳、坚韧不拔的品质，为青少年学生日后走出校门、走向社会，投身于激烈的社会竞争，提前做好心理上的准备。

第五节　体育锻炼中常见的不良生理反应与运动性疾病

一、极点和第二次呼吸

1. 极点

在进行中长跑时，能量消耗大，特别是当下肢回流血量减少时，大脑氧债的积累不断加剧，当其达到一定程度时，就会出现呼吸急促、胸闷难忍、下肢沉重、动作不协调，甚至恶心的现象，这在运动生理学上称为“极点”。

2. 第二次呼吸

当“极点”出现后，情绪要稳定，并适当减慢跑速，加深呼吸，坚持下去，上述生理现象将会逐步缓解甚至消失。这是因为一方面氧供给逐步得到增加，另一方面机体的适应性使机体功能重新得到改善，从而使运动能力得到提高，动作重新变得协调和有力，这标志着“极点”已经有所克服，生理过程出现新的平衡。此种现象在运动生理学中被称为“第二次呼吸”。

“极点”与“第二次呼吸”是中长跑运动中常见的生理现象，无须疑虑和恐惧，即使是一位优秀的中长跑运动员，也常出现“极点”现象，但随着训练水平的提高，上述生理反应将逐步推迟和减轻。

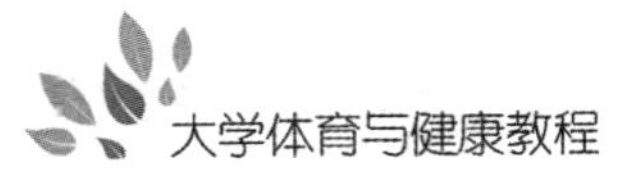

二、肌肉酸痛

不少同学有过这样的体会，在一次活动量较大的锻炼以后，或者隔了较长时间未锻炼而刚恢复锻炼后，常常出现肌肉酸痛，这种酸痛不是发生在运动中或运动后即刻，而是发生在运动结束 1 ~2 天之后，因此也称为肌肉延迟性疼痛。

1. 原因

当肌肉一次活动量较大时或隔了较长时间未锻炼而刚恢复锻炼时，肌肉对负重、负荷及收缩、放松活动未完全适应，会引起局部肌纤维及结缔组织产生细微损伤以及部分肌纤维产生痉挛，这时常常会肌肉酸痛。生理和生化的研究结果证实了酸痛时这种局部细微损伤及肌纤维痉挛的存在。由于这种肌纤维细微损伤及痉挛是局部的，因此就整块肌肉而言，仍能完成运动功能，但存在肌肉酸痛感。

2. 处理

出现肌肉酸痛后，采取以下对策能使酸痛得以缓解和消除：①热敷。可对酸痛的局部肌肉进行热敷，促进血液循环及新陈代谢，这有助于损伤组织的修复及痉挛的缓解。②伸展练习。可对酸痛局部进行静力牵拉练习，保持伸展状态 2 分钟，然后休息 1 分钟，重复进行，每天做几次这种伸展练习，有助于缓解痉挛，但做时注意不可用力过猛，以免牵拉时再使肌纤维损伤。③按摩。按摩有使肌肉放松、促进肌肉血液循环的作用，有助于损伤的修复及痉挛的缓解。④口服维生素 C。维生素 C 有促进结缔组织中胶原合成的作用，有助于加速受损伤结缔组织的修复，从而减轻和缓解酸痛。⑤针灸、电疗等手段对缓解酸痛也有一定作用。

3. 预防

预防肌肉酸痛的发生可注意如下几点：①根据不同体质、不同健康状况科学地安排锻炼负荷。②锻炼时，尽量避免长时间集中练习身体某一部位，以免局部肌肉负担过重。③在准备活动中，让在练习时负荷重的局部肌肉活动得更充分些，对损伤有预防作用。④整理活动除进行一般性放松练习外，还应重视进行肌肉的伸展牵拉练习，这种伸展性练习有助于预防局部肌纤维痉挛，从而避免酸痛的发生。

三、运动性腹痛

1. 原因与症状

运动性腹痛的原因有很多，有的因人体进入运动状态后，下腔静脉压力上升，血液回流受阻，致使腹部脏器功能失调，引起腹痛；有的因运动时呼吸紊乱、膈肌运动异常，引起肝脾膜张力性疼痛；也有的因运动前吃得过饱、饮水过多以及腹部受凉，引起胃肠痉挛，导致疼痛。运动性腹痛多数在中长跑运动时发生。运动性腹痛部位不固定，一般因肠痉挛、肠结核引起腹腔中部处疼痛；食后运动疼痛常发生在上腹部或中部；肝脾膜张力性疼痛常在左右两侧上腹部。

2. 处理

对因静脉血回流障碍和准备活动不足或呼吸紊乱引起的腹痛，可采取降低运动强度，放慢跑速，同时按摩疼痛部位，并做深呼吸等方法，疼痛一般可减轻或消失。对于胃肠饱胀、肠痉挛和慢性疾患引起的腹痛，如采取上述措施后无效，应停止运动。

3. 预防

合理安排运动时间，饭后至少一小时后才进行运动，运动前要做好准备活动，运动过程要循序渐进。

四、肌肉痉挛

肌肉痉挛俗称抽筋，是肌肉不自主地突然性强制收缩，并变得异常坚硬。

1. 原因与症状

在剧烈运动中，肌肉快速连续性收缩导致肌肉收缩与放松的协调交替关系破坏，特别在局部肌肉处于疲劳时，更易发生肌肉痉挛。肌肉受到寒冷的刺激，或情绪过于紧张，也可引起肌肉痉挛。肌肉痉挛时，局部肌肉产生剧烈性收缩并变得坚硬和隆起，疼痛难忍，且一时不易缓解。

2. 处理

立即对痉挛部位的肌肉进行牵引，如腓肠肌痉挛时，伸直膝关节，并做足部背伸动作。若屈拇、屈趾肌痉挛，则用力将相关位置背伸。最好有同伴协助，但切忌施力过猛。此外，可配合局部按摩、点穴（承山穴、涌泉穴、委中穴等），以加速缓解和消除痉挛。

3. 预防

运动前要做好准备活动，对容易发生痉挛的肌肉，可事先进行按摩；冬季锻炼时，要注意保暖；夏季进行剧烈运动时，应注意补充盐分；游泳下水前，应先用冷水淋浴，游泳时间不宜过长；疲劳和饥饿时，不要进行剧烈运动。

五、运动性昏厥

运动中，由于脑部供血不足，氧债不断积累并达到一定程度时，则可能发生一时性知觉丧失，这一现象称为运动性昏厥。

1. 原因与症状

剧烈运动或长时间运动会使大量血液积聚在下肢，回心血流量减少，导致脑部供血不足而出现昏厥状态。跑后如立即停止运动亦可出现“重力休克”现象。其症状为：全身无力，眼前一时发黑，面色苍白，手足发凉，失去知觉而昏倒；生理检测结果表现为脉搏慢而弱、呼吸缓慢、血压降低等。

2. 处理

立即将患者平卧，足略高于头部，并进行向心方向按摩，同时指压人中、合谷等穴位。如有呕吐，应将患者头偏向一侧，以使呼吸道畅通。如停止呼吸，应立即进行人工呼吸。轻度症状者，由同伴搀扶慢走，并进行深呼吸，症状即可消失。重症患者，经临场处理后，应送医院治疗。

3. 预防

不要在饥饿情况下参加剧烈运动；疾跑后不要立即停下来；久蹲后也不要突然起立；平时要加强体育锻炼，以增强体质。

六、中暑

1. 原因与症状

在高温环境中，特别在温度高、通风不良、头部又缺乏保护，被烈日直接照射的情况下进行体育锻炼，因体温调节功能障碍往往易导致中暑。轻度中暑，可出现面部潮红、头晕、头痛、胸闷、皮肤灼热、体温升高等症状。严重时，将出现恶心、呕吐、脉搏快而细弱、精神失常、虚脱抽搐、血压下降等症状，有的甚至昏迷。

2. 处理

迅速将患者移至通风、阴凉处，解开衣领，冷敷额头，用温水擦身，并给予含盐清凉饮料或十滴水，数小时后患者即可恢复正常。症状严重者，经临时处理后，应迅速转送医院治疗。

3. 预防

在高温炎热季节锻炼时，应适当减少运动量，缩短运动时间，避免在烈日下长时间锻炼；在室外锻炼时，宜穿浅色衣服，戴遮阳帽；在室内锻炼时，通风应良好，并注意饮用低糖含盐饮料。

七、运动性贫血

我国成年健康男性每 100 mL 血液中的血红蛋白量为 12.5～16 g，女性为 11.5～15 g。若低于这一生理数值，则被视为贫血，而因运动引起的血红蛋白量减少，则称为运动性贫血。

1. 原因与症状

运动性贫血的原因有几种：①运动时机体对蛋白质与铁的需求增加，一旦需求量得不到满足，便可引起运动性贫血。②运动时，脾脏释放的溶血卵磷脂能使红细胞的脆性增加，加上剧烈运动时血流加快，易引起红细胞破裂，从而导致运动性贫血。③少数学生由于偏食或爱吃零食，影响正常营养摄入，或长期慢性腹泻，影响营养吸收，导致运动时出现贫血现象。

运动性贫血发病缓慢，平时表现出头晕、恶心、气喘、体力下降等症状，运动后出现心悸、心率加快、脸色苍白等症状。

2. 处理

如运动中(后)出现头晕、无力、恶心等症状时，应适当减少运动量，必要时暂停运动。补充富含蛋白质和铁的食物，口服硫酸亚铁片剂和维生素 C，这对缺铁性贫血的治疗有明显的效果。

3. 预防

锻炼时，要遵循循序渐进原则，并克服偏食习惯。

八、游泳性中耳炎

1. 原因与症状

游泳时，当水进入外耳道后，鼓膜泡软，可引起鼓膜破损，细菌进入中耳而形成中耳炎。此外，游泳时呛水，细菌也可能从咽鼓管进入中耳而引起中耳炎。其表现为耳内剧烈疼痛，有时还会引起发热和头痛，也可见黄色液体从外耳道流出。

2. 处理

停止游泳运动，用生理盐水和络合碘清洗、消毒，并送医院治疗。

3. 预防

游泳时可用耳塞堵住外耳道口，防止水进入耳道内。若耳内灌水，可采用头偏向耳朵有水一侧，用同侧腿进行原地跳的方法使水排出，然后再用棉花擦干外耳道，切忌挖耳。感冒、上呼吸道感染时应停止游泳。

第六节　体育运动损伤的急救与处理

在体育运动中发生的损伤统称为运动损伤。体育运动是以增强体质、增进健康为目的，而运动损伤将影响锻炼者的学习、工作和生活，显然，损伤与体育运动的目的格格不入。了解运动损伤产生的原因和发病规律，贯彻预防为主的方针，采取有效的安全措施，就能最大限度地减少或避免运动损伤，保证身体健康和运动锻炼的正常进行。

一、运动损伤的原因

造成运动损伤的原因是多方面的，既有锻炼者的运动基础、体质水平方面的原因，也有运动项目特点、技术难度方面的原因，还有活动内容安排、运动量、运动环境等方面的原因，概括起来有以下几点。

1. 思想麻痹大意

这是最主要的运动损伤原因。其中包括对预防损伤的意义认识不足，运动前不检查器械，预防措施不力，好胜、好奇，常在盲目和冒失的运动中致伤。

2. 准备活动不足

运动前不做准备活动或准备活动不足，使人体机能未达到运动状态，肌肉弹性力差，韧带伸展和关节活动范围小，以及身体协调性低下而致伤。

3. 运动情绪不适宜

运动情绪低下或在畏难、恐惧、害羞、犹豫以及过度兴奋、过分紧张时可能发生伤害事故。

4. 缺乏运动经验与自我保护能力

缺乏运动经验和自我保护能力也常常导致运动损伤。例如摔倒时用肘部或直臂撑地，易造成尺(或桡)骨或肘关节损伤(图 2 - 6 - 1、图 2 - 6 - 2)。由高处跳下时，用脚跟落地或屈膝缓冲不够，易造成腿部、腰部或内脏震伤。

图 2 - 6 - 1

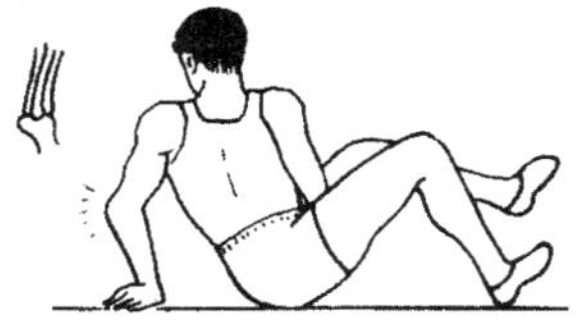

图 2 - 6 - 2

5. 技术上的缺点和错误

例如排球传球时，由于手形不正确而引起手指扭伤；学习跳马（箱）时，助跑速度过快，向前冲力过大，或助跑与踏跳不协调，致使身体前冲摔倒等。

6. 内容组合不科学，运动量安排过大

在一次运动锻炼过程中，若没有科学地安排好身体各部位练习的组合，易导致局部负担过重而造成损伤；若运动量安排过大，则易造成机体疲劳，从而导致对动作的控制能力降低而引起受伤。

7. 纪律松懈或组织不严密

纪律松懈，特别是在场地狭窄、人员拥挤的地方任意冲撞，易造成伤害事故；有的因组织方法不当致伤。

8. 运动环境不好

运动场地高低不平，器械安装不坚固或年久失修，又缺乏保护措施；运动时的服装不符合要求；空气污浊、噪声大、光线暗淡、气温过高或过低等，都能成为致伤的原因。

9. 身体状况不佳

身体疲劳或睡眠、休息不好，带伤、带病或伤病初愈，身体机能相对较低时，在这些情况下运动，如不适当地降低练习的强度和难度，很容易致伤。

10. 身体的弱点与技术动作的特殊要求不适应

例如膝关节处于半蹲位时，周围的韧带较松弛，关节稳定性相对减弱，在完成伸膝发力和屈膝的落地缓冲时易发生伤害。

二、运动损伤的预防

1. 加强运动安全教育

克服麻痹思想，提高预防损伤的意识。

2. 认真做好准备活动

对可能发生运动损伤的环节和易伤部位，要及时做好预防措施。

3. 合理安排运动量

做练习时应防止局部运动器官负担过重。

4. 加强保护与帮助

在加强同伴间的相互保护与帮助的同时，特别要加强和提高自我保护能力。如摔倒时，立即屈肘、低头、团身滚动；由高处跳下时，用前脚掌着地，同时屈膝缓冲等。

5. 加强易伤部位的锻炼

这是一种预防效果较高的积极的手段。如为预防关节扭伤，应增强关节周围肌肉、韧带的力量和柔韧性，以加强关节的稳定性。为防止肌肉拉伤，在锻炼肌肉力量的同时，还应注意锻炼肌肉的伸展性。

三、常见运动损伤的处理

（一）软组织损伤

这类损伤可分为开放性损伤和闭合性损伤两类。前者有擦伤、裂伤、刺伤等，后者有挫伤、肌肉拉伤、腱鞘炎等。

1. 擦伤

(1)原因与症状：因运动时皮肤遭受摩擦而致伤，如跑步时摔倒，体操运动时身体摩擦器械受伤，擦伤后皮肤出血或组织液渗出。

(2)处置：小面积擦伤，用红药水涂抹伤口即可；大面积擦伤，先用生理盐水洗净，后涂抹红药水，再用消毒布覆盖，最后用纱布包扎。

2. 撕裂伤

(1)原因与症状：在剧烈、紧张运动时，或受到突然强烈撞击时，易造成肌肉撕裂。撕裂伤包括开放伤和闭合伤两种，常见的撕裂伤有眉际撕裂、跟腱撕裂等。开放伤表现为顿时出血，周围肿胀；闭合伤触及时有凹陷感和剧烈疼痛感。

(2)处置：轻度开放伤，用红药水涂抹伤口即可；裂口大时，则须止血和缝合伤口，必要时注射破伤风抗毒血清，以防破伤风症；如肌腱断裂，则须手术缝合。

3. 挫伤

(1)原因与症状：因撞击器械或练习者之间相互碰撞而造成挫伤。单纯挫伤在损伤处会出现红肿，皮下出血，并有疼痛感；内脏器官损伤时，则出现头晕、脸色苍白、心慌气短、出虚汗、四肢发凉、烦躁不安，甚至休克等症状。

(2)处置：症状较轻的，在 24 h 内冷敷或加压包扎，抬高患肢或外敷中药。24 h 后，可按摩或理疗。进入恢复期可进行一些功能性锻炼。如果怀疑内脏损伤，则做临时性处理后，送医院检查和治疗。

4. 肌肉拉伤

(1)原因与症状：通常在外力直接或间接作用下，使肌肉过度主动收缩或被拉长而引起肌肉拉伤。特别是准备活动不充分或动作不协调时易引起肌肉拉伤，肌肉弹性、伸展性、肌力差者也易拉伤。损伤后伤处肿胀、压痛、肌肉痉挛，触诊时可摸到硬块。严重的肌肉拉伤是肌肉撕裂。

(2)处置：轻者可即刻冷敷，局部加压包扎，抬高患肢。24 h 后可施行按摩或理疗。如果肌肉已大部分或完全断裂，在加压包扎急救后，应立即送医院手术治疗。

(二)关节、韧带扭伤

1. 肩关节扭伤

(1)原因与症状：一般因肩关节用力过猛以及反复劳损所致，也有的因技术错误，违反解剖学原理而造成损伤。如投掷、排球扣球和大力发球时常出现这类损伤。其症状为压痛、疼痛，急性期有肿胀，慢性期三角肌可能出现萎缩，肩关节活动受限。

(2)处置：单纯韧带扭伤，可冷敷、加压包扎。24 h 后可采用理疗、按摩和针灸治疗。出现韧带断裂时，应立即送医院缝合和固定处理。当肩关节肿胀和疼痛减轻后，可适当施行功能性锻炼，但不宜过早活动。

2. 踝关节扭伤

(1)原因与症状：运动中跳起落地时失去平衡，使踝关节过度内翻或外翻致伤，在准备活动不充分、场地不平坦的情况下，更易造成这类损伤。主要症状为伤处疼痛、肿胀，韧带损伤处有明显压痛、皮下淤血。

(2)处置：受伤后，应立即冷敷，用绷带固定包扎，并抬高伤肢。24 h 后，根据伤情采取综合治疗，如外敷伤药、理疗、按摩等，必要时进行封闭疗法。待伤情好转后，施行功能性练习。症状严重者，可用石膏固定患处。

3. 急性腰伤

(1)原因与症状：运动时，身体重心不稳定或肌肉收缩不协调，易引起腰部扭伤。此类伤多数因腰部受力过重，或脊柱运动时超过了正常生理范围。例如：挺身式跳远中，展体过大。症状有时表现为腰部肌肉痉挛或运动受限。

(2)处置：腰部急性扭伤后，让患者平卧，一般不应立即挪动。如果剧烈疼痛，则用担架抬送医院诊治。处理后，应卧硬板床或在腰处垫一枕头，使肌肉韧带处于放松状态。也可采用针灸、外敷伤药或按摩治疗。

（三）关节脱位

(1)原因与症状：因受外力作用，使关节面失去正常的连接位(或称脱臼)。严重的关节脱位，伴有关节囊撕裂。关节脱位后，常出现畸形，与健肢不对称，可因软组织损伤而出现炎症反应，局部疼痛、压痛和关节肿胀，并失去正常活动功能，甚至发生肌肉痉挛等现象。

(2)处置：用长度和宽度相称的夹板固定伤肢。如果没有夹板，可将伤肢固定在自己的躯干或健肢上，防止震动，随后及时送医院治疗。必须指出，如果没有把握做整复处置时，切不可随意做整复手术，以免再次伤害。

（四）骨折

(1)原因与症状：运动中，身体某部位受到直接或间接的暴力撞击时，易造成骨折。例如在踢足球时，小腿被踢，造成胫骨骨折；摔倒时手臂直接撑地易引起尺骨或桡骨骨折；跪倒时可造成髌骨骨折等。骨折是比较严重的损伤，但发病率很低。骨折分不完全性骨折和完全性骨折两种。常见的骨折有肱骨骨折、前臂骨骨折、手骨骨折、大腿骨骨折、小腿骨骨折、肋骨骨折、脊柱骨折等。骨折发生后，患者患处立即出现肿胀，皮下淤血，有剧烈疼痛感(活动时加剧)，肢体失去正常功能，肌肉可发生痉挛，有时骨折部位发生变形，移动时可听到骨摩擦声。严重骨折时，伴有出血和神经损伤、发烧、口渴，甚至休克等全身性症状。

(2)处置：若出现休克，应先进行处理，即点按人中穴，并进行人工呼吸或心脏外按摩；若伴有伤口出血，应实施止血和包扎。骨折后暂勿移动患处，应用夹板或其他代用品固定伤处，并及时护送至医院进行检查和治疗。

（五）脑震荡

(1)原因与症状：脑震荡是指头部受外力打击后，使大脑管理平衡的半规管、椭圆囊、球囊等感受器机能失调，直到引起意识和机能的一时性障碍。在体育锻炼时，两人头部相撞，或头部撞击硬物，或从高处跌下时头部撞地，都可造成脑震荡。致伤时，患者神志昏迷，脉搏徐缓，肌肉松弛，瞳孔稍大但能对称，神经反射减弱或消失；清醒后，患者常有头痛、头晕、恶心呕吐感；平时情绪烦躁，注意力不易集中，有耳鸣、心悸、多汗、失眠、记忆力减退等症状。

(2)处置：立即让患者平卧，头部冷敷。若有昏迷，即指压人中、内关、合谷穴；若呼吸发生障碍，立即进行人工呼吸。上述处理后，出现反复昏迷或耳、鼻、口出血，两瞳孔放大且不对称时，表明病情严重，应立即送至医院治疗。在运送途中，要让患者平卧，头部固定，避免颠簸。脑震荡一般都可自愈，无须住院治疗，但要注意休息，并进行必要的药物治疗，保持情绪安定，减少脑力劳动。在恢复过程中，可定期做脑震荡平衡试验，以检查病况进展。其方法是：闭目、单腿站立、两臂平举。如果能保持平衡，表明脑震荡已基本治愈。这时，可适当参加体育锻炼，但要避免滚翻或旋转性动作。

四、运动损伤的急救

（一）急救的意义和原则

对体育运动中发生的严重损伤进行及时、正确的临时性处理，可减轻患者痛苦，减少并发症和感染，并为转送医院接受进一步治疗创造条件，这对保证生命安全具有十分重要的意义。急救是一项技术性、判断性很强的工作，进行时必须遵循如下原则：

1. 抓住主要矛盾，先急后缓

现场急救时，如果同时出现多种损伤，则须抓住主要矛盾进行急救。如发现休克，应先施行抗休克急救——针刺人中、内关穴，并及时进行人工呼吸；如伴有出血时，应同时施行止血，然后对其他损伤进行处理。

2. 判断准确，施行正确技术

急救人员要正确判断损伤性质和程度，并施行正确的抢救技术。

3. 分秒必争，临危不惧

急救时必须分秒必争，临危不惧，当机立断，切勿延误时机。当抢救有效后，应尽快转送至医院进行进一步治疗。在运送途中，要让患者保持平稳、安静，随时观察病情，必要时继续进行人工呼吸。

（二）急救方法

急救方法有止血法、人工呼吸法、搬运法等。

1. 止血法

（1）冷敷法。这种止血法常用于急性闭合性软组织损伤，最简便的方法是用冷水冲洗或用冷毛巾敷于伤处，有条件的可使用氯化烷喷射。

（2）抬高伤肢法。把出血的肢体抬高超过心脏水平，这样可降低出血部位的血压，减少出血。

（3）压迫法。其中有指压法、绷带法、止血带法。指压法常用于动脉出血，方法是在出血部位用手指腹直接压迫出血部位。但由于直接触及伤口，容易引起感染，所以最好敷上消毒纱布后进行指压。也可指压出血部位的上端动脉管，以切断血流渠道。常用指压法有：颌外动脉指压止血法（位于下颌角前 1.5 cm 处）、肱动脉指压止血法、股动脉指压止血法、胫前（后）动脉指压止血法。

在运动和生活中，常常会使用鼻出血止血法，具体做法：患者落座后，头微后仰，头后部靠在椅背上，用冷毛巾敷前额和鼻梁部，手指紧压鼻两侧止血，也可用无菌纱布塞鼻腔止血。

绷带包扎法的具体方法较多，要根据不同部位和伤势，使用不同的包扎方法，如环形包扎法、螺旋形包扎法、反折螺旋形包扎法、“8”字形包扎法、三角巾包扎法等。

2. 人工呼吸法

人工呼吸法也有多种，其中以口对口人工呼吸法和心脏胸外挤压法最有效。

（1）口对口人工呼吸法。首先清除患者口中的分泌物或呕吐物，松开衣领、裤带和胸腹部衣服，并及时让患者平躺、仰卧，头部后仰，托起下颌，捏住鼻孔，压住环状软骨（压迫食道）以防空气进入胃内。然后急救者深吸一口气，两口相对，将大口气吹入患者口中，吹气后将捏鼻子的手松开。如此反复进行，吹气频率每分钟16～18次，直至患者自主恢复呼吸为止（图2－6－3）。

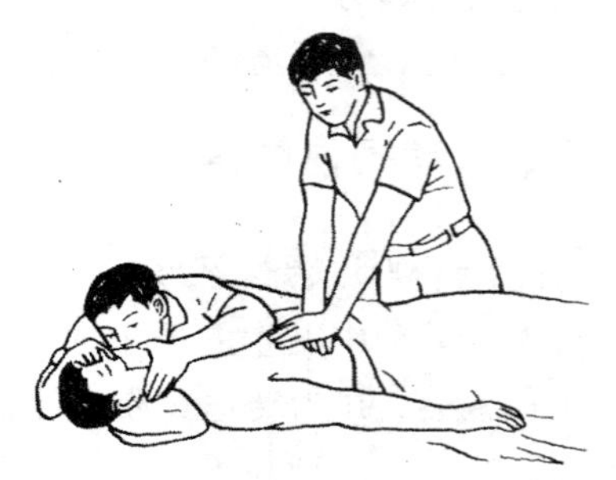

图2－6－3　人工呼吸法

（2）心脏胸外挤压法。将患者仰卧放置在木板或平地上，急救者两手上下重叠，将掌根置于患者胸骨下半部，肘关节伸直，借助自身体重和肩臂部力量，适度用力下压，将胸壁下压3～4 cm为度，随即松手，胸壁将自然回弹。如此反复进行。成人每分钟60～80次，小儿用单手挤压即可，每分钟90～100次，直至患者自主恢复心脏跳动为止（图2－6－3）。

必要时须口对口呼吸法和心脏胸外挤压法同时进行，急救者之间应密切配合，两者按1∶15频率进行。

3. 搬运法

经现场急救处理后，应迅速、安全地将伤员转移到宿舍休息或医院治疗。搬运方法有徒手搬运法［扶持法、托抱法、双人椅托法、三人托抱法（图2－6－4至图2－6－7）］、担架法、车辆运送法等。

图2－6－4　扶持法

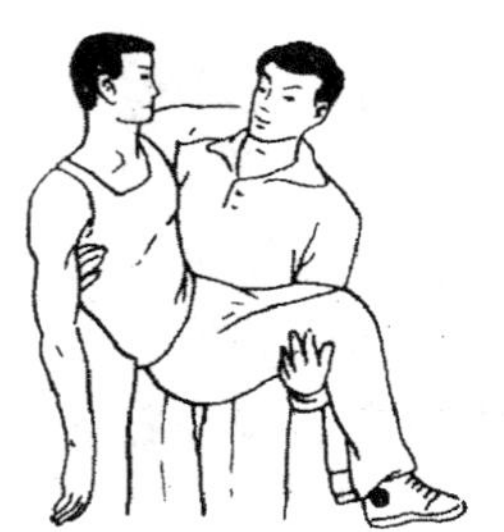

图2－6－5　托抱法

图2－6－6　双人椅托法

图2－6－7　三人托抱法

图2－6－8　倒水

(三)溺水及急救

溺水时，水经呼吸道进入肺内，造成呼吸道阻塞或因吸水刺激，引起喉部肌肉痉挛，导致窒息昏迷。如果时间稍长，则会因缺氧而危及生命。

窒息后，患者脸色苍白、眼睛充血、口鼻充满泡沫、四肢冰冷、神志昏迷、胃腹满水鼓起，有的患者呼吸、心跳停止。

急救步骤如下：

(1)将溺水者救上岸后，立即清除口腔内异物，并进行倒水(图2-6-8)。

(2)及时进行人工呼吸。

(3)清醒后立即送至医院进行进一步治疗。在运送途中密切观察溺水者情况，必要时继续进行人工呼吸。

第七节 体育卫生

大学生年龄一般在18~25岁之间，处于青年中、晚期，个体在形态结构、生理功能等方面已日趋完善，运动器官、心肺功能已基本发育成熟，但在运动中也必须遵循人体生理活动规律和一定的运动卫生要求，才能达到提高健康水平、增强体质的目的，如不注意运动卫生，盲目和随意地运动，有时反而会对身体造成危害。

一、体育锻炼的卫生

(一)运动前要做好准备活动

准备活动是指在体育锻炼前所进行的一系列身体练习，其目的在于使身体各器官系统机能迅速地进入工作状态。准备活动的作用在于提高中枢神经系统的兴奋性，扩大肌肉、肌腱和关节的活动范围，克服内脏器官的机能惰性，加强心血管和呼吸器官的活动能力，使机体各方面的功能达到适应训练时的要求，预防或减少肌肉、关节、韧带的损伤。准备活动的量，要较正式运动强度小，以免由于疲劳影响成绩。一般认为准备活动的强度以摄氧量达最大摄氧量的45%、心率达100~120次/min、时间为10~30 min为宜。另外，还应根据项目特点、个人习惯、训练和季节等因素加以调整，通常以微出汗及自我感觉已活动开为宜。准备活动结束到正式练习开始的时间间隔一般不超过15 min，在一般性教学课中准备活动以2~3 min为宜。

准备活动的内容大多包括两种，一种是一般性准备活动，如跑步、徒手操，活动肢体各关节；另一种是专项准备活动，如在打篮球以前先做投篮、传球、运球练习，在长跑之前先慢跑一段，在游泳之前先在陆地上练习划臂、蹬腿、呼吸等。

(二)运动后要做整理活动

整理活动是人体由运动状态过渡到相对安静状态的活动过程，它是体力恢复的一种有效手段。整理活动又称为放松练习。做好充分的整理活动是取得良好的训练效果及预防运动损伤的主要手段之一。剧烈运动时骨骼肌持续收缩，使代谢产物堆积，肌肉的硬度增加并产生酸痛，通过整理活动可使肌肉逐渐恢复到运动前的松弛状态。另外，由于运动时血液重新分配，内脏血液大量转移到运动器官，运动后若不做放松练习而突然不动，那么在地心引力和静止的身体姿势的影响下，静脉回流会严重受阻，使心输出量骤然减少、血压急剧下降，造成一时性脑缺血，产生一系列不舒适的感觉，甚至休克。整理活动可加速血液再次重新分配，促进乳酸的消除与利用，减少肌肉的延迟性酸痛，有助于消除疲劳。

做整理活动时，应全身性地放松，尽量采用轻松、活泼、柔和的练习，活动量逐渐减少，节奏逐渐放慢，以使呼吸和心率下降。如在长跑达终点后，再慢跑一段，边走边做深呼吸运动或放松徒手操。特别在紧张剧烈的运动之后，要进行全身放松活动，以免身体受到损伤。整理活动之后，还要注意身体保暖，以防身体着凉引起感冒。

（三）运动营养卫生

1. 保持热量平衡

大学生运动时能量消耗较大，需要及时地补充充足的热量，一方面满足机体的正常需要；另一方面使运动员保持充沛的运动能力，并有一定的热量储备。据调查，我国男大学生每天消耗能量约 10.4×10^3 kJ，女生约 8.7×10^3 kJ；积极参加体育锻炼的男生可达 13.8×10^3 kJ，女生约 10.4×10^3 kJ。如果长期热量供应不足，会引起身体瘦弱；但热量摄取过多，也易引起脂肪过多而发胖。不同的运动项目、运动强度和持续时间，总的能量消耗不同。为此，热量补充要根据食物的发热量和人体能量消耗情况而定。

2. 注意热能物质的比例适当

运动时的热能物质以糖为主，粮食类物质是糖的主要来源。人体每天进食的数量应与一天的热量消耗相适应，并以粗、细粮搭配为宜，多种粮食混合食用；蛋白质是人体肌肉的原料，主要来源于瘦肉、鱼虾、蛋类、乳类、豆制品，一般成人每天每千克体重需要蛋白质1.2～1.5 g，经常从事锻炼者比一般人高50%～80%。如果蛋白质供应长期不足，可引起营养不良或运动性贫血。

3. 补充足量的维生素

由于运动时人体代谢旺盛，激素分泌增加，大量排汗，因而维生素的损失较多，所以要补充足量的维生素。对维生素的需要量，因运动项目不同而有所区别。长时间的耐力性项目对维生素 E、维生素 B、维生素 C 的需要量较多。维生素缺乏表现为：运动能力下降，容易疲劳，免疫力减弱。一旦维生素得到补充，因维生素缺乏而失去的能力将会随之得到恢复。过度服用某一种维生素会影响维生素之间的平衡，长期过度服用维生素不但不能提高运动能力，而且还会产生不良影响。只有各种维生素摄入量保持适当比例，才能使各种维生素在体内发挥良好的作用（表2－7－1）。

表2－7－1　不同人群的维生素需要量（mg/d）

类别	维生 A	维生素 B_1	维生素 B_2	维生素 PP	维生素 C	维生素 D	维生素 E
非运动员	1.5	1～5	2	20	75	2	5
速度、力量运动员	2	4～6	3	25	100～200	2	7
耐力运动员	2	6～10	4	25～30	100～300	2	10

（四）运动与饮食习惯卫生

1. 饭后不做剧烈运动

有些人常常放下饭碗就去打球或从事一些剧烈的运动，这是不符合卫生要求的。因为饭后胃肠道已开始紧张的工作，毛细血管开放，大量血液流入消化器官。此时若进行剧烈的运动，大量的血液就要从胃肠道流入骨骼肌，使消化机能减弱。长此以往，轻则引起消化不良，重则导致消化道疾病，如胃炎、胃溃疡。同时，饭后胃内已充满了食物，进行剧烈运动时，由于食物的重力和颠簸作用，会牵拉肠系膜，容易引起腹痛、恶心等症状，还可能酿成胃下垂等疾病。因此应当避免饭后进行剧烈运动。

2. 运动后不宜立即进餐

运动时大量血液流入运动器官，胃肠道的血流量相对减少，胃液分泌亦少，消化系统功能处于相对的抑制状态，因而运动后立即进餐，必然影响食物的消化和吸收，长此以往，会酿成消化不良或其他消化道疾病。合理的进食时间一般为锻炼后半小时。

3. 空腹不宜长时间剧烈运动

长时间剧烈运动要消耗大量能量，而能量主要来源于体内血糖的氧化。空腹进行长时间的剧烈运动，无充足的血糖补充，易发生低血糖症状。另外，空腹进行长时间的剧烈运动，还可使胃发生痉挛性收缩，出现胃痛。长此以往会导致胃炎等疾病。因此，空腹锻炼时，运动时间不宜过长，运动强度不宜过大，如出现头晕、恶心、呕吐等症状时，应当立即停止运动。

（五）运动与饮水卫生

1. 运动前饮水

运动前饮水过多，会使胃膨胀，妨碍膈肌运动和影响呼吸；使血液浓度稀释，血流量增大，增加心脏负担，不利于运动。正确的方法为：运动前 15 ~20 min 补水或饮料 400 ~200 mL；运动前 5 min 补水或饮料 1 ~1.5 L，饮料温度为 4 ~12℃，这样能减轻途中脱水症状。

2. 运动中补水

由于运动时，体内产热增加，体温升高，排汗是调节体温的主要方式，故运动的出汗率增高，很容易脱水而影响运动能力。因此，在运动中也要定时补水。可在运动中每隔 15 ~20 min补液 100 ~300 mL 或跑 2 ~3 km 补液 100 ~200 mL，但每小时补液总量不能超过 800 mL，水温应为 4 ~12 ℃，如补液过多，会因吸收不了而出现恶心、呕吐现象。

3. 运动后补水

运动后或球类比赛半场休息时不宜大量饮水，同时要遵守少量多饮的原则，饮料可选用含糖的饮料，以尽快恢复血浆量。运动后切忌暴饮，其不良效果有：增加心肾负担；稀释胃液，影响食欲和消化。运动后补水应以少量多次为原则。

4. 运动后不宜喝冰冻饮料

冰冻饮料会刺激胃肠导致胃肠痉挛，发生腹痛、恶心、呕吐等现象，还会使胃肠血管收缩，血量减少，影响食物的消化和吸收。

（六）运动与衣着卫生

服装能保护人体免受外界环境的各种不良影响，服装的保温性、吸湿性、溶水性和其他性能，均具有重要的卫生作用，因此运动时穿的衣服要轻便、舒适。

鞋子的尺寸应以合适为原则，鞋号偏大，运动不便，容易发生踝关节扭伤；鞋号偏小，挤压足部血管会影响足的正常功能和发育。从卫生学的观点来看，运动鞋应当轻便、富有弹性、具有良好的透气性，不要穿硬底鞋锻炼。

袜子应当透气良好、吸汗力强，且干净、柔软、有弹性。

二、运动与环境卫生

（一）主要运动场馆设备的卫生

1. 田径场

跑道应平整结实、富有弹性、无浮土。跳跃场地的跑道应避开阳光的照射；踏跳板高度与地面平齐，沙坑内应填满干净沙子，使用前应挖松、耙平。跳高或撑杆跳高的沙坑内应有较厚的海绵包，并高出地面。投掷区必须与其他场地分开，在一个投掷区内不允许同时进行几种投掷运动，不允许同时面对面投掷，铁饼和链球场地应放置护笼，以确保安全。室外单杠、双杠、高低杠、爬竿、吊环等固定器械要经常检查有无螺丝锈蚀、松动或断裂，并进行及时修理，以免发生意外损伤。

2. 游泳池

游泳卫生要求最高的是池水。利用江河做游泳池时，首先要注意水源有无污染；其次水深应为 1～1.8 m，水流速度不超过 0.5 m/s，池底无淤泥、树桩、水草、大石块等，还应配备救护人员。室内游泳池的水质标准：pH 为 7.2～8.0，余氮量不低于 0～3 mg/L，细菌总数不超过 100 个/mL，大肠杆菌不超过 3 个/L，水温为 18～25 ℃，池壁、池底平整、光滑，跳水区水深为 3 m 以上。

3. 体操馆

木制地板应平坦而坚固，无裂缝，无松动。室内保持清洁，馆内光线充足。进馆后穿软底鞋，运动前要检查体操器械是否安装牢固、平稳，必要时钉上防滑胶皮，器械下方应安放海绵垫，两块垫之间不能留有空隙，以防运动损伤。并应注意保暖，以防受凉感冒。

4. 球类馆

球类场馆中，地面应平坦结实、无碎石，以防踝关节扭伤。足球场最好有草皮，球场四周 2～2.5 m 范围内不应设有任何障碍物，以免撞伤。

三、女子运动卫生

（一）女子的解剖生理特点

1. 女子发育的一般特点

女子进入青春期的时间，约比男子早 2 年，结束也早 2 年。10 岁左右的女子身高、体重一般超过同龄男孩，随着年龄的增长，女子除骨盆较宽、皮下脂肪较多、体重与身高比值较大外，其余各项形态、功能指标均落后于同龄男子。

在体形方面，女子肩部较窄，下肢较短，躯干相对较长。因此，女子的身体重心低，有利于维持平衡，但不利于跳跃及速度发挥。

女子皮下脂肪虽较厚，但下腹部对冷的刺激很敏感，故在各季节锻炼时应注意下腹部的保暖。

2. 女子运动系统的特点

女子的骨骼细小，骨盆较宽，骨密质较薄，骨骼水分、脂肪含量多于男子，无机盐含量少，柔韧性强，但抗弯能力及抗压能力较男子弱，女子肌肉所含水分及脂肪较多，故女子的肌肉力量弱，为男子的60%～80%。

3. 心血管系统

女子心脏体积小，心脏重量较男子轻20%～30%；心脏容积比男子小，女子心脏容积为455～550 mL，男子为600～700 mL，故女子的心血输出量小于男子。

由于女子心肌收缩力弱，调节心脏的神经中枢兴奋性较高，所以每分钟心率较男子快2～3次。而且女子的心血储备能力低于男子，因此，运动时女子主要靠加快心率来增加心肌的每分钟血输出量。

女子血压较男子低10%，运动时上升幅度较小，运动后血压恢复时间较长，女子全身血量、血液内的红细胞及血红蛋白含量都低于男子，这就限制了女子在运动中的供氧能力，从而使她们的运动能力及耐力都不如男子。

（二）女子体育锻炼的一般卫生要求

1. 增加有氧运动

女子心肺功能比男子差，因此，女子的体育锻炼应重视加强心肺功能锻炼。而增强心肺功能的有效方法是有氧运动，如慢跑、步行、游泳等，这些运动项目不仅可以增强心肺功能，而且可以消耗多余脂肪，有利于健康与保持健美。

2. 加强腹肌和骨盆底肌的锻炼

位于腹腔周围的肌肉群及腹腔底部下口处的骨盆底肌，共同维持着人体正常的腹压，保持着各脏器的正常位置和功能。从女性生理特点来看，加强这些肌肉锻炼对女子健康有重要意义。可多做仰卧起坐、仰卧举腿等练习，少采用剧烈运动和引起腹压升高的练习，如憋气练习。

3. 多参加有利于体形健美的运动

健美操、韵律操、艺术体操、舞蹈等运动很适合女性对美的爱好和追求，有利于形体的健美。

（三）女子经期的体育卫生

月经是女子进入青春期，每月一次的子宫出血，是正常的生理现象。月经期，子宫内膜破裂，抵抗力下降，易感染。因此，月经期应十分注意卫生。

月经正常的女子一般不会出现明显的异常变化，可以参加适当的体育活动，如做广播操，打乒乓球、羽毛球等，通过活动，可以改善盆腔的血液循环，减轻盆腔的充血现象，有助于淤血的排除。此外体育运动还可调节大脑皮质的兴奋和抑制过程，减轻全身不适反应。一般是在月经的第一、二天可以轻微运动，在第三、四天则可增加运动量，在第五、六天可以照常运动。

月经期身体的反应能力、肌肉力量、灵活性都下降。因此运动量要小，强度不宜过大，时间不宜过长，否则会导致卵巢功能失调或月经紊乱。另外，导致腹内压明显升高的憋气和静力性动作也应少做以免引起子宫移动或子宫受压造成经血过多。

月经期不宜游泳，否则会受冷刺激，并且容易引起子宫内膜感染，导致炎症性病变。

第三章　大学生体育锻炼的原则与方法

第一节　大学生体育锻炼的原则

科学研究和实践证明，体育锻炼是促进人体发展的重要手段和方法，是维持、加强生命活动，延缓人体衰老，促进人类进化的有效手段。但是，并不是只要参加体育锻炼，就一定会获得良好的效果。如果锻炼内容、练习强度和练习方法等选择不当，反而会危害身体健康。科学的体育锻炼原则是体育锻炼过程中客观规律的反映，是人们成功经验的总结和概括，也是人们进行体育锻炼时必须遵循的准则。

一、体育锻炼的基本原则

（一）体育锻炼的 FIT 监控原则

FIT 是次数（frequency）、强度（intensity）和时间（time）的缩写。要想取得良好的锻炼效果，必须在体育锻炼中科学地安排好锻炼的次数、强度和时间。

（1）次数，表示每周进行体育锻炼的次数，要想获得良好的体育锻炼效果，每周应进行 3 ~ 5 次体育锻炼。

（2）强度，锻炼强度常用心率间接表示，目前推荐的锻炼强度范围为自己最大心率的 60% ~ 80%。最大心率是指人体做极限运动时的心搏频率。要直接测出每个人的最大心率不仅是困难的，而且还具有一定的危险性。最大心率可采用下列公式来估算，即最大心率 = 220 – 年龄。

（3）时间，是指每次运动的持续时间。有效的一次锻炼时间是 20 ~ 60 min，如以最大心率的 80% 的强度进行锻炼，20 ~ 30 min 即可，而以最大心率的 60% 的强度进行锻炼，需要 40 ~ 60 min。

（二）超负荷原则

超负荷原则是指在进行体育锻炼时，身体或特定的肌肉受到的刺激程度强于不锻炼时或已适应的刺激强度。运用超负荷原则指导体育锻炼最重要的一点就是要从自己的体能水平和身体承担负荷能力的实际出发，恰当地确定锻炼负荷的大小。负荷通常包括负荷量与负荷强度。

负荷量一般以练习的次数、时间、距离、重量来表示，负荷强度以练习的速度、负重量、密度来表示。

（三）循序渐进原则

循序渐进原则是超负荷原则的延伸，是指体育锻炼必须遵循人体自然发展、机体适应的基本规律，从不同的主、客观实际出发，合理安排运动负荷，在渐进的基础上提高锻炼水平。在体育锻炼过程中，运动负荷的大小直接影响人体机能的变化，负荷是否适宜，对锻炼效果的好坏起很大的作用。运动负荷的大小因人、因时而异。即便是同一个人，在不同的机能状态、不同的时间，人体对负荷的承受能力也不尽相同。因此，进行体育锻炼时应循序渐进，随时调整运动负荷，逐步提高锻炼水平。

（四）安全性原则

安全性原则要求大家在体育锻炼的过程中始终注意保护自己，做到安全第一。其主要内容包括：

（1）在制订或实施锻炼计划前一定要进行体检，如果患有某种疾病或有家族遗传病史，需要找医生咨询，按照医生的建议进行锻炼，不要盲目参加超过自身能力范围的活动；

（2）在有条件的情况下，进行体质健康测试后，依据测试结果开设运动处方，有目的、有计划地进行科学锻炼；

（3）每次锻炼前必须做好充分的准备活动，克服内脏器官的生理惰性，防止出现运动损伤；

（4）饭后、饥饿或疲劳时应暂缓锻炼，疾病初愈不宜进行较大强度的锻炼；

（5）每次锻炼后，要注意做好整理、放松活动。

（五）适时监控原则

适时监控原则是指在体育锻炼过程中要恰当地监控自己的运动强度。可采用测量心率的方法了解和控制体育锻炼过程中的运动强度，准确判断运动强度是需要增大还是减小。触压桡动脉和颈动脉就可以测量心率。测量运动时的心率应在停止运动的 5 秒钟内进行测量，测量 10 秒钟的心率再乘以 6 即可算出运动时每分钟的心率。

第二节　大学生体育锻炼的方法

体育锻炼方法是根据人体发展规律，运用各种身体练习和自然因素来锻炼身体的途径和方式。体育锻炼方法是贯彻体育锻炼原则，是达到体育锻炼目的的关键。在运用过程中，应从实际出发，灵活应用，注意它们可以相互补充，交替结合，但应主次分明。

一、体育锻炼的一般方法

（一）重复锻炼法

重复锻炼法是指按一定负荷标准，重复进行某项练习的方法。

重复的次数和时间，是决定健身效果的关键，确定和调节重复的次数和时间，应考虑项目的特点。运用重复锻炼法时，要注意克服厌倦情绪，防止机械呆板。

（二）间歇锻炼法

间歇锻炼法是指进行重复锻炼时上下两次之间要有合理的休整，它是提高锻炼效果的一种常用的锻炼方法。

间歇锻炼的间歇时间长短，主要以运动负荷价值阈为准。一般地说，负荷超过上限时，间歇时间应长些，以防止负荷继续上升，造成过多的体力消耗；负荷在下限时，间歇时间应短、密度应大。后次锻炼应在前次锻炼的效果未减退时进行，倘若间歇时间过长，在前次锻炼的效果消失后再进行，就失去了间歇的意义。

（三）变换锻炼法

变换锻炼法是在体育锻炼过程中，采用变换条件、环境、要求等来提高锻炼效果的一种锻炼方法。

采用变换锻炼法可以有效地调节生理负荷，提高锻炼情绪，强化锻炼意志，克服疲劳和厌倦情绪。运用变换锻炼法时，常采用各种辅助性、诱导性和转移性练习，配合乐曲，利用日光、空气和水。

（四）循环锻炼法

循环锻炼法是指把各种类型的动作、具有不同练习效果的项目，组成一组锻炼项目，按照一定的顺序循环往复地进行锻炼的方法。这种方法具有综合锻炼的效果。

循环锻炼法所布置的各个练习点，内容搭配要选用已经掌握的简单易行的动作，同时要规定好练习的次数、规格和要求。由于各站点的动作和器械不同，练习时要花样翻新，交替进行，这样能激发练习兴趣，减轻疲劳、提高密度，使锻炼有显著的健身价值。运用循环锻炼法时要强调动作质量，防止片面地追求运动密度和数量。

二、身体素质的锻炼方法

身体素质是指人体在运动、劳动和日常活动中，在中枢神经的调节下，器官系统所表现出的机能能力，主要包括力量、速度、耐力、灵敏和柔韧五个方面的素质。身体素质，是衡量一个人体质状况的重要标志。大学阶段是发展各项身体素质的重要阶段，在此期间全面地发展身体素质将对终身锻炼的能力产生决定性的作用。

（一）力量素质锻炼

力量是指肌肉紧张或收缩时克服内外阻力的能力。人体的一切动作，都是通过肌肉活动来实现的，这就要求各部分肌肉具有相应的力量来克服各种阻力。因此，力量素质是人们日常活动、生产劳动和体育锻炼所必需的素质。

按肌肉收缩的形式，可分为静力性力量和动力性力量。静力性力量是肌肉做等长收缩（保持一定长度）时所产生的力量，即动作外观上不发生变化，肢体不产生明显的位移，如体操中的支撑、平衡、倒立等动作。动力性力量是肌肉做等张收缩（长度改变）时所产生的力量，即肢体产生明显的位移，使人体或器械产生加速运动，如跑、跳、投等。

动力性力量又可分为重量性力量和速度性力量。重量性力量是动作速度不变，力量大小由肌肉工作时所推动的器械重量来衡量，如举重等。速度性力量是由人或器械运动的加速度值来评定的一种力量，如投掷、踢球、跳跃等。

按人体表现出的力量与本人体重的关系，可分为绝对力量和相对力量。绝对力量与本人体重无关；相对力量是指每千克体重所表现的力量。

按力量的表现形式，还可分为速度力量和力量耐力。速度力量是力量与速度综合在一起时的力量素质的表现，反映一个人快速用力的能力；力量耐力则指人体在克服一定外部阻力并能坚持尽可能长的时间或重复尽可能多的次数的能力。

（1）发展静力性力量的方法：一般用最大力来完成，保持一定的姿势不变，用极限的力量对抗固定的物体，每组坚持时间为 5 ~ 6 s，每次做 2 ~ 3 组。

(2)发展动力性力量的方法：常采用克服自身体重的各种跑、引体、支撑等练习；也可采用克服外界阻力的举重、举哑铃、拉拉力器或橡皮带等练习。

(3)发展绝对力量的方法：阻力大、重复次数少的练习有利于绝对力量的增长。以锻炼者所举最大力量的 85% ~ 95% 作为练习的重量，连续举(蹲)起 3 ~ 5 次，重复 3 ~ 5 组，每组间歇 1 ~ 3 min，每周练习 3 次，效果最好。

(4)发展相对力量的方法：要求锻炼者具有较大克服自身体重的能力，常用的项目有体操、短跑、举重、摔跤等。它们的特点是负荷重量大、重复次数少、动作速度快。

(5)发展速度力量的方法：强调用最快的速度完成负荷动作，用锻炼者所举最大重量的 60% ~ 80% 作为练习的重量，每组 5 ~ 10 次，做 4 ~ 6 组，每组间歇 2 ~ 5 min，效果较好。

(6)发展力量耐力的方法：常采用锻炼者所举最大重量的 50% 作为练习的重量，每组 20 ~ 30 次，组数随训练水平的提高而逐步增加，每组间歇 1 分钟，每次练习要到出现疲劳感为止。

(二)速度素质锻炼

速度素质是指人体以最短的时间完成动作的能力，它是人的基本身体素质之一。通常将速度素质分为反应速度、动作速度和位移速度三种。

反应速度是指人体对各种信号刺激做出快速反应的能力。如短跑运动员的起跑反应等，它以神经过程中反应时为基础，反应时短，则反应速度快；反应时长，则反应速度慢。动作速度是指人体快速完成某一动作的能力，如跳跃运动员的踏跳速度、投掷运动员器械出手的速度等。位移速度是指在周期性运动中，单位时间内人体快速移动的能力，如各种跑、游泳等。

(1)发展反应速度的方法：利用一定信号让练习者做出相应的反应动作，设计一个移动目标，让练习者看到或听到目标所发出的信号后，迅速地做出各种反应动作。如排球中，可根据对方击出的各个方向的来球，迅速移动位置来调整击球姿势。

(2)发展动作速度的方法：利用外界助力(减轻器械重量)帮助练习者提高动作的速度。如短跑练习中的顺风跑、牵引跑等，均可有效地发展练习者的动作速度。

(3)发展位移速度的方法：在相对固定的条件下，按照一定的要求和组间的间歇时间，反复做短距离的冲刺练习；也可改变练习条件，如下坡跑可以发展位移速度。

(三)耐力素质锻炼

耐力是指人体长时间进行肌肉活动的能力，也可看作人体在工作过程中克服疲劳的能力，俗称耐久力。它是人体各器官系统机能和心理素质的综合表现，也是衡量人体机能水平、体质强弱的重要标志。从生理学角度来讲，耐力可分有氧耐力和无氧耐力。

有氧耐力指机体在供氧充足的情况下克服疲劳的能力。有氧耐力的锻炼主要是提高有机体供氧功能，促进肌肉新陈代谢能力。无氧耐力指机体在供氧不足(存在氧债)的情况下克服疲劳的能力。无氧耐力的锻炼主要是提高有机体对氧债的承受能力。

(1)发展有氧耐力的方法：坚持长跑和游泳是提高有氧耐力的最好方法，如长跑时心率控制在 150 ~ 170 次/ min，能取得较好的锻炼效果。

(2)发展无氧耐力的方法：主要是采用强度大、负荷时间短的运动项目，如100 m、200 m和400 m跑，每次间歇时间为1～3 min，可依据心率来掌握运动量和间歇时间。

（四）灵敏素质锻炼

灵敏素质是指人体在各种突然变换环境的条件下，迅速、准确、协调地改变姿势和运动方向的能力，它是运动技能和各种素质在运动过程中的综合表现。灵敏性包括三层含义：一是协调地掌握复杂动作的能力；二是迅速学会和完善运动技巧的能力；三是随情况变化的要求，迅速而正确地变换技巧的能力。

发展灵敏素质的方法：应从培养各种能力入手，如掌握动作能力、反应能力、平衡能力、观察判断能力及节奏感等。常采用体操、球类、活动性游戏、跳跃等非周期项目进行锻炼，效果较好。

（五）柔韧素质锻炼

柔韧素质是指人体的各个关节活动幅度、肌肉和韧带的伸展能力，是由关节的结构，关节周围组织体积的大小，跨过关节的韧带、肌腱、肌肉与皮肤的伸展性三个因素综合决定。

发展柔韧素质的方法：主要是采用加大动作幅度，即拉长肌肉、肌腱、韧带和皮肤的练习。所有的柔韧练习至少连续做5～10次，动作幅度应逐步加大，身体各部位的柔韧性要交替进行，并持之以恒。当软组织被拉长之后，肌体感到酸、胀、痛时应坚持8～10 s，这样需重复练习8～10次，可以收到良好的效果。在每次锻炼过程中，动力拉长练习一般为15～25个，每个练习7～30次为宜，注意柔韧练习总的时间不宜过长。

第三节　体育锻炼的运动处方

一、运动处方的概念

运动处方类似医生给病人开的医药处方，它指导医生或教练员根据运动锻炼者的年龄、性别、心肺或运动器官的功能、运动经历和健康状况等特点，用处方的形式，规定适当的运动内容和运动量。它是指导锻炼者有目的、有计划、科学地锻炼的一种方式。其内容包括运动项目、运动强度、每次运动的持续时间、运动频率和注意事项等。

二、运动处方的种类

随着运动处方的不断完善和应用范围的日益扩大，运动处方的种类也逐渐增加。按锻炼对象可分为两类：治疗性运动处方、预防性运动处方。前者用于某些疾病创伤康复期的患者，使医疗体育更加定量化和个别化。后者用于健康的中老年人及长期从事脑力劳动，希望参加体育锻炼者，主要是预防某些疾病(冠心病、肥胖症等)，防止过早衰老。

按锻炼器官系统可分为两类：心脏体疗锻炼运动处方、运动器官体疗锻炼运动处方。前者以提高心肺功能为主，用于冠心病、高血压、糖尿病、肥胖病等内脏器官疾病的防治与康复。后者以改善肢体功能为主，用于各种原因引起的运动器官功能障碍及畸形矫正等。

三、运动处方的格式

运动处方可根据不同需要使用不同的格式。但在运动处方中（表 3－3－1、表 3－3－2），必须同时指出禁止参加的运动项目、锻炼时的自我监督指标及出现异常情况时停止运动的准则等。在制订与执行运动处方时，都必须严格遵守安全有效、循序渐进、区别对待的原则，同时要加强医务监督。

表 3－3－1　运动处方格式（正面）

姓　名	性　别	年　龄
健康状况：		
功能检查：项目（任选一项）	20 次/30 s 蹲起	30 次/30s 下蹲
	哈佛台阶试验	功率自行车等
结　果：		
锻炼内容：		
锻炼时最高心率（次/min）：		
每周锻炼次数：	每次锻炼持续时间：	
注意事项：		
禁忌运动项目：		
自我监督项目：		
复查日期：		
	医师或教练员签名：	年　月　日

表 3－3－2　运动处方格式（背面）

日　期	运　动　情　况	身体反应情况

签　名：

四、制订运动处方和个人锻炼计划

(一)制订运动处方的步骤

1. 健康诊断和体力测定

制订运动处方前，应充分考虑锻炼者的健康状况。首先通过体检和临床医学检查，了解锻炼者的基本情况(如病史、锻炼情况、食欲、睡眠等)；通过医学手段检测，了解锻炼者的生理、生化指标及各项身体素质水平(如目前多采用12分钟跑的方法来测定心肺功能)。然后根据各项检查结果，结合年龄、性别和运动经历制订运动处方。

2. 确定锻炼目标

从事健身运动的人，其目的因人而异，有的人为了提高全身耐力水平(有氧运动能力)而锻炼，有的人为减肥而锻炼，有的人为了治疗各种疾病而锻炼。在确定锻炼目标时，要注意是为了健身而进行锻炼，不可无止境地追求运动技术和运动能力。

3. 选择运动项目

健身运动处方中的运动项目主要根据健身者所要达到的目的(主要是为了增强体质)而设定。在健身运动中，要避免选用高难度、大负荷的竞技运动项目，不要把技术水平含量较高的竞技运动与增强体质的健康运动混为一谈，要从实际出发、讲究实效，尽量考虑到运动项目的锻炼价值，根据个体锻炼目标选择相应的运动项目(表3－3－3)。

4. 确定运动强度

运动强度对运动效果和人体运动安全有直接影响，合理的运动强度，是制订和执行运动处方的关键，常用心率作为定量指标。在健身运动处方中应规定达到而不超过的心率数，多采用计数脉搏的方法来测量(10 s脉搏数×6)。目前推荐的锻炼运动强度范围为自己最大心率[最大心率＝220－年龄(适于青少年)]的60%～80%，其具体标准应根据锻炼者年龄的不同而有所区别(表3－3－4)。

表3－3－3　根据锻炼目标选择相应的运动项目

锻炼目标	运动项目
消除疲劳、防治高血压和神经衰弱等	太极拳、散步、放松操、保健按摩、气功疗法等
专治某些疾病，如慢性支气管炎、肺气肿等	专门的呼吸体操(呼吸运动)
矫正脊柱畸形	矫正体操等
一般健身，改善心血管及代谢功能，预防冠心病、肥胖症、糖尿病等	走、慢跑、骑自行车、游泳、登山、跳绳、原地跑、上下楼梯等耐力性活动(有氧锻炼疗法)

表 3－3－4　不同年龄段运动强度心率对照表

最大心率的百分比	8～12 岁	13～17 岁	18～29 岁	30～39 岁	40～49 岁	50～59 岁	60 岁以上
100%	195	190	190	185	175	165	155
90%	180	175	175	170	165	155	145
80%	170	165	165	160	150	145	135
70%	160	155	150	145	140	135	130
65%	150	150	140	140	135	130	125
60%	145	140	135	135	130	125	120
55%	140	135	130	130	120	120	115
50%	135	130	125	120	115	110	110
45%	130	125	120	115	110	105	105
40%	125	120	115	110	105	100	100

5. 确定每次运动的持续时间

进行耐力性运动（有氧训练）最好控制在 15～60 min，其中达到适宜心率的时间须在 5 min以上；医疗体操持续时间视具体情况而定。运动中应有短暂的休息，运动量的计算要注意运动的密度，并扣除休息时间。

运动强度与运动持续时间决定运动量。运动量确定后，强度大时，持续时间可相应缩短；强度小，持续时间可延长。一般来说，采用同样的运动量时，年轻人和体质较好者，宜选择强度大、持续时间短的练习；而中老年人和体弱者，宜选择强度小、持续时间较长的练习。

6. 确定运动频率（每周锻炼的次数）

每周锻炼的次数与锻炼效果密切相关。对一般健身者来说，可安排每天锻炼或每周锻炼 3～4 次（即隔天锻炼 1 次）。据有关专家研究表明，每天锻炼和隔天锻炼，其肌肉力量的增长效果是一样的；而耐力锻炼的效果与频率成正比（频率愈高，效果愈好）。无论采用哪种锻炼方式，都要结合个人学习、生活和工作情况，以能够坚持并养成锻炼的习惯为重。同时要注意运动负荷与休息间歇的关系，最好在上次锻炼的疲劳消除后，再进行下一次锻炼。

7. 填写注意事项

健身运动处方中应指出禁忌参加的运动项目、锻炼时自我观察的指标、出现异常情况时应停止运动的标准。

（二）个人锻炼计划

生命在于运动，有良好的身体素质条件，就有更充沛的精力去学习、工作和生活。大学生在校期间，仅利用体育课锻炼还不够，必须重视课外的个人锻炼，为养成终身锻炼习惯打下良好的基础。进行课外体育锻炼时，最好制订一个指导性的个人锻炼计划，计划中要注意锻炼内容、次数和时间的搭配。

1. 锻炼内容的搭配

首先，要注意把课外锻炼内容和体育课的练习内容结合起来，可进一步复习、巩固和提高体育课所学的内容；其次，要注意把个人兴趣与实际需要相结合，既要提高自己有兴趣的或擅长的项目，又要克服自己的弱项和不足；最后，还要注意不同的身体素质练习与其他活动的有机结合，一般情况，每次锻炼可安排 1 项球类活动项目，再配以 1 ~2 项身体素质练习为好。

2. 每周锻炼次数和每次锻炼时间的安排

大学生在制订个人锻炼计划时，一般以一学期为锻炼周期，在正常上课阶段，每周安排的锻炼次数可多些，每次锻炼的时间可长些；进入复习、考试阶段，每周锻炼的次数可安排少些，每次锻炼的时间也可相应减少。大学生可以根据上述标准确定早操、课外活动的锻炼次数和每次锻炼的时间（表 3 –3 –5）。

表 3 –3 –5　周锻炼次数和时间计划表

时间段	早　　操		课外活动	
	周锻炼次数	每次锻炼时间	周锻炼次数	每次锻炼时间
1 ~16 周（上课阶段）	3 ~4 次	30 min	3 ~4 次	60 min
16 周以后（考试阶段）	2 ~3 次	15 min	2 ~3 次	45 min

3. 周锻炼计划

表 3 –3 –6 是以大学一年级某男生为例，以全面发展该生的身体素质和复习、巩固体育课内容为目标而制订的周锻炼计划。这种方法简便易行，适合大学生掌握实施。注意表中各项均有一定的强度、量和时间要求，具体因人、因时、因地和天气酌定。在遇到有体育课的日期，当天课外活动尽量不要安排内容。另外，星期日进行野外活动的时间应尽量安排得早些，以便有充足的时间。

表 3 –3 –6　周锻炼内容安排表

项目	星期一	星期二	星期三	星期四	星期五	星期六	星期日
早　操	休息	1500 m 跑；一般体操	休息	1500 m 跑；一般体操	休息	1500 m 跑；引体向上；腰腹力量	休息
课外活动	50 m 跑跨跳练习；体育课内容	休息	球类活动；引体向上；腰腹力量练习	休息	球类活动；体育课内容	休息	登山、自行车等野外活动或球类活动

五、实用的健身运动处方

运用健身运动处方从事身体锻炼者的目的因人而异，有的人是为了变强壮，有的人是为了娱乐消遣，也有的人是为了减少皮下脂肪，还有些是为了提高机体的心肺功能。事实上，运动的效果都表现在生理和心理方面。

在运用处方时，应首先对自己的健康状况进行医学诊断和体力方面的评价，然后在此基础上选择适合自身状况的运动处方，在 6 ~ 10 周内获得理想的健身效果。

（一）一般健身运动处方

在实施运动处方的进程中，应包括以下 4 个步骤：准备活动、伸展柔韧性运动、有氧锻炼和整理（放松）活动（表 3 – 3 – 7）。

表 3 – 3 – 7 实用健身运动处方的进程

准备活动	伸展柔韧性运动	有氧锻炼	整理（放松）活动
5 ~ 10 min	5 ~ 10 min	15 ~ 45 min	5 ~ 10 min

1. 四个步骤的目的

准备活动和伸展柔韧性运动，是以逐步升高体温、加快肌体新陈代谢的速度、为有效锻炼而做准备为宗旨，同时，还可以预防运动时的损伤。有氧锻炼是健身运动处方的精髓部分，它可以提高肌体的心血管系统的功能，使氧运输系统发展到更高的水平，该部分的锻炼时间不能少于 15 min，否则达不到健身效果；同时要消耗自身热能的 10% ~ 15%，这是健身运动处方所规定的基本指标。整理（放松）活动强调以适量的锻炼来降低心肺系统的工作强度，使心率降至 120 次/ min 之下并逐步过渡到安静状态时的心率。在此期间，可做一些伸展关节的活动，要特别注意下肢关节的伸展性活动，从而使肌体的柔韧性得到提高。

如果要加强肌体薄弱部位的肌肉力量，或长时间地发展肌肉的生理面积时，应对肌力进行准确测定，然后在伸展柔韧性运动与有氧锻炼之间增加一个步骤来锻炼肌肉力量。

2. 运动处方锻炼的原则

在进行处方锻炼时，其强度应由轻度逐步过渡到适度，按循序渐进的原理指导健身锻炼。在进行有氧代谢锻炼时，要按高质量、低负荷的原理进行身体锻炼。锻炼中注意练习的速度和频率，也就是说，要根据自己的健康水平决定锻炼的负荷量，在进行伸屈性锻炼时，要缓慢而认真地练习，要选择能伸展所有主要关节和身体主要肌群的练习方式，每个练习都应有节奏地练习 10 次以上。运动时应避免急剧的动作。在每次锻炼后的间隙日里，不可做剧烈体力活动，可以选择远足、骑自行车、游泳等方式进行适量的活动，或者选用一些活动关节的方式进行锻炼。

3. 锻炼的频度和时间

锻炼的频度为每周 3 次或每 14 天 5 次，每次锻炼的持续时间应不少于 30 min，不超过 60 min。每种锻炼方法的时间取决于具体的锻炼方式和处方所规定的次数。只要认真地进行锻炼，在每周的 168 h 中，仅用 1.5 ~ 3.0 h 进行健身锻炼，就可取得满意的效果。

（二）提高心肺适应能力的运动处方

心肺功能适应水平高的意义是多方面的，其最明显的益处就是降低患心脏病的概率，延年益寿；其次是降低患Ⅱ型糖尿病的概率、降低血压和增加骨骼密度；再次，心肺适应水平越高，精力和体力就越充沛，不仅能完成更多的工作，而且不易疲劳；另外，心肺适应水平高者，睡眠质量也会更好。

1. 运动处方的基本组成

在制订运动处方之前，必须了解自己的心肺适应水平和健康状况。运动处方中的每次锻炼都应包括以下三个主要组成部分：准备活动、锻炼模式和整理活动。

1）准备活动

（1）1～3 min 轻松的健身操（或类似的活动）练习。

（2）1～3 min 的步行，心率比平时高 20～30 次/ min。

（3）2～4 min 的拉伸练习（可任意选择）。

（4）2～5 min 的慢跑并逐渐加速。

如果选择其他的锻炼方式而不是跑步，则选择相应的活动方式替代步骤②和步骤④即可。

2）锻炼模式

锻炼模式是运动处方最主要的组成部分，它包括锻炼方式、频率、强度和持续时间等。

（1）锻炼方式。常见的增强心肺适应能力的锻炼方式有步行、慢跑、骑自行车和游泳等。凡是有大肌群参与的慢节奏的运动都可以作为锻炼方式。在选择锻炼方式时，首先应选择自己喜欢的运动，这样才易坚持下去；其次要考虑安全性和可行性。对于易受伤的人来说，最好选择冲击力小的锻炼方式（如骑自行车和游泳），而很少受伤的人可以任意选择锻炼方式。选择锻炼方式时最好采用综合性的锻炼方式，每一次锻炼包括不同的练习内容。

（2）锻炼频率。一周进行 2 次锻炼就可增强心肺功能，锻炼 3～5 次就可使心肺功能达到最大适应水平，但一周进行 5 次锻炼并不能进一步提高心肺功能。

（3）运动强度。运动强度接近 50% 的最大摄氧量时即可增强心肺功能，目前推荐的运动强度范围为 50%～85% 的最大摄氧量。

（4）持续时间。提高心肺功能最有效的一次锻炼时间为 20～60 min（不包括热身和整理活动），不同的人，其锻炼持续时间也应不同，一次锻炼的强度不同，持续时间也不同。

3）整理活动

每次完整的锻炼都应包括整理活动。整理活动的主要目的是促进血液回流至心脏，以避免血液过多地分布在上肢和下肢而造成头晕和昏厥。整理活动还可减轻剧烈运动后的肌肉酸痛和心律失常。整理活动至少应包括 5 min 的小强度练习（如步行、柔韧性练习等）。

2. 个体运动处方的制订

每个锻炼者提高心肺适应水平的运动处方通常包括三个阶段：起始阶段、渐进阶段和维持阶段。

1）起始阶段

起始阶段的每次锻炼同样包括准备活动、锻炼模式（强度不应超过最大心率的 70%）和整理活动。起始阶段锻炼应注意以下几点：某一强度锻炼时应比较轻松；感觉不适时不要延长时间；有疼痛或酸痛感时应停止运动，让肌体充分恢复。

2）渐进阶段

该阶段持续 10～20 周，其锻炼的强度、频率和持续时间应逐渐增加。每周锻炼 3～4

次，每次不少于 30 min，强度为最大心率的 70% ~80%。

3）维持阶段

锻炼者经过 16 ~18 周后即进入维持阶段，该阶段可通过保持运动强度、适当减少锻炼频率和时间来保证锻炼效果。

（三）发展肌肉力量的运动处方

力量练习应有短期和长期的目标，确定目标对保持锻炼的兴趣和热情非常重要。设置的短期目标应在最初的几周练习中就能够达到，这可以激励自己进一步实现长期目标。

力量练习的运动处方分为三个阶段：开始阶段、慢速增长阶段和保持阶段（表 3 –3 –8）。

表 3 –3 –8　力量练习的运动处方

周数	阶段	频率	组数	最高重复次数	负荷
1 ~3	开始	2 次/周	2	15	15 次
4 ~20	慢速增长	2 ~3 次/周	3	6	6 次
>20	保持	1 ~2 次/周	3	6	6 次

1. 力量练习的三个阶段

1）开始阶段

在计划的开始阶段应避免举最大重量。过大的重量会增加肌肉和关节损伤的危险性。采用较轻的重量（最高重复次数一般为 12 ~15 次），不会使肌肉过度疲劳。如果原来选定的重量能轻松自如地重复 12 次，则可以增加重量。如果练习者不能重复举起 12 次，则说明该重量过大。

根据练习者最初的力量水平来确定开始阶段持续的时间，一般持续 1 ~3 周。初练者的开始阶段可能需要 3 周，有训练的人只需要 1 ~2 周。

2）慢速增长阶段

经过开始阶段的力量练习，如果肌肉已经适应练习强度，就可以增加重量，重量以能重复举起6 ~8 次为宜。当肌肉力量进一步增强时，可再增加重量，直至达到练习者预定的目标。此阶段的练习一般为每周 3 次，每次练习 3 组，每组 6 ~8 次。

3）保持阶段

根据用进废退的原理，如果停止练习，获得的力量会自然消退。保持阶段的力量练习强度应比获得阶段小。研究表明，力量增长后，每周 1 次的练习即可保持原增长水平。若不训练，30 周后原增长水平将完全消退。

2. 力量练习的注意事项

（1）当运用杠铃进行力量练习时，必须有同伴帮助你完成练习，确保在不能完成练习的情况下，同伴可保护你；

（2）固定练习用的杠铃，以防其滑落砸伤身体；

（3）在进行负重练习之前应充分做好准备活动，防止练习中遭受损伤；

（4）在进行负重练习时，如果感觉到任何尖锐的刺痛，应立即停止练习；

（5）在进行负重练习时，应尽量避免憋气，举起阶段呼气，放下时吸气，可采用口和鼻呼吸；

(6)目前，在究竟是快速还是慢速举起重量能获得更大力量的问题上仍存在着争议，但慢速举起重量可以减少受伤的可能性，而且，慢速举起重量可增加肌肉体积，还可增强其力量。

3. 准备活动和放松活动

人体就像大多数机器一样，刚启动时无法达到最高的效率。要使肌肉充分发挥功能，并避免伤害，就需要热身。即使是体能状况良好的人，如果猛然迫使肌肉拉伸或收缩，也有可能受伤。负重练习的准备活动一般包括4～5 min的慢跑，6～8 min的拉伸活动。如果练习者打算举最大重量，还应增加准备活动的组数。放松活动常包括走动和伸展运动，旨在让身体在几分钟内逐渐冷却下来。适当的放松活动，可以使血液持续地流经肌肉，并将肌肉细胞内堆积的乳酸通过血液循环带至肝脏分解。如果突然中断运动，留在肌肉内的乳酸可能会引起身体肌肉痉挛，也可能会使肌肉在以后的几天中更加疼痛。放松活动一般持续4～5 min。

4. 完成动作的速度

在进行负重练习时，动作还原阶段的速度应为主动用力阶段的1/2。以卧推为例，如果举起的动作用时1 s，则放下还原阶段就要用时2 s，这样可使1次负重练习得到2次(举起和放下)肌肉锻炼。如果还原阶段简单轻松地放下重量，肌肉就不能在还原阶段又一次得到有效的锻炼。

5. 练习时的呼吸

在主动用力阶段呼气，在还原阶段吸气。如果练习时呼吸频率太快，就会破坏呼气、吸气的节律性。应避免在主动用力阶段屏住呼吸，屏气会导致回心血量和流入大脑的血流量减少，从而产生头昏眼花的感觉。

6. 合理安排练习顺序

合理安排练习顺序可以防止疲劳的发生。应先安排大肌肉群练习，再安排小肌肉群练习，其原因是小肌群比大肌群先产生疲劳感。典型的力量练习的肌肉运动顺序为：①大腿、腰部肌肉；②腿部肌肉(股四头肌、大腿后部肌群、小腿三头肌)；③躯干部肌肉(背、肩、胸)；④上臂肌肉(肱三头肌、肱二头肌、前臂肌肉)；⑤腹部肌肉；⑥颈部肌肉。

此外，还应注意不要在两个相继的练习中使用同一肌群，以保证肌肉在每次负荷后有足够的恢复时间。

7. 避免出现极限

运动要安全，很重要的一点就是留意出现的警告信号。这些信号往往是运动量过大或身体部分受伤的反应。有些人急于奏效，竭尽全力，反而遭受伤害。即使是运动员也会因过度训练而受到意外伤害。

力量练习的警告信号一般指：锻炼结束后，肌肉有酸痛僵硬感，直到下次锻炼前这种感觉仍未消失。针对性的处理方法为：延长锻炼间隔时间，让肌肉充分恢复。此外，还要做好热身和练习后的放松活动。

(四)减肥运动处方

当今世界高科技的飞速发展，给人类带来了极大的物质享受，人们的劳动强度大大降低，因此，发胖的人也越来越多。人体肥胖可以引起高血压、冠心病、糖尿病和一些缺血性的心血管疾病。于是，人们纷纷行动起来，运用各种各样的活动方式来达到减肥的目的。这里要介绍的，就是一种行之有效的减肥健身运动。

我们首先应知道肥胖程度的检查方法。我们的身体怎样才算肥胖呢？它的标准是什么？只有通过检查，才能知道自己是否属于肥胖、肥胖的程度怎样，这样才能为自己的减肥处方提供科学依据。

首先，通过测量得知被查者的身高(cm)、体重(kg)，然后代入下列公式，再将结果同标准进行对比，判断是否肥胖。

$$\text{标准体重} = \text{身高}(\mathrm{cm}) - 105(\text{女性为}\ 100)$$

$$\text{超重百分比} = \frac{\text{实际体重} - \text{标准体重}}{\text{标准体重}} \times 100\%$$

肥胖标准：超重百分比达20% ~30% 为轻度肥胖；30% ~50% 为中度肥胖；50% 以上为重度肥胖。在得知自己的肥胖程度以后，我们就可以探讨减肥健身的方法了。

在日常生活中，人体肥胖的部位因人而异，因腹部脂肪过多而形成肥胖体形者较多，这种体形十分难看。于是人们希望能以一套好的腹部运动方式来减肥。这种想法完全可以理解，却值得商榷。虽然局部肌肉的有氧代谢运动可以产生局部的锻炼效果，但对人体心血管系统脂肪的消除、身体其他部位多余脂肪的消除以及体形的改善来说，这种方法的作用并不大。所以，仅通过部分肌肉运动来消除由于全身多余脂肪造成的肥胖，其效果甚微。完善体形、减少身体的皮下脂肪，主要应从改善身体的组成成分入手，通过调整体重使身体脂肪重量和去脂肪重量之间的比例得到改善。所以，在减肥健身过程中，不能仅仅依赖局部肌肉的运动来减少脂肪的重量和阻止脂肪的增加，而要使身体在有氧供能的状态下运动，使脂肪在运动中氧化放热，这样才能达到减肥除脂、减轻体重、改善体形的目的。据有关方面的研究表明，1 kg 脂肪氧化时，大约可以释放 7000 kCal 的热量，换句话说，要减少1 kg脂肪，就必须通过运动消耗 7000 kCal 的热量。那么，在我们的健身计划中，要全部消耗这 1 kg 的多余脂肪，我们只要每天进行一次 30 min 慢跑，每次消耗 300 kCal，那么连续进行 23 天的健身跑就可消耗 6900 kCal 的热量。这就达到了减肥、改善身体组成成分的目的，而且多余的身体重量也会在减肥健身运动中消失。

在减肥健身跑锻炼中，有时身体的组成部分虽然已经变化了，但体重却没有减轻，这种情况是肌纤维增粗、肌肉生理体积增大、肌肉的质量和重量都得到改善的结果。此时，体重虽没有减轻，但实际上在身体的组成成分中，脂肪比例已经减少了，因为长时期的有氧运动的能源主要依靠脂肪氧化后的供给。

综上所述，在健身减肥运动中，不应依靠局部肌肉的运动减肥，而要选择中等强度并能够长时间地在有氧条件下坚持的运动，才能达到消耗脂肪能量、减肥健身的目的。此外，我们在减肥健身运动中，还应在日常生活的饮食营养结构上，注意让摄取量与减肥健身运动的消耗量保持负平衡的关系，这样才能取得真正的效果。

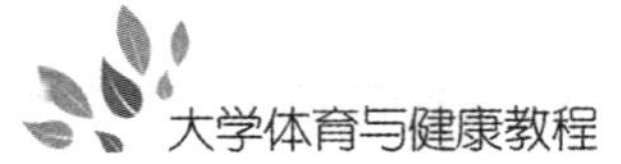

第四章　体育运动竞赛组织与管理

第一节　体育运动竞赛的特征与种类

一、体育竞赛的特征

我国政府长期以来把开展体育竞赛活动作为促进体育运动普及和提高的重要措施予以支持和关注。除参加各种类型的国际比赛外，还非常重视基层单位的群众性比赛活动。体育运动竞赛具有以下共同的特征。

（一）竞争性

竞争是体育比赛的一个基本属性。任何一场比赛，不论参赛人数多少，竞赛结束时都只有少数参赛者能够成为优胜者。奥运会等重大比赛的惯例是录取前三名，分别颁以金、银、铜三种奖章，会场上升前三名运动员所在国家的国旗，获奖者享有极高荣誉并获得一定的经济利益。我国组织的全国性比赛常为前六名或前八名颁奖，优胜者同样会得到相应的荣誉和经济报酬。体育竞赛的胜负，在一定程度上显示了一个国家、地区、单位的体育运动水平，关系到参赛者所在国家、地区或单位的荣誉，所以参赛者都竭力争取比赛的胜利，把争取胜利作为参赛的主要目标。

（二）竞赛的公平性

体育竞赛的公平性主要表现在参赛条件的等同性和裁判员执法的公正性两个方面。竞赛过程中，参赛者应遵照统一规则要求，在等同条件下，充分发挥智力与能力，去争取比赛的胜利。当然，等同和公正也是相对的，某些项目的竞赛规则还有待进一步完善。

裁判员执法的公正性和一致性，是保证体育竞赛公平性的另一个重要条件。世界各国都尊称体育裁判员为“执法官”“绿茵场上的法官”等。公正是体育裁判员执法的准则，准确判断是基础，裁判员离开了公正、准确就不能正常地完成体育竞赛的裁判任务。

（三）规则的制约性

竞赛规则的制约性，主要体现在规则对竞赛条件有明确的规定和对竞赛行为有严格的限制两个方面。这也是体育竞赛与自发性游戏和个体自身运动行为的主要区别。为使竞赛能顺利进行，必须按照预定的竞赛规程和统一的规则组织比赛。规程中规定的细则和条款，不能在比赛开始后随意变动，以保证规程的严肃性。竞赛前统一的规则内容，则应贯彻始终，以保证规则的一致性和在公平条件下的制约性。

此外，各项比赛规则还对运动项目起着调控作用。例如，当某项比赛出现进攻与防守严重不平衡时，则可通过规则的修改，提出制约性的规定，使攻防矛盾趋向新的平衡状态，从而提高竞技性和观赏性。

（四）结果的随机性

体育竞赛的全过程常常充满着事先难以预料的动态变化。体育竞赛中比赛双方彼此都在不断观察场上的形势，果断采取各种措施，力求抑对方之长，避本方之短，这构成了竞赛场上不断变化和发展的尖锐矛盾与激烈争夺，使竞赛结果具有不确定性的特征。

体育竞赛结果的随机性，使其具有巨大的魅力。竞赛双方任何预先商定与安排的竞赛结果，都会被斥为卑劣的欺骗行为。

二、竞赛活动的种类

体育竞赛活动的分类方法较多，有按参赛者的年龄、行业、比赛项目、组织形式、规模、性质和任务等进行分类的。这里我们主要介绍按竞赛的任务不同而分类的综合性竞赛和单项竞赛活动。

（一）综合性竞赛

综合性运动会一般被简称为运动会，它是包括若干不同运动类别或项目的规模较大的运动会，是一系列单项竞赛的综合，如奥林匹克运动会、亚洲运动会、世界大学生运动会、全国大学生运动会等，其特点是项目多、规模大、组织工作比较复杂。世界、洲、全国的大型运动会一般四年举办一次。世界大学生运动会两年一次，我国大学生运动会四年一次，全国中学生运动会两年一次。

（二）单项竞赛

单项竞赛是以一个运动项目为内容的比赛，可分为以下几种：

（1）锦标赛：集体项目按规定的报名标准组织比赛；单项按规定的报名标准组织比赛，并计单项赛团体总分。如全国田径锦标赛、大学生兴华杯排球赛等。

（2）冠军赛：是按规定的报名标准组织的单项比赛。此种比赛只计单项名次，不计团体总分。

（3）等级赛：按运动员不同的技术水平分别举行的比赛。如田径、游泳、体操等项目按运动员等级组织比赛。球类运动的等级联赛，如全国足球甲 A、甲 B 联赛及全国篮球甲级联赛，根据比赛成绩设有升降级制度。

（4）邀请赛和友谊赛：由一个或几个单位、国家邀请其他单位、国家参加的竞赛。其目的是增进友谊，互相学习，共同提高某项运动水平。各种访问比赛一般都属于友谊赛。

（5）对抗赛：由两个以上实力相近的单位或国家联合举办的竞赛，目的是交流经验，切磋技艺，取长补短，共同提高，如中日田径对抗赛、中韩足球对抗赛等。

（6）选拔赛：主要是为了发现和选拔运动员，组织或补充代表参加上一级组织的比赛。

（7）资格赛：资格赛是大型比赛中的一种措施。如参加人数较多时，可能会影响正式比赛的进行，那么可先举行资格赛，达到预定的成绩标准者，才能参加正式比赛。其主要目的就是淘汰一定数量的参赛者，如田径跳远比赛的资格赛（标准为 7.80 m）。

（8）测验赛：它是为了检验运动员是否达到一定的标准或了解运动员的成绩而组织的比赛，如体育锻炼标准测验赛等。这类比赛一般不计名次，但应记录测验成绩。

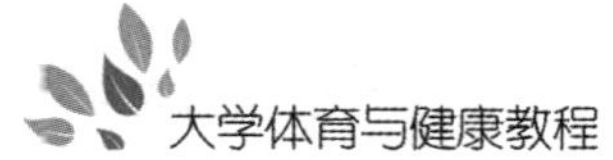

(9)表演赛：表演赛是带有宣传性、示范性、娱乐性的比赛；或是参加重大比赛后的业绩表演，主要注重技术、战术的充分发挥，活跃群众文化生活，一般不计名次。

三、体育竞赛成绩与名次的评定

体育竞赛的成绩与名次是衡量参赛者(或队)运动水平的主要标志。为了合理地反映集体与个人的比赛实力，在体育竞赛中，会依据各种项目的特点，制订出各种评价的办法。

(一)单项成绩的评定方法

从项目意义上来讲，体育竞赛中的单项，既可指一个运动员，也可指一个参赛队。常见的竞赛成绩评定方法有以下三种：

(1)以客观的时间、距离、高度、重量、中靶环数等实际计量来评定参赛者(或队)的成绩和名次。例如，田径、游泳、举重、划船、摩托车、射箭等运动项目，按参赛者(或队)成绩的优劣，依次排定名次。

(2)按完成规定动作和自选动作的质量来评定成绩。如体操、跳水、武术、舞龙、舞狮等项目，由裁判员根据动作质量和编排好坏等内容来评定分数。评分通常以一定分值为满分进行打分，最后以裁判组评定的分值高低来确定名次。

(3)根据比赛总积分多少、战胜对手的情况或其他特定因素来评定。如各种球类比赛、摔跤、击剑等项目，在单独评价时，分别以双方的进球多少、胜负局数和得失分来决定成绩和名次。在总体评定时，根据积分多少排列名次。再如，球类项目常采取胜一场得3分，平局得1分，负一场或弃权得0分，积分多者名次列前，若两个以上队积分相等，则按他们之间得失分情况排列名次，以失分少、净胜分多者名次列前。得失分的采用使比赛各队认真对待每场球，而且极力争取多胜分、少失球，这样就直接刺激和加强了每场比赛的竞争性。

(二)团体名次的计算方法

体育竞赛中的团体，是指若干个不同的运动类别和项目的综合，也是指较大规模竞赛活动的总体。通常是将各参赛单位的个人或集体队伍的成绩和名次合成分数，累计起来评定名次。经常采用的方法有以下四种：

(1)大型综合性运动会，如奥运会、全运会等，有两种团体名次排列方法：一种是按金牌多少和奖牌多少排名；另一种是按团体总分来排名。在按团体总分排名时，对各项前八名分别以9、7、6、5、4、3、2、1的分值计入各单位的总分。

(2)田径、游泳等比赛分男、女团体，用男、女团体总分来衡量各队的实力，记分方法为：取前六名时，采用7、5、4、3、2、1记分；取前八名时，则按9、7、6、5、4、3、2、1记分。再以各单位得分总和多少排出名次，分数高者，团体名次列前。也有在竞赛规程上事先规定集体接力、破记录等可加倍计算，以鼓励创造优异成绩。若总分相等，则可采取第一名多者或破记录多者，团体名次列前的方法。

(3)体操、武术、跳水、自行车等项目，也可以参赛队(或个人)各项得分的总和来决定团体名次。

(4)拔河、乒乓球、羽毛球、网球等项目，还可采用获胜场数多少来决定团体名次。

第二节 体育竞赛的方法与编排

一、循环赛的方法与编排

(一)循环赛的种类与特点

循环赛又称循环法，是指参赛队(或个人)(以下简称参赛队)之间，都要互相轮流比赛，最后按照各参赛队在全部比赛中的胜负场数、得分多少排定名次的比赛方法。它在对抗性项目的比赛中经常被采用。循环赛包括单循环赛、双循环赛和分组循环赛三种。单循环赛是所有参赛队相互轮赛一次；双循环赛是所有参赛队相互轮赛二次；分组循环赛是参赛队较多时，采用种子法，把强队分散在各组，先进行小组单循环赛，再根据小组名次来组织第二阶段的比赛。主办单位可根据参赛队的多少和比赛期限的长短以及项目特点而灵活选用具体方式。一般情况下，单循环赛一般在参赛队不太多，比赛时间与场地又比较充裕时采用；分组循环赛大多是在参赛队较多，比赛时间又不能过长，并要尽量为参赛队提供比赛机会，使比赛能较合理地排定名次时采用。

采用循环法进行比赛，总的优点是参赛队机会均等，实战和互相观摩学习的机会多，能准确地反映出参赛队之间真正的技术水平的高低，客观地排定参赛队的名次，比赛结果的偶然性和机遇性相对较小。

(二)循环赛的轮数与场数计算

1. 循环赛的轮数

每个参赛队赛毕一场(轮空队除外)，称为一轮结束。计算循环赛的轮数，目的在于计划整个比赛所需用的时间或期限，是比赛日程安排的主要依据。单循环赛的轮数计算方法如下：

当参赛队数为偶数时，轮数 = 参赛队数 - 1；当参赛队数为奇数时，轮数 = 参赛队数。

例如：8 个队参加单循环赛，比赛总轮数是 8 - 1 = 7(轮)；5 个队参加单循环赛，比赛为 5 轮。

注：双循环赛的轮数是单循环赛轮数的两倍。

2. 循环赛的场数

循环赛的场数是指参赛队之间互相轮流比赛全部结束时的总场数。计算循环赛的比赛总场数的目的在于计划安排人力、物力、比赛日程与场地。其计算方法如下：

单循环赛的场数 = 参赛队数 ×(参赛队数 - 1)÷2；双循环赛的场数 = 参赛队数 ×(参赛队数 - 1)。

例如：8 个队参加单循环赛，比赛的场数：8 ×(8 - 1)÷2 = 28(场)；8 个队参加双循环赛，比赛的场数：8 ×(8 - 1) = 56(场)。

(三)循环赛顺序的编排方法

1. 单循环赛顺序的编排方法

1)轮次表的安排方法

单循环赛顺序的安排方法具有可变性的特征，可以采用各种有规律的轮转方法。现将普遍采用和常见的编排方法介绍如下：

表 4－2－1　6 个队单循环赛轮次表

第一轮	第二轮	第三轮	第四轮	第五轮
1—6	1—5	1—4	1—3	1—2
↓↑				
2—5	6—4	5—3	4—2	3—6
↓↑				
3—4	2—3	6—2	5—6	4—5
→				

（1）逆时针旋转法：若参赛队为偶数，一般都采用此法来安排每轮的比赛表。如 6 个队参加比赛，其第一轮比赛表是先将 1、2、3 号自上而下依次写在左侧，再将 4、5、6 号自下而上与 3、2、1 号对应写在右侧，而后用横线分别将左右两个对着的号码连起来，即为第一轮的比赛表（表 4－2－1）。将第一轮比赛表中的 1 号固定不动，其余号码按逆时针方向（如箭头所示）轮转一个位置，即为第二轮比赛，以后各轮次依此类推。

这种旋转法的优点是比赛越临近结束，队与队之间实力越接近，比赛越紧张、激烈。

（2）顺时针旋转法：当参赛队为奇数时，若仍按逆时针旋转，将出现一些因轮空休息带来的不合理现象。所以，当参赛队为奇数时，可采用顺时针旋转法进行编排。其第一轮比赛表与偶数队相同，只是在最后补一个“0”，将其凑为偶数（表 4－2－2）。第二轮将“0”号固定不动，其余号码按顺时针方向转动一个位置，各轮类推。

表 4－2－2　5 个队（奇数）单循环赛轮次表

第一轮	第二轮	第三轮	第四轮	第五轮
1—0	2—0	3—0	4—0	5—0
↑↓				
2—5	3—1	4—2	5—3	1—4
↓↑				
3—4	4—5	5—1	1—2	2—3

（3）“大旋转、小调动”法：根据某种需要，如开幕式、闭幕式、节假日或东道主的特别需要等，可以在某种规律性的轮转方法的基础上，把部分比赛顺序加以调动以安排整个比赛顺序。这种调动方法是多样化的，但有其内在的规律。例如，有 6 个队参赛，在安排前各队已按以往战绩确定序号，为使实力相当的各队在最后一天比赛，使整个比赛的竞赛气氛达到最高潮，可以先排出最后第五轮的比赛顺序，再按逆时针旋转依次排出第四、三、二、一轮的比赛顺序（表 4－2－3）。

表 4－2－3 “大旋转，小调动”单循环赛示例表

第一轮	第二轮	第三轮	第四轮	第五轮
1—3	1—5	1—6	1—4	1—2
				↓↑
5—2	6—3	4—5	2—6	3—4
				↓↑
6—4	4—2	2—3	3—5	5—6
				→

2）单循环的抽签定位及编排竞赛日程表

单循环赛根据队数编排好轮次表后，应将比赛队安排进轮次表里，把比赛队安排进轮次表可以采用两种方法：

（1）抽签的方法。此法在对参赛队的实力情况全然不知，或竞赛规程规定必须抽签时采用。抽签是按参赛队数做好相应的号签，抽到相应号码的队即对号入座，排入轮次表内。

（2）将上一年度比赛的名次作为各队进入轮次表的代号：如第一名为 1 号、第二名为 2 号、第三名为 3 号，以此类推，分别对号入座。

轮次表填好后，再将各轮次的比赛编成比赛日程表（比赛的日期、场地等）印发给各队（表 4－2－4）。

表 4－2－4 比赛日程表

日期	时间	组别	比赛队	场地

2. 双循环赛的编排方法

双循环赛比赛轮次表的排法与单循环赛相同，只要排出第一次循环，第二次循环可按表重复一次（表 4－2－5），也可重新抽签另排位置。第二次循环的比赛如何进行，应在竞赛规程中明确规定。双循环赛的轮次与场次，均为单循环赛的两倍。

表 4－2－5 5 个队参加双循环赛轮次安排表

	第一轮	第二轮	第三轮	第四轮	第五轮
第一次循环	0—5	0—4	0—3	0—2	0—1
	1—4	5—3	4—2	3—1	2—5
	2—3	1—2	5—1	4—5	3—4
第二次循环	0—5	0—4	0—3	0—2	0—1
	1—4	5—3	4—2	3—1	2—5
	2—3	1—2	5—1	4—5	3—4

3. 分组循环赛的编排方法

分组循环赛通常分预赛和决赛两个阶段。

1)预赛阶段

按规程规定将参赛队分为几个小组，各组参照单循环赛的编排方法编排，排出小组比赛表，然后确定种子队的位置。

(1)首先在领队会上协商确定种子队：种子队的队数一般等于组数。如果分4个组进行比赛，应有4个种子队。为了使比赛更合理，也可以多选几个种子队，但必须是组数的倍数。如分4个组进行比赛，可确定8个种子队。

(2)抽签方法：种子队先抽签，确定各种子队的组别，然后其他各队再抽签确定组别。例如，20个队分为4组，除8个种子队外，其他12个队再抽签。

另外一种分组方法为蛇形排列分组，即按上一届名次进行分组。例如，有16个队分为4个组时，其排法如表4-2-6所示。

表4-2-6　16个队分4组比赛安排表

第一组	第二组	第三组	第四组
1	2	3	4
8	7	6	5
9	10	11	12
16	15	14	13

2)决赛阶段

各队在预赛阶段分组单循环赛中的名次，将决定其进入决赛阶段比赛的位置。在预赛阶段已经相遇的队，比赛成绩依然有效，决赛阶段不再进行比赛。其常用的比赛方法有：同名次赛、分段赛、交叉赛、录取名次赛等。

(1)同名次赛：就是将各小组预赛中相同名次的参赛队编在一起进行比赛，如预赛时四个小组的第一名编成一组进行单循环赛，决出第1~4名，各小组的第二名编在一起决出第5~8名。

(2)分段赛：将各小组的名次分为几段，同一名次段的队编在一组决出总名次，如预赛两个组的第1、2名编在一起决出第1~4名，两个组的第3、4名编在一起决出第5~8名。

(3)交叉赛：如将队伍分成两组，各组的前两名交叉比赛，两场胜者进行决赛，争夺第1、2名；两场负者再相互比赛，决出第3、4名，各组第3、4名用同样方法决出第5~8名，其余类推。

(4)录取名次赛：根据竞赛规程规定的录取名次，在各小组中录取数量相等的队进入决赛(参加第二阶段决赛的队的数量应等于或略高于录取名次的队)。例如，有16个队参赛，规程规定录取前8名，预赛分成两个组，则每组前4名的队，进入第二阶段决赛，其余的队不再比赛。

二、淘汰赛的方法与编排

（一）淘汰赛的种类与特点

淘汰赛就是通过比赛逐渐淘汰成绩差的（队或个人），最后决出优胜者。采用这种方法的比赛有两种形式：一种是按照一定的顺序让参赛队一组一组地进行表现，通过及格赛、预赛、复赛和决赛淘汰较差的，比出优胜名次，田径、游泳项目多采用这种形式；另一种是球类和其他对抗性比赛项目，按事先排定好的淘汰表一对一地进行比赛，胜者进入下一轮，直至最后一对决出优胜者。淘汰赛又分单淘汰和双淘汰两种。

淘汰赛最为明显的特点有二：其一是比赛的容量大。它能在最短的时间内，在场地有限的条件下，安排大量的选手进行比赛；其二，比赛具有强烈的对抗性。比赛双方没有妥协的可能性，非胜即败，败一次则没有进入下一轮比赛的资格。淘汰赛也存在一系列的缺陷。例如，除第一名外，很难合理地排定其他参赛队的名次；强者之间很可能在前几轮就因一次失败而被淘汰，造成名次排列上的不合理；参赛队之间互相交流、学习、比赛的机会少。

（二）淘汰赛的轮次、场数和号码位置的选择

1. 淘汰赛的轮次与场数计算

1）单淘汰赛轮次和场数的计算方法

轮次 = 参赛队数对 2 的乘方数

例如，2 个参赛者 =（2^1），即 1 轮

4 个参赛队（2^2），即 2 轮

8 个参赛队（2^3），即 3 轮

16 个参赛队（2^4），即 4 轮

32 个参赛队（2^5），即 5 轮

64 个参赛队（2^6），即 6 轮

128 个参赛队（2^7），即 7 轮

256 个参赛队（2^8），即 8 轮

单淘汰赛的比赛场数 = 参赛队数 − 1。

例如，8 个参赛队比赛，需进行 3 轮、7 场比赛，其排法如图 4－2－1。

2）双淘汰赛轮次和场数的计算方法

（1）胜方轮次与单淘汰赛相同（即参赛队数对 2 的乘方数）；

（2）负方轮次 = 参赛队数对 2 的乘方数 ×2 − 2；

（3）双淘汰比赛场为 = 2 × 参赛队数 − 3。

例如，8 个参赛队进行双淘汰赛，需进行 7 轮、13 场比赛，其排列如图 4－2－2。

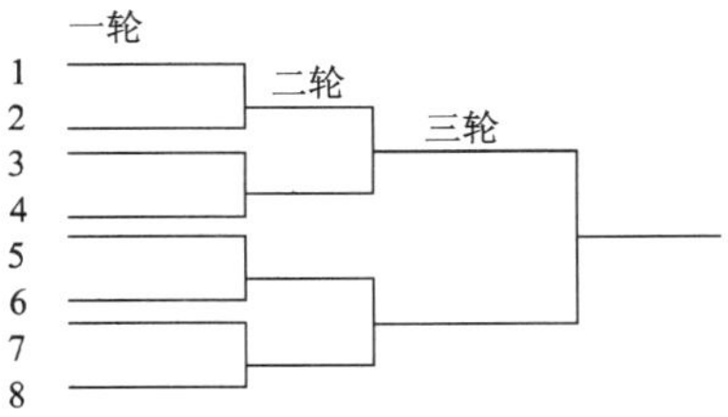

图 4－2－1 单淘汰顺序示意图

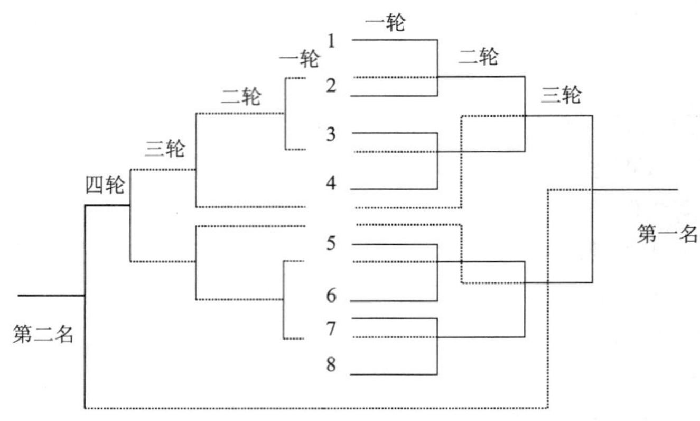

图 4-2-2 双淘汰顺序示意图

2. 淘汰赛号码位置的选择

在淘汰赛中安排参赛队位置的号码称"号码位置"。由于参赛队的人数不一定恰好是 2 的乘方数，在确定淘汰的号码位置时，应根据参赛队数选择最接近的、较大或较小的 2 的乘方数作为号码位置数。常用的号码位置数是：$2^4=16$、$2^5=32$、$2^6=64$、$2^7=128$、$2^8=256$。

例如，123 人参赛，使用较大的 128 个号码位置，则出现轮空号码；129 人参赛，选择较小的 128 个号码位置，则有的号码要抢号。

（三）淘汰赛的编排方法

1. 轮空与抢号的方法

1）轮空

淘汰比赛中，当参赛队数小于选用的号码位置数时，没有安排参赛队的号码为轮空号码。轮空数的计算方法是：轮空数 = 号码位置数 - 参赛队数。

轮空号码的定位，应查照"轮空位置表"（表 4-2-7）。

查表方法：先根据参赛队数，选择最接近的、较大的 2 的乘方数作为号码位置数，用该号码位置数减去参赛队数，即为轮空数。然后，按轮空数目，依次逐列由左向右选出小于比赛号码位置数的号码，这些号码则为轮空号码。

例如：有 123 人参加比赛，应选用 128 个号码位置，128 - 123 = 5（轮空数），从表 4-2-7内由左向右逐列依次摘取小于 128 的 5 个号码数：2、127、66、63、34，它们即为轮空号码位置。

2）抢号

淘汰赛中，当两个参赛队用同一个号码位置时，就出现"抢号"。抢号的参赛队，实际上就是不轮空的参赛队。由于参赛队的数量稍大于 2 的某个乘方数，采用轮空的方法会带来很大的麻烦，则可采用抢号的方法进行编排。抢号的方法是选用最接近的、较小的 2 的乘方数作为号码位置数，超过号码位置数的参赛队安排抢号。抢号的号码亦可查轮空位置表。

例如，有 34 位运动员参加比赛，选用 32 个号码位置，则应有 2 个号码位置要抢号

(34－32＝2)。由轮空位置表上查得2个轮空号码是2、31，它们为抢号号码(表4－2－7)。

表4－2－7 轮空位置表

2	225	130	127	66	191	194	63
34	223	162	95	98	159	226	31
18	239	146	111	82	175	210	47
50	207	178	79	114	143	242	15
10	247	138	119	74	183	202	55
42	215	170	87	106	151	234	23
26	231	154	103	90	167	218	39
58	199	186	71	122	135	25	07
6	251	134	123	70	187	198	59
38	219	166	91	102	155	230	23
22	235	150	107	86	171	214	43
54	203	182	75	118	139	246	11
14	243	142	115	78	179	206	51
46	211	174	83	110	147	238	19
30	227	158	99	94	163	222	35
62	195	190	67	126	131	254	3

2. 分区的方法

把全部号码位置分成几个相等的部分，称为“分区”。例如，将全部号码位置分成两半，称上半区和下半区；将上、下半区的号码位置再各分成两半，称为1/4区；将各1/4区的号码的位置再各分成两半，称为1/8区，以此类推。

在淘汰赛中，为使同一单位的参赛者不过早相遇，要把他们合理地分开，则需要将他们安排在不同的区内。例如，同一单位的第1、2号参赛者应分别排在上、下半区；第3、4号参赛者则应分别排在没有第1、2号参赛者的另外两个1/4区；第5、6、7、8号参赛者，应分别安排在没有第1至4号参赛者的另外四个1/8区内，依此类推(图4－2－3)。

3. 种子的安排方法

在淘汰比赛中，由于参赛队数量较多，为避免强手或强队过早相遇，可以把他们确定为“种子”。“种子”的数目应根据参赛队数量的多少来确定，一般采用2的乘方数，以8到16个号码位置设一名种子为宜。种子的号码位置，可查“种子位置表”(表4－2－8)。

“种子位置表”的查法：按比赛所设的种子数目，从表中依次(逐列由左向右)摘取小于或等于比赛号码位置数的号码，这些号码就是种子定位的号码。

例如，有123位参赛者，就要用128个号码位置。假如设8名种子，那么从表中依次可摘取小于或等于128的8个号码位置，分别是1、128、65、64、33、96、97、32，这些就是种子的定位号码。

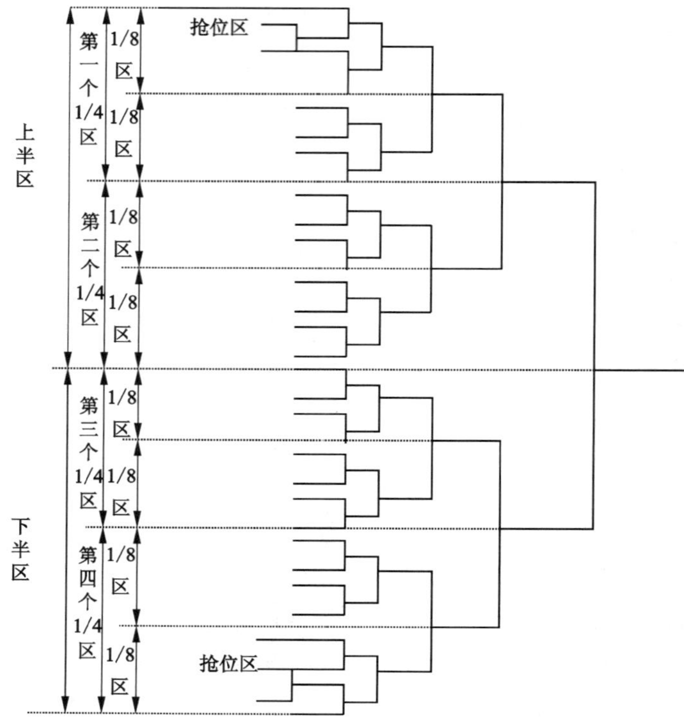

图 4－2－3　单淘汰赛的分区和抢号示意图

表 4－2－8　种子位置表

1	256	129	128	65	192	193	64
33	224	161	96	97	160	225	32
17	240	145	112	81	176	209	48
49	208	177	80	113	144	241	16
9	248	137	120	73	184	201	56
41	216	169	88	105	152	233	24
25	232	153	104	89	168	217	40
57	200	185	72	121	136	249	8

4. 抽签的方法

抽签是确定参赛队在淘汰赛中号码位置的一种方法。基本要求是将“种子”和同单位的参赛队合理分开，并均匀分布。这是组织编排工作中的重要环节之一，一般比赛的抽签工作，通常由主办单位代抽，有时可由裁判长、各参赛单位代表或该运动项目中德高望重的专家和权威人士负责。

现以淘汰赛进行的个人项目为例，介绍抽签工作的顺序和方法。

1）拟定抽签方案

竞赛规程中对竞赛办法的规定和各参赛单位的报名情况，是研究抽签方案的两项重要依据。

2）准备抽签所需的用具

(1)抽签用的“签卡”：包括“号签”，上面书写位置号或组号；“名签”，上面书写参赛者姓名、单位及在队内的技术序号；“区签”，包括上、下半区、1/4 和1/8 区。“区签”在抽区时可反复使用；但“号签”和“名签”，应每位选手一张。

(2)抽签记录表：种子抽签和非种子抽签定位时，应将抽签结果当场记录在抽签记录表上，它是编排赛序的依据，也是核对抽签结果的唯一凭据。

(3)分区控制表：每个项目都有其单独使用的分区控制表，正式抽签前应将分区控制表事先填好，便于依次抽签。

(4)其他：存放签卡的小盒和盘子等。

3)抽签人员分工

(1)主签员：抽签的主要负责人，负责实施抽签，一般由裁判长担任。

(2)号签员：与主签员配合进行具体抽签，掌握各种区签、名签与号签。

(3)复核员：掌握抽签控制表，记录种子选手抽签进位和非种子选手进区情况，负责提醒主签员注意一些特殊情况。

(4)记录员：记录各项抽签结果。

(5)公告员：负责当场的宣告和公告工作。

4)抽签的实施方法

(1)种子的抽签与进位：除按种子的号码位置抽进外，也可按种子选手实力水平排列顺序，直接将全部种子定位(表 4－2－9)。

表 4－2－9　种子定位表

1…6	17…32	33…48	49…64	65…80	81…96	97…112	113…128
↑	↑	↑	↑	↑	↑	↑	↑
一号种子	八号种子	五号种子	四号种子	三号种子	六号种子	七号种子	二号种子

(2)非种子的抽签与定位：按抽签方案确定的顺序，将各单位参赛者先分区，后定位。

(3)各单位的参赛者也要分批进行抽签：如先抽该单位 1、2 号参赛者，分别进上、下半区(1/4、2/4 和 3/4、4/4)；再抽该单位的 3、4 号参赛者，分别进入没有 1、2 号参赛者的另外两个 1/4 区；再将 5～8 号参赛者分别抽入没有 1～4 号参赛者的另外 4 个 1/8 区，依此类推。

(4)控制平衡与复核检查：为使各单位的参赛者都能合理分开，抽签时需要进行必要的控制来保持平衡；还要检查种子选手的分布是否合理。

三、混合法、顺序、轮换等竞赛方法与编排

(一)混合法比赛

混合法是将循环法和淘汰法混合运用的一种竞赛方法，它在球类集体项目的竞争中经常采用。当参赛队为12~18个时，选用混合法比赛最为适宜。一般将比赛分为两个阶段，第一阶段采用分组循环赛进行预赛，后一阶段采用交叉淘汰赛进行决赛；或者预赛采用分组淘汰赛(排出名次)，决赛使用循环赛。例如，有12个参赛队采用混合法进行比赛，具体安排如下：

1. 分A、B两组单循环赛(预赛阶段)

在单循环赛中已作介绍，此处不再重复。

2. 交叉淘汰赛(决赛阶段)

在预赛阶段分组比赛结束后，即采用交叉淘汰赛的比赛形式来确定最后的比赛名次。在交叉淘汰赛阶段，每场比赛都必须决出胜负。

首先将分组比赛A、B两组的前两名共4个队编成一组，争夺第1~4名；两组的第3、4名编为一组，争夺第5~8名；两组的第5、6名编为一组，确定第9~12名。

在第一组的比赛中，先由A组的第1名对B组的第2名、A组的第2名对B组的第1名进行比赛，然后由这两场比赛的胜队决出冠、亚军，负队决出第3、4名；

在第二组的比赛中，选由A组的第3名对B组的第4名、A组的第4名对B组的第3名进行比赛，然后由这两场比赛的胜队决出第5、6名，负队决出第7、8名；

在第三组的比赛中，先由A组的第5名对B组的第6名、A组的第6名对B组的第5名进行比赛，然后由这两场比赛的胜队决出第9、10名，负队决出第11、12名。

12个队的分组循环赛结束之后，交叉海汰赛赛程安排如表4-2-10。

表4-2-10　12个队交叉淘汰赛赛程表

比赛日期	比赛时间	比赛编号	比　赛　队
交叉淘汰赛第一轮		31	A组第6名——B组第5名
		32	B组第6名——A组第5名
		33	A组第4名——B组第3名
		34	B组第4名——A组第3名
		35	A组第2名——B组第1名
		36	B组第2名——A组第1名
交叉淘汰赛第二轮		37	决第11、12名(31)负队—(32)负队
		38	决第9、10名(31)胜队—(32)胜队
		39	决第7、8名(33)负队—(34)负队
		40	决第5、6名(33)胜队—(34)胜队
		41	决第3、4名(35)负队—(36)负队
		42	决冠军、亚军(35)胜队—(36)胜队

至此，比赛已决出所有名次。

（二）顺序法比赛

顺序法比赛有分组与不分组两种，它是按规定的顺序依次进行比赛的一种方法。分组顺序法是将参赛者分为若干组，分别依序进行比赛，按预赛、复赛、决赛结果决出名次。也有一次比赛（决赛）就决定名次的，但必须是以客观标准（时间、距离、重量、命中环数等）来评定运动成绩的项目。不分组顺序法是在同一比赛时间内不能有两人以上进行比赛的项目中采用，如跳高、跳远等。

顺序法比赛的优点是参赛队的比赛条件基本相同，对抗性强，竞争气氛浓，有利于创造佳绩；缺点是费时较多，在参赛队数多时，实行困难大。

（三）轮换法比赛

在同一时间内，参赛队按规定的轮换顺序，进行不同项目的比赛，称为轮换法比赛。如在竞技体操中按各单项分组进行比赛，比赛完一个项目后，各组依次轮换，再进行其他项目的比赛。例如，有 3 个队参加竞技体操的团体赛，其轮换顺序为：上半场比赛甲队为自由体操、鞍马、吊环；乙队是吊环、自由体操、鞍马；丙队为鞍马、吊环、自由体操。下半场比赛甲队是跳马、双杠、单杠；乙队为单杠、跳马、双杠；丙队是双杠、单杠、跳马。

轮换法比赛的优点是竞赛时间短，缺点是比赛的条件不同，各队轮换的顺序有好有差，竞争气氛不浓。

第五章 《国家学生体质健康标准》测试与评价

第一节 《国家学生体质健康标准》解读

一、《国家学生体质健康标准》简介

2002年起，教育部、国家体育总局在各级、各类学校试行了《学生体质健康标准（试行方案）》，取得了很好的经验。2007年，教育部、国家体育总局在认真总结的基础上，根据新的形势，对《学生体质健康标准（试行方案）》进行了修改和完善，正式定名为《国家学生体质健康标准》，并开始在全国各级各类学校全面实施。《国家学生体质健康标准》适用于全日制小学、中学、中等职业学校和普通高等学校的在校学生。2014年，《国家学生体质健康标准》进行了再次修订。

《国家学生体质健康标准》的修订，坚持了健康第一的指导思想，吸取了劳卫制和《国家体育锻炼标准》的优秀经验，结合时代发展的要求和学生体质的实际状况，在《学生体质健康标准（试行方案）》的基础上增加了锻炼效果好、实效性强、简便易行的锻炼项目和少数运动技能项目，目的在于激励学生积极参加体育锻炼，促进身体的正常生长发育和身体形态、机能的全面协调发展，提高身体素质和运动能力，较好地掌握一两项运动技能。《国家学生体质健康标准》设置了必测类和选测类项目，通过反馈测试成绩，改变学生对健康的认识，激励学生积极锻炼，有利于保证体育课教学活动的正常进行，实现体育课程目标。《国家学生体质健康标准》规定，要把“达标”的锻炼过程和测试结果与综合评定学生的学业成绩和升学体育考试结合，并使体育课教学和“达标”活动既各有侧重，又恰当结合，探索有效增强学生体质，激励学生主动、积极锻炼的新机制。

二、《国家学生体质健康标准》测试与评价的意义

《国家学生体质健康标准》是《国家体育锻炼标准》的有机组成部分，是《国家体育锻炼标准》在学校的具体实施办法，它是国家对不同年龄阶段学生个体在体质健康方面的基本要求，是促进学生体质健康发展，激励学生积极进行身体锻炼的教育手段，是学生体质健康的个体评价标准。《国家学生体质健康标准》的实施将对促进和激励学生积极参加体育活动、养成体育锻炼习惯、不断增强体质起到重要的作用。

《国家学生体质健康标准》的指导思想：强调要促进学生身体的正常生长和发育、形态机能的全面协调发展、身体健康素质的全面提高和激励学生主动、自觉地参加经常性的体

育锻炼，淡化测试的甄别和选拔功能，设立测试选择项目旨在强调全面锻炼身体的过程，实现“教测分离”，克服考什么教什么，测什么练什么的应试教育弊端。《国家学生体质健康标准》的实施有利于减轻学生、教师和学校测试工作的负担，避免教师不必要的重复劳动；有利于督促学生积极地参加体育锻炼；有利于保证体育课教学活动的正常进行；有利于全面实现体育课程的总目标；有利于教育行政部门的管理，把学生培养成为德、智、体、美全面发展的高素质人才。

三、《国家学生体质健康标准》测试与评价的特点

《国家学生体质健康标准》是测量学生体质健康状况和锻炼效果的评价标准，是国家对不同年龄段学生体质健康方面的基本要求，是学生体质健康的个体评价标准。《国家学生体质健康标准》在吸取国内外众多研究成果和经验的基础上，采用了体质健康所包含的身体形态、身体机能、身体素质、运动能力等四个方面指标对学生体质状况进行综合的评价，使学生体质健康监测具有科学性、系统性和可操作性。

(1)《国家学生体质健康标准》的评价内容比较全面。它从学生的身体形态、身体机能、运动能力等方面，对学生的体质健康状况进行了综合评定，测试和评价比较全面地涉及身体成分、心肺系统功能、肌肉的力量和耐力以及身体的柔韧性等方面，所涉及的内容都与学生终生健康的每个特定状况有密切联系，而每一项测试内容又都反映了学生身体健康素质的一个或多个要素。

(2)《国家学生体质健康标准》充分考虑了学生的个体差异。《国家学生体质健康标准》不仅是学生体质健康的个体评价标准，也是促进学生体质健康发展、激励学生积极进行身体锻炼的教育手段。因此，在测试内容的选择上，充分考虑了学生的年龄、性别特点，设计了不同的测试项目。在测试方法和评价标准上，更多地采用了指数评定方法，使得评价更加科学、准确。

(3)《国家学生体质健康标准》有利于学生进行自我评价。《国家学生体质健康标准》的测试和评价结果，不仅可以对学生的体质状况作出直接的评价，还可以通过反馈测试成绩来设定锻炼的目标和自我评价的基点。同时，它更注重纵向比较，使学生能够发现自己的进步与不足，让学生真正关注自己的健康，从而积极地进行身体锻炼。

第二节　国家学生体质健康标准(2014 年修订)

一、说明

(1)《国家学生体质健康标准》(以下简称《标准》)是国家学校教育工作的基础性指导文件和教育质量基本标准，是评价学生综合素质、评估学校工作和衡量各地教育发展的重要依据，是《国家体育锻炼标准》在学校的具体实施，适用于全日制普通小学、初中、普通高中、中等职业学校、普通高等学校的学生。

(2)本标准的修订坚持健康第一，落实《国家中长期教育改革和发展规划纲要(2010—2020 年)》、《国务院办公厅转发教育部等部门关于进一步加强学校体育工作若干意见的通

知》(国办发〔2012〕53 号)和《教育部关于印发〈学生体质健康监测评价办法〉等三个文件的通知》(教体艺〔2014〕3 号)有关要求，着重提高《标准》应用的信度、效度和区分度，着重强化其教育激励、反馈调整和引导锻炼的功能，着重提高其教育监测和绩效评价的支撑能力。

(3)本标准从身体形态、身体机能和身体素质等方面综合评定学生的体质健康水平，是促进学生体质健康发展、激励学生积极进行身体锻炼的教育手段，是国家学生发展核心素养体系和学业质量标准的重要组成部分，是学生体质健康的个体评价标准。

(4)本标准将适用对象划分为以下组别：小学、初中、高中按每个年级为一组，其中小学为 6 组、初中为 3 组、高中为 3 组。大学一、二年级为一组，三、四年级为一组。

(5)小学、初中、高中、大学各组别的测试指标均为必测指标。其中，身体形态类中的身高、体重，身体机能类中的肺活量，以及身体素质类中的 50 m 跑、坐位体前屈为各年级学生共性指标。

(6)本标准的学年总分由标准分与附加分之和构成，满分为 120 分。标准分由各单项指标得分与权重乘积之和组成，满分为 100 分。附加分根据实测成绩确定，即对成绩超过 100 分的加分指标进行加分，满分为 20 分；小学的加分指标为 1 分钟跳绳，加分幅度为 20 分；初中、高中和大学的加分指标为男生引体向上和1000 m 跑，女生 1 分钟仰卧起坐和 800 m 跑，各指标加分幅度均为 10 分。

(7)根据学生学年总分评定等级：90.0 分及以上为优秀，80.0 ~89.9 分为良好，60.0 ~79.9 分为及格，59.9 分及以下为不及格。

(8)每个学生每学年评定一次，记入《〈国家学生体质健康标准〉登记卡》。特殊学制的学校，在填写登记卡时可以按规定和需求相应地增减栏目。学生毕业时的成绩和等级，按毕业当年学年总分的 50% 与其他学年总分平均得分的 50% 之和进行评定。

(9)学生测试成绩评定达到良好及以上者，方可参加评优与评奖；成绩达到优秀者，方可获体育奖学分。测试成绩评定不及格者，在本学年度准予补测一次，补测仍不及格，则学年成绩评定为不及格。普通高中、中等职业学校和普通高等学校学生毕业时，《标准》测试的成绩达不到 50 分者按结业或肄业处理。

(10)学生因病或残疾可向学校提交暂缓或免予执行《标准》的申请，经医疗单位证明，体育教学部门核准，可暂缓或免予执行《标准》，并填写《免予执行〈国家学生体质健康标准〉申请表》(附表 7)，存入学生档案。确实丧失运动能力、被免予执行《标准》的残疾学生，仍可参加评优与评奖，毕业时《标准》成绩需注明免测。

(11)各学校每学年开展覆盖本校各年级学生的《标准》测试工作，《标准》测试数据经当地教育行政部门按要求审核后，通过“中国学生体质健康网”上传至“国家学生体质健康标准数据管理系统”。测试和数据上传时间由教育行政部门确定。

(12)本标准由教育部负责解释。

表 5－2－1 《国家学生体质健康标准》单项指标与权重

测试对象	单项指标	权重（%）
大学各年级	体重指数（BMI）	15
	肺活量	15
	50 m 跑	20
	坐位体前屈	10
	立定跳远	10
	引体向上（男）/1 分钟仰卧起坐（女） 坐（女）	10
	1000 m 跑（男）/800 m 跑（女）	20

注：体重指数（BMI）= 体重（kg）/身高^2（m^2）。

表 5－2－2 大学男生体重指数（BMI）单项评分表（单位：kg/m^2）

等级	单项 得分	大学
正常	100	17.9～23.9
低体重	80	≤17.8
超重		24.0～27.9
肥胖	60	≥28.0

表 5－2－3 大学女生体重指数（BMI）单项评分表（单位：kg/m^2）

等级	单项得分	大学
正常	100	17.2～23.9
低体重	80	≤17.1
超重		24.0～27.9
肥胖	60	≥28.0

表 5－2－4 《国家学生体质健康标准》大学男生单项评分表

等级	单项得分	肺活量		50 m		坐位体前屈		立定跳远		引体向上		1000 m	
		大一大二	大三大四	大一大二	大三大四	大一大二	大三大四	大一大二	大三大四	大一大二	大三大四	大一大二	大三大四
优秀	100	5040	5140	6.7	6.6	24.9	25.1	273	275	19	20	3′17″	3′15″
	95	4920	5020	6.8	6.7	23.1	23.3	268	270	18	19	3′22″	3′20″
	90	4800	4900	6.9	6.8	21.3	21.5	263	265	17	18	3′27″	3′25″
良好	85	4550	4650	7.0	6.9	19.5	19.9	256	258	16	17	3′34″	3′32″
	80	4300	4400	7.1	7.0	17.7	18.2	248	250	15	16	3′42″	3′40″
及格	78	4180	4280	7.3	7.2	16.3	16.8	244	246			3′47″	3′45″
	76	4060	4160	7.5	7.4	14.9	15.4	240	242	14	15	3′52″	3′50″
	74	3940	4040	7.7	7.6	13.5	14.0	236	238			3′57″	3′55″
	72	3820	3920	7.9	7.8	12.1	12.6	232	234	13	14	4′02″	4′00″
	70	3700	3800	8.1	8.0	10.7	11.2	228	230			4′07″	4′05″
	68	3580	3680	8.3	8.2	9.3	9.8	224	226	12	13	4′12″	4′10″
	66	3460	3560	8.5	8.4	7.9	8.4	220	222			4′17″	4′15″
	64	3340	3440	8.7	8.6	6.5	7.0	216	218	11	12	4′22″	4′20″
	62	3220	3320	8.9	8.8	5.1	5.6	212	214			4′27″	4′25″
	60	3100	3200	9.1	9.0	3.7	4.2	208	210	10	11	4′32″	4′30″

续表 5－2－4

等级	单项得分	肺活量		50 m		坐位体前屈		立定跳远		引体向上		1000 m	
		大一大二	大三大四	大一大二	大三大四	大一大二	大三大四	大一大二	大三大四	大一大二	大三大四	大一大二	大三大四
不及格	50	2940	3030	9.3	9.2	2.7	3.2	203	205	9	10	4′52″	4′50″
	40	2780	2860	9.5	9.4	1.7	2.2	198	200	8	9	5′12″	5′10″
	30	2620	2690	9.7	9.6	0.7	1.2	193	195	7	8	5′32″	5′30″
	20	2460	2520	9.9	9.8	−0.3	0.2	188	190	6	7	5′52″	5′50″
	10	2300	2350	10.1	10.0	−1.3	−0.8	183	185	5	6	6′12″	6′10″

表 5－2－5 《国家学生体质健康标准》大学女生单项评分表

等级	单项得分	肺活量		50 m		坐位体前屈		立定跳远		1 分钟仰卧起坐		800 m	
		大一大二	大三大四	大一大二	大三大四	大一大二	大三大四	大一大二	大三大四	大一大二	大三大四	大一大二	大三大四
优秀	100	3400	3450	7.5	7.4	25.8	26.3	207	208	56	57	3′18″	3′16″
	95	3350	3400	7.6	7.5	24.0	24.4	201	202	54	55	3′24″	3′22″
	90	3300	3350	7.7	7.6	22.2	22.4	195	196	52	53	3′30″	3′28″
良好	85	3150	3200	8.0	7.9	20.6	21.0	188	189	49	50	3′37″	3′35″
	80	3000	3050	8.3	8.2	19.0	19.5	181	182	46	47	3′44″	3′42″

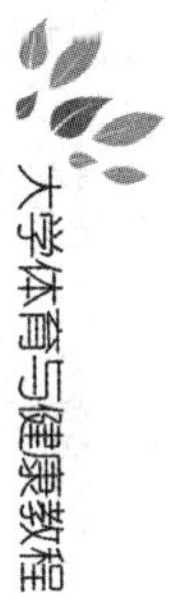

续表 5-2-5

等级	单项得分	肺活量		50 m		坐位体前屈		立定跳远		1 分钟仰卧起坐		800 m	
		大一 大二	大三 大四	大一 大二	大三 大四	大一 大二	大三 大四	大一 大二	大三 大四	大一 大二	大三 大四	大一 大二	大三 大四
及格	78	2900	2950	8.5	8.4	17.7	18.2	178	179	44	45	3′49″	3′47″
	76	2800	2850	8.7	8.6	16.4	16.9	175	176	42	43	3′54″	3′52″
	74	2700	2750	8.9	8.8	15.1	15.6	172	173	40	41	3′59″	3′57″
	72	2600	2650	9.1	9.0	13.8	14.3	169	170	38	39	4′04″	4′02″
	70	2500	2550	9.3	9.2	12.5	13.0	166	167	36	37	4′09″	4′07″
	68	2400	2450	9.5	9.4	11.2	11.7	163	164	34	35	4′14″	4′12″
	66	2300	2350	9.7	9.6	9.9	10.4	160	161	32	33	4′19″	4′17″
	64	2200	2250	9.9	9.8	8.6	9.1	157	158	30	31	4′24″	4′22″
	62	2100	2150	10.1	10.0	7.3	7.8	154	155	28	29	4′29″	4′27″
	60	2000	2050	10.3	10.2	6.0	6.5	151	152	26	27	4′34″	4′32″
不及格	50	1960	2010	10.5	10.4	5.2	5.7	146	147	24	25	4′44″	4′42″
	40	1920	1970	10.7	10.6	4.4	4.9	141	142	22	23	4′54″	4′52″
	30	1880	1930	10.9	10.8	3.6	4.1	136	137	20	21	5′04″	5′02″
	20	1840	1890	11.1	11.0	2.8	3.3	131	132	18	19	5′14″	5′12″
	10	1800	1850	11.3	11.2	2.0	2.5	126	127	16	17	5′24″	5′22″

表 5-2-6 《国家学生体质健康标准》大学男、女生加分项目评分表

加分	1 分钟仰卧起坐(女)		引体向上(男)		800 m(女)		1000 m(男)	
	大一 大二	大三 大四	大一 大二	大三 大四	大一 大二	大三 大四	大一 大二	大三 大四
10	13	13	10	10	-50″	-50″	-35″	-35″
9	12	12	9	9	-45″	-45″	-32″	-32″
8	11	11	8	8	-40″	-40″	-29″	-29″
7	10	10	7	7	-35″	-35″	-26″	-26″
6	9	9	6	6	-30″	-30″	-23″	-23″
5	8	8	5	5	-25″	-25″	-20″	-20″
4	7	7	4	4	-20″	-20″	-16″	-16″
3	6	6	3	3	-15″	-15″	-12″	-12″
2	4	4	2	2	-10″	-10″	-8″	-8″
1	2	2	1	1	-5″	-5″	-4″	-4″

注：1 分钟仰卧起坐、引体向上的单位个；800 m、1000 m 的单位：秒。

第二篇

运动技能实践篇

第六章　现代体育与健身方法

第一节　田　径

田径运动是体育运动的主要项目之一，它包括走、跑、跳跃、投掷和全能运动等运动项目。通常人们把在田径跑道上或自然环境中进行竞技和锻炼身体的走和跑等身体练习称为径赛项目；把在田径场中间或邻近场地上进行竞技和锻炼身体的跳跃和投掷等身体练习称为田赛项目。径赛项目和田赛项目合称为田径运动。世界田径大赛项目约40项，详见表6-1-1。

表6-1-1　世界田径大赛项目

类别	项　目	项　目
	男　子	女　子
竞走	10 km、20 km(田径场)、50 km(公路)	10 km
跑	100 m、200 m、400 m、800 m、1500 m、3000 m、5000 m、10000 m、110 m栏、400 m栏、3000 m障碍跑、马拉松(42.195 km)(公路)、4×100 m、4×400 m	100 m、200 m、400 m、800 m、1500 m、3000 m、5000 m、10000 m、100 m栏、400 m栏、4×100 m、4×400 m、马拉松
跳跃	跳高、跳远、三级跳远、撑杆跳高	跳高、跳远、三级跳远、撑杆跳高
投掷	铅球(7.26 kg)、标枪(800 g)、铁饼(2 kg)、链球(7.26 kg)	铅球(4 kg)、标枪(600 g)、铁饼(1 kg)、链球(4 kg)
全能	十项全能	七项全能

田径运动是一项最基础的体育运动项目，既能提高人体的运动能力和相应的身体素质，又对提高人的健康水平有明显作用。

短跑是人体在无氧条件下进行的一种运动，能使有氧系统酶的活性增加，并提高人体的最大摄氧量，同时还有助于提高中枢神经系统兴奋和抑制的灵活性。它是提升运动能力、提高无氧代谢水平的重要手段。

跳跃是人体在短时间内高强度神经活动和肌肉用力克服障碍的运动，能使人的感觉机能得到提高和加强。它是提高身体控制和集中用力能力，发展协调性、灵敏性的有效手段。

投掷项目是表现人体力量的运动，能使人体肌肉发达、力量增强，并改善人体灵活性。

田径运动由于其广泛的竞技和健身价值，已成为当今普及度最高、参与人数最多的运动项目之一。在学校体育中，它是体育教育的重点内容；在群众体育中它是最受欢迎、最容易被接受的健身运动项目。

一、短　跑

短跑属极限强度运动，短跑比赛项目包括60 m、100 m、200 m、400 m，是发展速度素质最有效的手段，是许多田径项目以及其他一些运动项目的基础。

（一）短跑的基础技术

短跑技术一般分为起跑、起跑后的加速跑、途中跑和终点跑四个部分。

(1)起跑。起跑的任务是使身体迅速摆脱静止状态，为起跑后加速跑创造条件。田径规则规定在短跑比赛中运动员必须采用蹲踞式起跑，必须使用起跑器，运动员要按发令员的口令完成起跑动作。

起跑器的安置主要根据运动员的身高、体形、力量和技术水平等条件来选定，分为“普通式”和“拉长式”两种。无论采用哪种方式，都应从运动员的实际情况出发，以发挥最大肌肉力量，获得最大的向前冲力，并使其在“预备”姿势时感到舒适而放松，形成良好的用力姿势，有利于起跑和起跑后的加速跑。

起跑过程包括“各就位”“预备”“鸣枪”三个阶段。听到“各就位”口令后，走到起跑器前俯身，两手撑地，两脚依次蹬在前后起跑器的抵足板上，脚尖应触及跑道，后膝跪地，两手间隔比肩稍宽，四指并拢和拇指成“八”字形，富有弹性的支撑，颈部自然放松，两眼视前方45～50 cm处。听到“预备”口令后，随之吸一口气，平稳地抬起臀部稍高于肩部，重心适当前移，使肩部稍超出起跑线，双手用指尖撑地，身体重量主要落在前腿和两臂上，构成较好的用力角度，使肌肉收缩速度和能发挥的力量都处于最佳状态。预备姿势应稳定，两脚贴紧前、后起跑器的抵足板，注意力集中，等待鸣枪。听到枪声，两手迅速推离地面，两臂屈肘并有力地做前、后摆动，两腿迅速蹬离起跑器使身体向前上方运动，躯干前倾，后腿在蹬离起跑器后，便迅速屈膝向前上方摆出。后腿前摆时，脚掌不应离地面过高，这样可以保证脚掌迅速着地，同时前腿迅速有力地蹬伸髋、膝、踝三个关节，后蹬角为45°(图6－1－1)。

图6－1－1

(2)起跑后的加速跑。起跑后的加速跑是从蹬离起跑器到途中跑开始的一个跑段，其任务是尽快加速达到自己的最高速度。起跑出发后的第一步不宜过大，一般为三脚半至四脚长，以后逐步增大，直至达到途中跑步长。起跑后的加速跑段，随着跑速的增加，上体逐渐抬起至接近途中跑姿势，两脚着地点依次逐渐地靠近人体中线，直至两脚着地点形成一条直线。加速跑段的距离，一般为 25 ~30 m。在即将进入途中跑之前，应顺惯性放松跑 2 ~3 m，以消除肌肉工作时的过分紧张(图 6 －1 －2)。

图 6 －1 －2

(3)途中跑。途中跑的距离在整个短跑中是最长的，其主要任务是进一步提高疾跑中已获得的速度，或者尽可能保持最快的速度跑到终点。其动作特点是前脚掌落在身体重心投影点的稍前面，脚触地后膝关节微屈，足踵下沉，使身体重心很快地移至垂直阶段，接着后腿的髋、膝、踝关节依次迅速伸展，完成快速有力的后蹬。后蹬的角度约为 50°，后蹬方向要正。随着支撑腿的蹬地，摆动腿迅速有力地向前上方摆出，并带动同侧髋前移，这对配合后蹬是十分有利的。落地前，大腿要迅速积极地下压，这时由于惯性的缘故，小腿自然前伸，接着前脚掌迅速和有弹性地向下，向后做“趴地”动作。途中跑时，头要正对前方，两眼要向前平视，上体保持正直或微向前倾，以肩关节为轴，两臂轻松而有力地向前摆动。前摆时，不要超过身体中线和下颚,大小臂之间所成的角度要略小于 90°；后摆时，肘关节要稍微向外。总之，摆臂动作应以自然协调为原则(图 6 －1 －3)。

(4)终点跑。终跑点是全程跑的最后一段，应尽力保持途中跑的高速度。终点跑的技术，要求运动员在离终点线 15 ~20 m 处时，尽力加快两臂摆动的速度和力量，保持上体前倾角度。当运动员离终点线一步距离时，上体应急速前倾，双手后摆，用胸部或肩部撞终点线，跑过终点后逐渐减速。冲线时，不应跳起，更不应为了冲线而降低速度。

(5)弯道跑。200 m 和 400 m 跑有一半距离要在弯道上跑，为了更快地发挥速度和迅

图 6－1－3

速地转入弯道跑，在从直道进入弯道时，身体应有意识地向内倾斜，加大右腿和臂的摆动力量和幅度。弯道跑时，身体应向圆心方向倾斜。后蹬时，右腿用前脚掌的内侧，左脚用前脚掌外侧蹬地。两腿摆动时，右腿膝关节稍向内摆动，左腿膝关节稍向外摆动。两臂摆动时，右臂前摆稍向左前方，后摆时肘关节稍偏向右后方；左臂稍离躯干做前后摆动，弯道跑的蹬地与摆动方向都应与身体向圆心方向倾斜趋于一致。从弯道跑进入直道时，应在弯道最后几步，逐渐减小身体内倾程度，自然跑几步，然后全力向前跑。

（二）短跑的练习方法

（1）短跑途中跑的练习方法：①在直道上中等速度做 60～80 m 匀速跑；②做大步幅的反复跑，体会摆动腿前摆充分带动同侧髋前送技术；③行进间跑 30～60 m，特别强调技术动作的完整与放松；④从直道进入弯道跑 30～40 m，体会从直道跑入弯道跑的技术；⑤从弯道进入直道跑 30～40 m，体会从弯道跑入直道跑的技术。

（2）蹲踞式起跑和起跑后加速跑技术的练习方法：①练习起跑器的安装方法；②练习"各就位""预备"技术，体会起跑动作要领；③蹲踞式起跑 10 m、20 m、30 m，在口令下成组进行练习；④蹲踞式起跑 30～50 m，改进和完善起跑和起跑后加速跑技术。

（3）短跑全程跑技术练习方法：①练习 60 m 全程跑；②练习 100 m 和 200 m 全程跑；③进行技术评定和达标测验。

二、接力跑

接力跑是田径运动唯一的集体项目。包括男、女 4×100 m 和 4×400 m 接力项目。田径规则要求接力跑必须在 20 m 长的接力区内完成传接棒动作，但 4×100 m 接力跑的接棒运动员可在接力区始端外延 10 m 的预跑区内起跑。接力跑成绩取决于各棒队员的速度和传、接棒技术，以及传棒队员与接棒队员接棒时的位置。

(一)接力跑的基本技术(4 ×100 m 接力跑技术)

1. 起跑

(1)持棒起跑：第一棒运动员采用蹲踞式起跑，通常右手持棒，其基本技术类似短跑起跑，但接力棒不得触及起跑线及起跑线前面的地面。一般用中指、无名指和小指握住棒的末端，用拇指和食指分开撑地(图 6 –1 –4)。

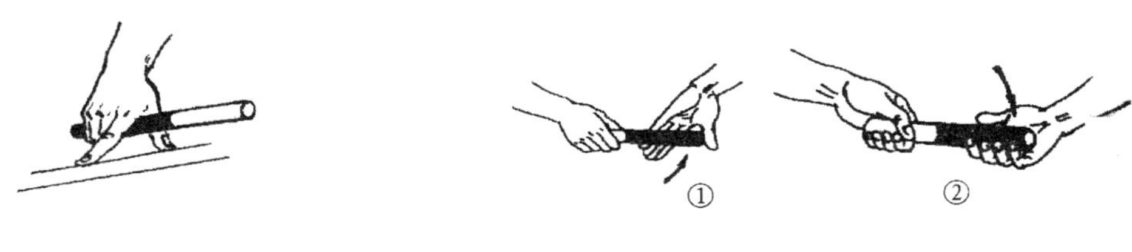

图 6 –1 –4　　图 6 –1 –5

(2)接棒人起跑：第二、三、四棒运动员多采用半蹲式或站立式起跑。第二、四棒选手站在跑道外侧，第三棒选手站在跑道内侧。接棒运动员起跑姿势的选择，主要取决于能否快速起跑和进入加速跑，并能否清晰地看到传棒选手以及设定的起动标志。

2. 传、接棒方法

传、接棒动作既要准确又要迅速，一般采用下面两种方法：

(1)上挑式：接棒人手臂自然后伸，手臂与躯干成 40° ~45°，掌心向后，虎口张开朝下。传棒人将棒由下向前上方“挑”送到接棒人手中(图 6 –1 –5①)。这种方法的优点是接棒人手臂后伸的动作比较自然、放松，易掌握。缺点是第二棒接棒后，手已握在棒的中部，这样不便于持棒快跑；另外，第三、四棒传接棒时，棒的前端已所剩不多，所以相对容易掉棒。

(2)下压式：接棒人手臂后伸，与躯干成 50° ~60°，掌心向上，虎口向后，拇指向内。传棒人将棒的前端由上向下“压”送到接棒人手中(图 6 –1 –5②)。此种方法的优点是每一次传、接棒都能握住棒的一端，便于持棒快跑。缺点是接棒人在手臂后伸时相对紧张。

3. 传、接棒配合

接棒人站在预跑线内或接力区的后端，待传棒人到标志线时，便迅速起跑，传棒队员跑进接力区后，在离接力区的前端约 4.5 m，离接棒队员 2 ~1.5 m 时，将接力棒迅速无误地传给接棒队员。传、接棒过程通常是传棒人跑到离接棒人 2 ~1.5 m 处立即发出“接”的信号，接棒人迅速后伸手臂接棒。

标志线的确定：标志线离接棒人起跑处的距离是根据传棒人的跑速和传、接棒技术的熟练程度而定。

4. 接力队员的棒次安排

接力赛全程是由 4 个队员组成，因此，在比赛中应发挥每个队员的特长，并根据队员的特长来安排棒次。一般来说，第一棒应选择起跑好并善于跑弯道的运动员；第二棒应是传、接棒技术熟练且速度耐力较好的运动员；第三棒除应具备第二棒的长处外，还要善跑弯道；第四棒通常是短跑成绩最好、冲刺能力最强的运动员。

4×400 m 接力跑由于传棒人在跑近接力区时的跑速已经明显下降，因此传、接棒技术也就相对比较简单。当传棒人跑近时，接棒人要在慢加速跑中目视传棒人并顺其跑速主动接棒，随后快速跑出。第一棒采用蹲踞式起跑，起跑技术同 4×100 m 接力跑的起跑；第二、三、四棒采用站立式起跑，上体左转，目视传棒人，要估计好传棒人最后一段跑的速度。如果传棒人最后一段仍然保持较好的跑速，接棒人可以早些起跑；如果传棒人的跑速缓慢，接棒人应晚些起跑并主动接棒。传棒人将棒传出后，应从侧面退出跑道，避免影响其他接力队员。4×400 m 接力跑的第一棒队员以右手将棒传给第二棒队员的左手，第二棒队员跑出后，将接力棒换到右手，以后各棒次接力棒的传递均以此法传、接。

（二）接力跑的练习方法

（1）学习传、接棒技术的方法：①持棒原地摆臂，做上挑和下压式传、接棒的练习；②在走步中做传、接棒练习；③在跑道上慢跑并做传、接棒练习；④在跑道上中速跑和快速跑并做传、接棒练习（40～60 m）。

（2）学习在接力区内传、接棒的方法：①接棒人做站立式和半蹲式起跑练习；②用中速跑在接力区内做传、接棒练习；③用快速跑在接力区内做传、接棒练习；④按照规则要求进行全程接力跑练习和比赛。

三、中长跑

中长跑是中距离跑和长距离跑的简称，项目主要有 800 m、1500 m、3000 m、5000 m、10000 m。

（一）中长跑的基本技术

中长跑在动作结构上基本相同，但由于距离的长短和速度的快慢不同，跑的技术也有区别。中长跑技术分为起跑和起跑后的加速跑、途中跑、终点冲刺跑几个部分。

（1）起跑和起跑后的加速跑。中长跑采用站立式起跑。800 m 以上的距离是按两个信号完成起跑动作的。

发令前，运动员位于起跑线附近，当听到“各就位”的口令后，做一两次深呼吸，慢跑到起跑线后站立，把有力的脚放在前面，上体前倾，两脚弯曲，重心落在前脚上。前脚异侧臂在体前自然弯曲，同侧臂放在体后，保持身体稳定。当听到枪声时，后脚迅速蹬地前摆，前腿迅速用力蹬直，两臂有力地前后摆动，迅速向前冲出，占据有利位置。

起跑后的加速跑是指起跑第一步落地到发挥出预计的速度或跑到战术位置这段过程。这段加速跑中，上体逐渐抬起，并有力地摆臂，根据项目、个人特点、战术、比赛情况确定加速的距离和速度。

（2）途中跑。中长跑由于途中跑的距离长，因此，途中跑的技术十分重要。

上体姿势要求保持正常姿势，上体前倾角度为 75°～85°。后蹬和前摆是中长跑技术中最主要的动作。在后蹬之前，摆动腿要做好折叠动作；后蹬时，摆动腿要协调并积极地前摆，同时带动髋关节前送。后蹬用力比短跑小，后蹬角度比短跑大，为 50°～55°。大腿前摆的高度比短跑低。前摆结束后，大腿积极下落，着地时要求柔和而有弹性，两脚落在一条直线上。中长跑由于距离长、体力消耗大，人体对氧气的需要量不断增加，因此，中长跑一般都采用口和鼻同时呼吸。呼吸要有节奏，一般是二步一呼、二步一吸或三步一呼、三步一吸。在平时练习中应注意呼吸的重要性。

(3)终点跑。终点跑是临近终点的一段冲刺跑。终点跑的距离要根据项目、训练水平、个人特点、战术需要和对手情况而定。一般情况下，800 m 可在最后 300 ~ 200 m，1500 m 在最后 400 ~ 300 m，3000 m 以上可在最后 400 m 或稍长距离开始终点冲刺跑。速度好的运动员，往往在跟随跑的前提下，在最后一个直道时突然加速；耐力好的运动员，多采用更长距离的冲刺跑。不论终点跑距离长短，在冲刺跑之前，都必须抢占有利位置，并注意观察对手的情况，使用全部力量冲过终点。

(二)中长跑的练习方法

(1)耐力练习。中长跑需要做一些练习：①长距离慢跑或走跑交替练习。②较长距离的匀速越野跑练习。③各种球类活动练习，如篮球、足球等。④反复跑练习，若跑的距离比自己的专项距离长时，反复跑的次数要少一些，每次休息时间要长一些；若短于专项距离时，反复次数可多一些，每次之间休息时间短一些。反复跑距离可采用 100 ~ 300 m，400 ~ 600 m，1000 ~ 1600 m 等。⑤专项距离的测验或比赛等。

(2)速度练习。练习 60 m、100 m、200 m 等距离的快速的反复跑。

(3)力量练习。中长跑最需要的力量素质是力量耐力，要做以下练习：①各种跳跃练习，如跨步跳、单足跳、蛙跳、多级跳、跳台阶、蹲跳起等；②举重练习，如抓举、挺举、跳挺轻杠铃、肩负杠铃的体前屈和左右转体等；③负重跳起练习，如持杠铃蹲跳起、肩负重物的单双足跳等。

(4)技术练习。中长跑的技术练习主要是在大量跑的练习中进行，还可针对运动员的技术情况，利用各种跑的专门性练习改进技术。小步跑、高抬腿跑、后蹬跑都是改进腿部技术、发展腿部力量和提高身体灵敏协调性的好方法。步幅与步频、腾空与支撑之比，呼吸与跑的节奏，上、下肢配合，跑的距离与步长的关系等，也都是中长跑技术训练不应忽视的。

四、跳高

跳高是一种克服垂直障碍的跳跃项目，它由助跑、起跳、过杆和落地几个动作组成，这些动作是紧密相连、相互作用的。

随着跳高技术的发展，跳高方法经历了跨越式、剪式、滚式、俯卧式和背越式这一发展过程。由于背越式技术相对简单易学，而且具有快速的技术特征，能与力量完美地结合起来，使技术动作表现出很高的效率，所以取代了其他传统的跳高方法，成为现代最先进的跳高技术。

(一)背越式跳高技术

背越式跳高的完整技术由助跑、起跳、过杆和落坑四个部分组成(图 6 - 1 - 6)。

(1)助跑。助跑的任务在于获得身体向前移动的水平速度，同时为快速有力的起跳创造良好的条件，助跑的距离一般为 8 ~ 12 步，全程呈抛物线曲线，或者是一条直线接抛物线曲线。

背越式跳高的助跑技术近似于短跑的途中跑，但要求身体重心高而平稳，上体略微前倾，后蹬充分有力，前摆抬腿积极自然，动作连贯，两臂大幅度地摆动。在弧线上跑时，身体逐步地向内倾斜，加大外侧臂和腿的摆动幅度，头、躯干和腿的支撑点应在力的作用线上。在助跑的整个过程中，加速节奏明显，尤其是最后几步应积极跑进，加大每一步支撑阶段身体重心前移的幅度和速度。

图 6－1－6

为了使助跑快速、连贯地过渡到起跳，要求最后第二步保持继续跑进的姿势，动作无明显的变化。摆动腿着地以后，身体重心迅速地移至支撑垂直部位，并依靠摆动腿的"牢固"支撑，保持身体的内倾姿势。此后摆动腿有力地蹬伸，直至脚扒地蹬离地面，推动髋部和躯干大幅度地快速前移。摆动腿的这一主动动作，对加快身体重心前移的速度和踏上起跳点，有着十分重要的意义。

(2)起跳。背越式跳高的起跳在起跳脚踏向起跳点时，要求保持身体的内倾姿势向前送髋和前移躯干，并使起跳腿一侧的髋超越摆动腿同侧髋，同时控制肩轴几乎与横杆垂直，形成肩轴与髋轴的扭紧状态。然后，起跳腿以大腿带动小腿积极下压着地。着地时起跳脚外侧跟部接触地面，接着通过脚的外侧滚动至全脚掌，脚尖朝向弧线的切线方向。随着身体由内倾转为垂直，迅速地完成缓冲和蹬伸动作。蹬伸动作依次由髋、膝、踝顺序用力，躯干和三个关节充分伸展，运动员顺势向上跳起。为了加快起跳的速度，在起跳过程中，腿臂的协调配合起着积极的作用。目前大多采用屈腿或折叠式的摆腿方法，即在助跑最后一步摆动腿蹬离地面以后，以髋发力加速前摆大腿，同时小腿随着惯性自然向上折叠。起跳腿着地瞬间，摆动腿已靠近起跳腿，膝关节的弯曲接近最大限度。然后大、小腿的角度有所展开，摆动腿沿着助跑弧线的延续方向加速上摆，直至减速制动。

摆臂的方法有双臂摆动和单臂摆动两种。前者有助于加大摆动的力量，后者有助于缩短起跳时间。但无论采用何种摆动方法，都要求快速、充分，与摆动腿的摆动协调配合。

(3)过杆与落坑。当起跳腿蹬离地面结束起跳以后，身体应保持较伸展的姿势向上腾起，同时在摆动腿和同侧臂的带动下，围绕身体纵轴旋转，使身体转向背对横杆。这时采取较伸展的姿势，可以减慢绕身体矢状轴和额状轴的旋转速度，防止上体过早地倾向横杆，有助于以摆动腿同侧臂和肩为先导超越横杆。

当头和肩越过横杆以后，及时地仰头、倒肩和展体，并利用身体重心向上的速度，收腿挺髋，形成身体的背弓姿势。这时两腿弯曲稍后收，两臂置于体侧，这样可以缩短半径，加快围绕身体额状轴的旋转。当身体重心移过横杆时，则应做相反的补偿，即含胸收腹，控制上体继续下旋，同时以髋部发力带动大腿和小腿加速向后上方甩腿，使整个身体脱离横杆。

落坑技术比较简单，在向后上方甩腿之后，保持着屈髋伸膝的姿势下落，最后以上背部或背部落于海绵坑。落坑后做好缓冲，防止受伤。

（二）背越式跳高的练习方法

（1）背越式过杆落地技术的练习方法：①背对海绵垫站立，挺髋展体，后倒成桥，两肩着垫；②仰卧垫上，两脚蹬高物，利用脚蹬高物之力挺髋，接着收腹举腿；③原地双脚起跳、引肩、挺髋、屈膝、肩背着垫；④在练习③的基础上，越过横杆，体会挺髋和过杆时收腿、上举小腿的时机。

（2）起跳技术练习方法：①站立，一手抓支撑物，摆动腿向前上方摆动，同时支撑腿配合充分蹬伸，髋前送；②沿直径为 15 ~ 20 m 的圆圈走动，每隔一步做一次摆腿和摆臂练习；③沿半径为 10 m 左右的弧线助跑 3 步起跳，连续做 5 ~ 6 次，3 步助跑节奏要明显，注意体会弧线助跑转入起跳时上体由内倾到竖直的垂直用力感觉；④在弧线上跑 3 ~ 5 步起跳后，做背越式过杆动作。

（3）助跑与起跳相结合技术的练习方法：①沿直径 25 ~ 30 m 的圆圈做加速跑，注意加速时身体内倾，并保持身体平衡；②先沿直线跑进，然后切入弧线加速跑；③5 ~ 7 步弧线助跑起跳摸高（此练习在海绵包前起跳）；④在不同弧度的弧线上做助跑起跳练习。

（4）完整的背越式跳高技术的练习方法：①沿弧线 4 ~ 6 步助跑起跳后，仰卧在高置的海绵垫上；②进行 4 ~ 6 步助跑起跳过杆练习；③进行全程助跑背越式跳高练习；④进行技术评定和达标练习，强化完整技术。

五、跳　远

（一）跳远的基本技术

跳远的完整技术由助跑、起跳、腾空和落地四个部分组成。根据在腾空阶段的动作特点，可将跳远技术分为蹲踞式、挺身式和走步式三种。对跳远成绩起决定性影响的是最后几步特别富有节奏的助跑及快速、有力和协调的起跳。跳远的最长距离取决于身体重心抛物线形状，而抛物线形状又是由初速度、腾起角度和腾起高度决定的。身体重心抛物线在人体离开地面之后无法改变。运动员在空中的任务只是保持平衡，为落地做好充分准备（图 6 - 1 - 7）。

（1）助跑。助跑的任务是获得高的水平速度，并为准确、快速有力的踏板和起跳创造条件。

跳远成绩与助跑速度有着密切的关系。为了获得高的助跑速度，必须有相应的助跑距离，在确定距离和步数时，要根据训练水平和个人特点而定。一般男子助跑距离为 35 ~ 48 m，跑 18 ~ 24 步；女子助跑距离为 32 ~ 44 m，跑 16 ~ 22 步。

图 6－1－7　挺身式跳远

助跑开始姿势有两种，一种是站立式，其优点是用力的大小易控制、稳定，开始几步的步幅、节奏变化小，有利于助跑步点的稳定和准确，但易造成肌肉紧张；另一种是行进间起动，先走几步或轻松地跑几步，踏上起跑线再开始加速，其优点是轻松自然。

助跑的加速方式有两种，一种是积极加速，一开始助跑就加速，这种方法适用于加速能力强者；另一种是逐渐加速，助跑开始后，由慢到快逐渐加速。初学者或加速能力弱者常采用此种方法。

最后几步助跑是助跑技术中的重要环节。这时既要保持高速度，又要做好起跳准备。最后几步助跑的动作仍应保持较大的幅度和速度，身体重心应保持较高位置并平稳向前移动，在保持步长的基础上，加快步频，形成加速上板的趋势。

(2)起跳。起跳分三个阶段，即起跳脚着板、缓冲阶段和积极蹬伸。

起跳脚着板：动作类似跑步动作，起跳脚着板要积极，此时起跳脚与地面之间的角度为 65°～70°，必须尽可能用全脚踏板。

缓冲阶段：起跳的质量很大程度上取决于缓冲阶段的动作，起跳脚踏板时所产生的压力在缓冲阶段通过踝、膝和髋关节轻微弯曲而得到缓冲。这时压力主要落在膝关节上面，起跳腿的弯曲角度为 145°～150°，角度过大或过小，都会影响最后的起跳效果。

积极蹬伸：起跳腿快速用力蹬伸，在充分蹬直髋、膝、踝三关节的同时，摆动腿折叠大、小腿，快速有力而协调地向前上方摆动。摆动应从髋关节开始，带动髋部一道向前上方移动，摆动结束时迅速制动。在起跳结束时大腿达到水平状态，通过恰当的臂部摆动，使作用力的方向明显地指向前方。起跳时蹬地角度为 70°～80°。

(3)腾空。跳远的腾空姿势有蹬踞式、挺身式、走步式几种。

蹲踞式：腾空后上体正直，摆动腿继续摆动，起跳腿屈膝前摆逐渐靠拢摆动腿，两臂上举，成蹬踞式，落地时前伸小腿。蹲踞式腾空动作简单易学，有助于初学者学习、体会和掌握正确的起跳动作，维护身体平衡及完成前伸小腿动作，但其动作易产生前旋。由于身体各部分都接近身体重心，因此从力学角度来讲，其对落地最为有利。

挺身式：运动员在起跳后将摆动腿下放，并后摆向起跳腿靠拢，小腿和大腿之间接近于直角，挺胸展髋，两臂由后向上，经前向下、向后摆动，用力前甩小腿，接着向前上方抬起弯曲的双腿准备落地，躯干补偿性地下压，即将触地时收腹举腿，用力前甩小腿。挺身式的优点：有利于起跳动作做得快速、有力、充分，能使身体充分伸展，为落地前的收腹举腿、前甩小腿创造条件。

走步式：腾空阶段继续跑步，一般是两步半，成绩优异的运动员可跑三步半。起跳后积极下放伸直的摆动腿并让它向后摆动（第一步）；同时将在膝关节处深度弯曲后的起跳腿前送，上体稍后仰，完成空中交换步动作（第二步）；两臂绕环摆动，接着将摆到身体后的摆动腿屈膝前摆，与起跳腿靠拢（半步），并伸小腿落地，在空中完成两步半的走步式。如果在空中再继续将起跳腿放下，摆动腿前摆，然后起跳腿靠近摆动腿向胸部提举，双腿落地，就完成了在空中近三步半的走步式。走步式优点是把助跑、起跳、落地都统一成“跳或走”这一自然而习惯的要领中，有利于助跑和起跳做得连贯、自然。但由于空中动作较复杂，要求有一定的腾空时间和具备较好的身体素质基础，不易为一般人掌握和运用。

（4）落地。落地的任务是尽可能地将两脚向前伸出，使人体与沙堆的接触点在身体重心轨迹的前面。落地技术有三种，即侧到法、前到法、坐式落地法。三种方法都要求落地前的团身动作要有适宜的时间，有利于双腿高抬前伸。团身动作结束后要及时地伸直双腿膝关节，前伸小腿落地。着地后及时缓冲，将踝、膝和髋关节前送，使身体重心移过落地点。

（二）跳远的练习方法

（1）助跑与起跳练习。①原地起跳模仿练习；②上一步或连续上一步起跳练习；③慢跑中做起跳练习；④4 ~6 步助跑起跳上跳箱盖；⑤6 ~8 步助跑起跳或腾空步练习；⑥在跑道上进行不带起跳的全程助跑练习。

（2）腾空和落地的练习。

蹲踞式：①4 ~6 步助跑起跳、腾空步后，自然并腿落入沙坑；②4 ~6 步助跑起跳、腾空步后在最高点控制起跳使其腿靠近摆动腿，落沙坑前要有举腿动作；③4 ~6 步助跑起跳，腾空后越过障碍物；④中、全程助跑蹲踞式跳远练习。

挺身式：①原地摆动腿向下后方摆成挺身式；②站在高物上，下放摆动腿；③三步助跑起跳后向下后方放摆动腿；④4 ~6 步助跑起跳上斜板，成腾空步后放摆动腿；⑤4 ~6 步助跑挺身式跳远练习；⑥中、全程助跑挺身式跳远练习。

走步式：①原地做走步式换步摆臂模仿练习；②走动中做换步摆臂模仿练习；③4 ~6 步助跑起跳后换步成弓箭步落地；④6 ~8 步助跑在斜板上起跳做二步半走步式跳远练习；⑤6 ~8 步助跑起跳、交换步后用起跳腿落入沙坑，紧接着向前跑进；⑥短、中程助跑走步式跳远练习；⑦全程助跑走步式跳远练习。

跳远技术应反复加强基本技术的练习，重视快速起跳能力的培养，抓住快速助跑与起跳相结合的技术关键并反复练习。在不断提高身体素质和跳远技术水平的基础上，加强全程助跑跳远练习。要进行全面的身体训练和专项身体训练，发展速度、爆发力（弹跳力）、耐力、专项协调能力和专项柔韧性，这样才能取得好的跳远成绩。

六、推铅球

推铅球是速度力量型项目。推铅球的方法目前主要采用背向滑步推铅球技术和旋转推铅球技术，在此仅介绍背向滑步推铅球技术（图 6 –1 –8）。

图 6－1－8

(一)背向滑步推铅球技术

(1)握持球(以右手投掷为例)。推球的手五指自然分开，将球放在食指、中指和无名指的指根处，拇指和小指贴在球的两侧，以保持球的稳定。高水平运动员可将球移至第一指骨上方，以利于发挥手指、手腕推球力量。推好球后，将球放到锁骨内端上方，贴紧颈部，掌心向前，右肘微抬起，右手臂与躯干约呈 90°，躯干与头部保持正直。

(2)滑步技术

预备姿势(以右手为例)：持球后，站立在投掷圈的后沿内，背对投掷方向，身体重心落在右脚掌上，左脚置于右脚跟后方 20～30 cm 处，以脚尖点地，帮助维持身体平衡。上体与头部保持正直，两眼平视，两肩与地面平行。

团身动作：站稳后，向前屈体，待上体屈至接近与地面平行时，屈膝下蹲，同时头部和左腿向右腿靠拢，完成团身动作。

滑步动作：滑步指身体重心向投掷方向快速移动，以左腿向投掷方向伸摆开始，经过蹬伸右腿和回收右腿来完成，因此左腿的摆动方向、右腿蹬地角度、蹬地和摆动力量大小以及速度的快慢是决定滑步效果的主要因素。右脚蹬地后快速收小腿和左腿摆动后的积极下落，不仅直接决定滑步速度，而且是完成“超越器械”动作的关键，它能保证铅球出手前动作的连续协调性。

(3)最后用力。最后用力是从左脚落地前开始至铅球离手时结束。最后用力是推铅球技术的关键环节，动作正确与否直接影响着铅球出手的初速度、出手角度和出手高度。

滑步结束时，右脚比左脚先着地。右脚着地后，右腿各关节蹬伸，推动右髋向投掷方向转动。上体在转动中逐渐抬起，这时左臂由胸前向左上方摆动，使身体由背对投掷方向转至左侧对投掷方向。左臂和左肩要高于右肩，铅球尽可能保持较低位置，体重大部分集中在弯曲而压紧的右脚上，形成推铅球的有利姿势。

由于右腿不停地蹬伸，加速右髋继续向投掷方向转动和上体逐渐前移(投掷方向)，体重逐渐移至左腿。这时左膝微屈，当左臂向体侧摆动时，胸和头部才转向投掷方向。

右腿蹬伸，进一步将右髋向投掷方向送出，随着右肩前送，左臂已摆至体侧制动，保证右臂做出正确的推球动作和推出方向。铅球快出手时，手腕稍向内转，同时屈腕，快速而有力地拨球，使铅球从手指离开，加快出手速度，推球的角度一般是35°～39°。

(4)维持身体平衡。铅球离手后，两腿前后交换，同时身体左转，并及时降低身体重心，以便减缓向前冲力，维持身体平衡，避免出圈犯规。

(二)推铅球的练习方法

推铅球的技术练习可分为滑步练习和最后用力练习两部分。最后用力是练习的重点，滑步与最后用力的结合是练习的难点。

(1)推铅球最后用力技术的练习方法：①掌握铅球的握持方法，并持球练习。②原地轻推铅球练习。正对投掷方向，两脚左右开立与肩宽，两腿弯曲，右手持球于肩上，左臂自然上举，利用两脚蹬地力量，将铅球向前上方推出。③原地侧向推铅球练习。侧对投掷方向，两脚左右开立略宽于肩，两膝微屈，通过向右屈体，并利用躯干的反振、转肩将球推出。④原地背向推铅球练习。背对投掷方向练习，两脚前后开立、体前屈、下蹲，按侧向推铅球要求将球推出。⑤原地背向出左脚推铅球练习。预备姿势与背向推铅球相同，推球时，左膝回收至右膝附近然后迅速向后伸出落地，身体形成侧弓，在左腿有力的支撑下，利用躯干的反振作用，顺势转肩伸臂将球推出。

(2)滑步技术的练习方法：①摆动腿的摆动练习。左手拉住同肩高的固定物或同伴的手，左脚回收接近右腿时，左腿向投掷方向摆动前身体重心略向后移，接着左腿摆动，右腿蹬伸，推动身体向投掷方向移动。②拉收右腿练习。两腿前后直立(两脚比肩宽)，重心在两腿之间，上体稍前屈。从这个姿势开始，迅速将小腿收至重心下并负担身体重量，保持平衡。当右腿收至重心下且快着地时，左腿快速向后撤步，形成最后用力前的姿势。③徒手的背向滑步练习。经过屈膝团身，髋部及身体重心后移，及时向后伸摆左腿，接着完成蹬伸右腿、回收右小腿等一系列动作，至此完成滑步。④徒手背向滑步呈最后用力姿势。随着右腿滑动的结束，左腿迅速有力地着地，完成滑步向最后用力的转换。

(3)背向滑步推铅球完整技术的练习方法：①圈内进行徒手模仿，完成背向滑步推铅球完整动作。②圈内背向滑步推各种重量的铅球。③圈内背向滑步推标准重量的铅球。④改进技术细节。⑤进行技术评定和达标练习。

第二节 篮 球

一、篮球运动的起源与发展

篮球运动始于1891年，由美国马萨诸塞州普林菲尔德市基督教青年会训练学校体育教育教师詹姆士·奈史密斯博士发明。

1892年，奈史密斯制订了13条比赛规则，对比赛场地的大小、参加人数的多少进行了规定，这也是篮球运动的第一部规则。1893年，篮球传入法国；1894年，传入我国天津；1901年，传入日本和伊朗；1905年，传入俄国。1904年美国青年会男子篮球队制订了全国

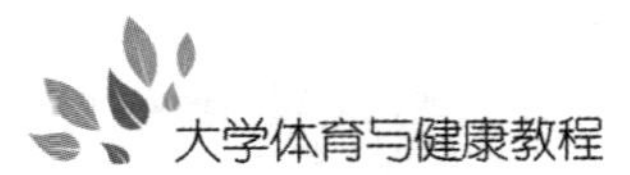

统一的篮球规则，并用多种文字出版，在全世界发行。此后，篮球运动逐步在世界各地开展起来。1932 年，在瑞士成立了国际业余篮球联合会。1936 年，第 11 届奥运会将男子篮球列入正式比赛项目。1950 年和 1953 年分别举行了第一届世界男、女篮球锦标赛。1976 年，第 21 届奥运会将女子篮球列入正式比赛项目。

二、篮球运动技术

篮球运动技术是在篮球比赛中为了达到一定的目的所采用的各种专门动作方法的总称。

篮球进攻技术包括传球、接球、运球、投篮、持球突破等；防守技术包括防守对手、抢、打、断球等。无论是进攻技术还是防守技术，都含有移动和抢篮板球的基本技术。

(一)移动

移动是篮球技术的基础，是比赛中运用最多的一项基本动作。进攻中为了摆脱对手，切入接球或合理运用传、运、投、突等；防守中为了抢占位置，堵截对手或抢断球，都离不开移动技术。

1. 基本站立姿势

动作要领：两脚前后站立或左右开立，略比肩宽，两膝微屈，重心落在两脚之间，上体稍前倾，脚跟微微提起，两臂弯曲自然放于体侧，抬头含胸，目视前方。

关键环节：降低重心，保持最大的机动性。

2. 起动

动作要领：起动时，后脚或异侧脚的前脚掌短促有力地蹬地，上体迅速前倾或侧转，向跑动方向移动重心，手臂协调摆动，脚快速向跑动方向迈出。起动后的前两三步，要短促而快速，在最短的距离内把速度充分发挥出来。

关键环节：移动重心，蹬地起动迅速。

3. 跑

(1)侧身跑。这是队员观察场上情况，迅速摆脱与超越防守时采用的一种方法。

动作要领：跑动过程中，头和上体自然地向有球方向扭转，脚尖朝向跑的方向，既要保持跑速，又要观察场上的情况。

关键环节：上体侧身转肩，脚尖朝向跑的方向。

(2)变速跑。动作要领：加速时，用前脚掌短促有力地蹬地，上体稍前倾。减速时上体稍直立，前脚掌用力抵住地面，从而降低跑速。

关键环节：采用身体重心的前移后倒、脚的后蹬前顶来改变速度。

(3)变向跑。动作要领：从右向左变向时，右脚尖稍内扣，同时右脚前脚掌内侧用力蹬地，随之腰部扭转，上体向左前倾，左脚向左前方跨出一小步，右脚迅速向左腿的侧前方跨出一大步，继续跑动。

关键环节：右脚蹬地，屈膝内扣，转移重心，加速跑动。

(4)后退跑。动作要领：用两脚的前脚掌交替蹬地向后跑动，同时提踵，身体稍前倾，抬头观察场上情况，两臂协调摆动以保持身体平衡。

关键环节：前脚掌蹬地、提踵，保持身体平衡。

4. 跳

(1)双脚起跳。

动作要领：起跳前两膝弯曲，重心下降，上体稍前倾，两臂微屈，肘外张。起跳时，两脚用力蹬地，并用提踵、提腰、摆臂的力量使身体向上腾起。落地时，前脚掌先着地，屈膝缓冲，保持平衡，以便衔接下一个动作。

关键环节：重心下降，用力蹬地，腰、臂协调提摆，身体自然伸展。

(2)单脚起跳。

动作要领：起跳时，最后一步步幅要小，起跳脚用全脚掌着地，屈膝、降重心，用力蹬地。另一腿屈膝上抬，同时摆臂提腰帮助起跳，落地时屈膝以保持平衡。

关键环节：起跳腿屈膝并迅速蹬伸；摆动腿、腰、臂使其协调向上用力。

5. 急停。

(1)跨步急停(两步急停)。

动作要领：急停时先向前跨出一大步，第二步落地的同时，两膝深屈，腰胯用力，重心下降，身体稍向侧转，用前脚掌内侧蹬地，重心在两脚之间。

关键环节：第一步脚掌抵地屈膝，上体侧转移重心；第二步脚掌用力抵地，上体内转，降重心。

(2)跳步急停(一步急停)。

动作要领：急停时用单脚或双脚起跳，身体稍后仰，两脚同时平行或前后落地，两膝弯曲，重心下降，保持身体平衡。

关键环节：降低重心，保持身体平衡。

6. 转身

(1)前转身。

动作要领：向左做前转身时，左脚为中枢脚，左脚提踵，前脚掌用力辗地，右脚前脚掌内侧蹬地，上体平稳左转，右脚蹬地后迅速落地。

关键环节：中枢脚前脚掌辗地，转体、跨步要快，保持身体平稳。

(2)后转身。

动作要领：向右做后转身时，左脚为中枢脚，左脚提踵，前脚掌蹬地后迅速落地，保持身体平稳。

关键环节：中枢脚提踵，前脚掌辗地，同时转胯、转肩要快。

7. 滑步

动作要领：向左滑步时，左脚向左跨出，落地的同时右脚蹬地滑动跟随左脚移动，如此连续移动。

关键环节：屈膝、降低重心，保持水平滑动。

8. 交叉步

动作要领：交叉步向右时，左脚用力蹬地并迅速从右脚前向右交叉迈出，上体稍右转，左脚落地，右脚迅速向右侧方跨步，控制重心。

关键环节：用力蹬地，两脚交叉动作要快。

9. 后撤步

动作要领：后撤步时，两膝微屈，重心降低，前脚掌内侧着地，同时腰部用力向后转胯，后撤前脚，后脚辗地，然后用力蹬地紧接滑步，保持防守位置。

关键环节：前脚用力蹬地，转胯迅速后撤。

10. 攻击步

动作要领：做攻击步时，后脚用力蹬地，前脚突然迅速向前跨出迫近对手。落地时重心偏在前脚上，前脚同侧手前伸做干扰和抢截性防守动作。

关键环节：两脚向前蹬跨突然，落地保持身体重心平稳。

(二)传、接球

传球是篮球比赛中进攻队员之间有目的地转移球的方法，是场上队员之间相互联系和组织进攻的纽带，是实现战术配合的具体手段。

接球是持球进攻的基础，只有接好球，才能进行传球、投篮、突破或运球等。接球与传球是紧密联系的，接球技术好，可以弥补传球的不足，减少传球失误。接球也是抢篮板球和断球的基础。

1. 传球方法

(1)双手胸前传球(图6－2－1)。

图6－2－1

图6－2－2

(2)双手头上传球(图6－2－2)。

(3)双手低手传球(图6－2－3)。

图6－2－3

(4)单手肩上传球(图6－2－4)。

(5)反弹传球。

2. 接球技术方法

(1)双手接球(图6－2－5)。

(2)单手接球(图6－2－6)。

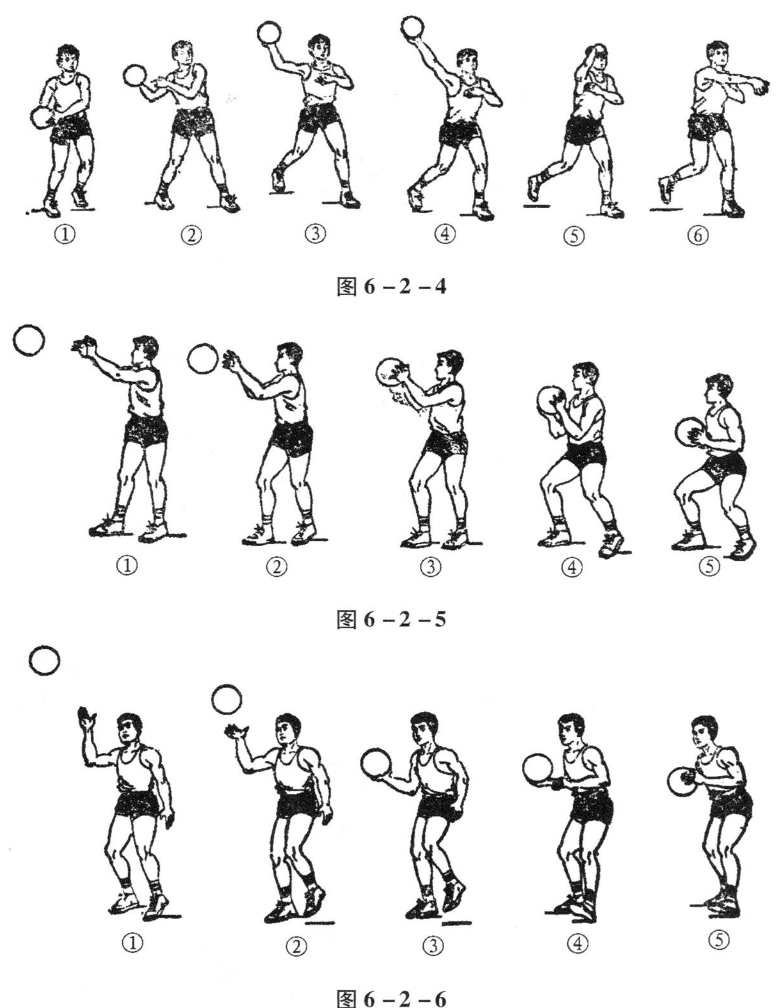

图 6－2－4

图 6－2－5

图 6－2－6

3. 传、接球技术的练习程序与方法

(1)原地传、接球练习：①原地持球模仿练习；②两人一组一球，面对面站立传、接球练习。

(2)行进间传、接球练习：①迎面移动中传、接球练习；②两人一组，全场直线跑动传、接球练习；③三人直线跑动传、接球练习。

(3)对抗情况下的传、接球练习。

(三)运球

运球是队员在原地或移动中，用单手连续按拍和迎引从地面反弹起来的球。

1. 运球技术方法

(1)高运球(图 6－2－7)。

(2)低运球(图 6－2－8)。

(3)运球急起、急停(图 6－2－9)。

(4)体前变向换手运球(图 6－2－10)。

图6－2－7

图6－2－8

图6－2－9

图6－2－10

2.运球技术的练习程序及方法

(1)原地高、低运球练习：运球手法要正确，体会手指、手腕上吸下按的动作，以及手触球的部位。

(2)直线运球练习：运球动作要协调，运球过程中，要注意抬头。

(3)运球急起急停练习：①站立于端线外，听信号后，运球急起，到中线时急停，再急起到端线；并用同样的方法返回。②在场内设标志线，听信号后，运球急起到标志线时，运球急停，并重复练习。

(4)换手变向运球练习：①弧线运球，沿罚球圈、中圈做弧形运球到对面的端线，再沿边线直线运球返回。②圆圈运球，沿罚球圈、中圈做圆周运球到对面端线，再沿边线直线运球返回。

(四)投篮

投篮是进攻队员为将球投入对方篮筐而采用的各种专门动作的总称。

1. 投篮技术

(1)原地双手胸前投篮(图6-2-11)。

图6-2-11

(2)原地单手肩上投篮(图6-2-12)。

图6-2-12

(3)行进间单手低手投篮(图6-2-13)。

图6-2-13

(4)行进间单手肩上投篮(图6-2-14)。

图6-2-14

(5)运球急停跳起投篮。

2. 投篮技术的练习程序与方法

(1)原地投篮练习:①徒手投篮模仿练习:听信号持球—举球—投篮出手练习;②持球模仿练习,两人一组一球,相距一定距离,对投练习;③正面定点投篮练习,一纵队近距离投篮,投篮后抢篮板球,将球传给后边的人投篮。

(2)行进间投篮练习:①行进间投篮的基本脚步动作练习,两人一组一球,一人托球,另一人在走动或慢跑中跨右脚的同时拿球,然后跨左脚并起跳,右手肩上投篮练习,两人互换动作;②一纵队在与篮筐成45°角的位置运球投篮,每人一球,运球投篮后,抢篮板球。

(3)跳起投篮练习:①原地跳起投篮模仿练习,两人一组一球,相距一定距离,做原地跳起投篮练习;②运球急停跳起投篮练习,半场运球,到限制区附近时,急停跳起投篮。

(五)持球突破

持球突破是持球队员运用脚步动作与运球技术相结合的快速超越对手的一项攻击性很强的进攻技术。它由蹬跨、转体探肩、放球、加速几个技术环节组成。

1. 持球突破技术

持球突破技术包括:交叉步持球突破、同侧步持球突破、跳步急停持球突破等几项技术。

2. 持球突破技术的练习程序与方法

(1)原地持球突破练习:①徒手模仿突破的各种脚步动作。②每人一球,面向球篮站立,做瞄篮动作后,快速向左侧或向右侧做跨步突破动作,然后收腿还原,并重复练习。③原地持球突破练习,一纵队站于罚球圈附近,做原地交叉步和同侧步持球突破练习。

(2)跳步急停持球突破练习:①每人一球,向前抛球,高度在胸腹之间,单脚蹬地随球向前做一步急停接球,两脚平行落地,再衔接交叉步或同侧步做持球突破动作;②每人一球,向左或右侧前方抛球,然后用同侧脚蹬地,单手接球做跳步急停,再衔接同侧步或交叉步做持球突破动作;③一步急停接球,然后用交叉步或同侧步迅速突破上篮。

(3)对抗情况下的持球突破练习。

(六)抢篮板球

1. 抢篮板球技术

抢篮板球是投篮不中时,双方争夺控制球权的一项技术。抢篮板球技术是一项联合技术动作，由抢占位置、起跳动作、空中抢球动作和获球后的动作组成。抢篮板球技术有双手抢篮板球、单手抢篮板球等。

2. 抢篮板球动作的练习程序与方法

(1)徒手模仿练习：①原地起跳，做双手或单手抢篮板球动作的模仿练习。②做助跑单脚起跳触篮板练习。③结合上步、跨步、转身、滑步等脚步动作，做单、双脚起跳抢篮板球练习。

(2)判断起跳和抢球练习：①每人一球，抛球击篮板，上步起跳，用双手或单手在空中抢反弹回来的球。②每人一球，跑动中向不同方向抛球，起跳后用双手或单手抢球。

(3)做对抗情况下的抢篮板球动作练习。

三、篮球进攻战术基础配合

进攻战术基础配合是两三个进攻队员在进攻中采用协同动作，创造进攻条件和机会的简单配合。

(一)传切配合

传切配合是进攻队员之间利用传球和切入技术组成的简单配合，包括一传一切和空切。

(1)配合方法：一传一切。④传球给⑤后，立即摆脱对手△4向篮下切入，接⑤的回传球投篮(图 6 - 2 - 15)。

(2)配合时机：对方篮下较空，或失去防守位置时。

(3)配合要求：

①切入队员要掌握切入的时机和动作，摆脱防守直插篮下。

②传球队员要及时准确地传球给切入同伴，使他接球后便于进攻。

(4)练习步骤与方法：

①传切配合的落位、切入路线和切入动作练习。

②在消极防守情况下练习。防守队员消极防守，帮助进攻队员完成配合。

③在对抗情况下练习。

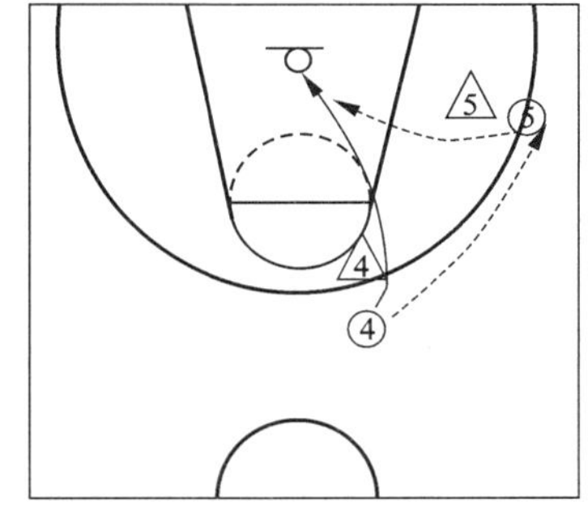

图 6 - 2 - 15

注：○表示进攻队员，△表示防守队员，队员号码随图中数字；→表示队员移动路线；- - -► 表示队员运球、传球路线。以下类同

(二)突分配合

突分配合是持球队员持球突破后，利用传球和同伴配合的方法。

(1)配合方法：⑦从底线突破对手后，如△7上来补防，△8也后撤进行协助防守时，及时传球给插入到有利位置的⑧或④进攻（图 6 - 2 - 16）。

(2)配合时机：对方换人或补防时，持球同伴突破的一刹那。

(3)配合要求：

①突破过程中，注意观察攻守队员的位置变化，如遇补防，则及时分球。

②配合同伴在突破队员切入时迅速移动，与他拉开一定距离，形成一定的角度，接到球后，果断投篮。

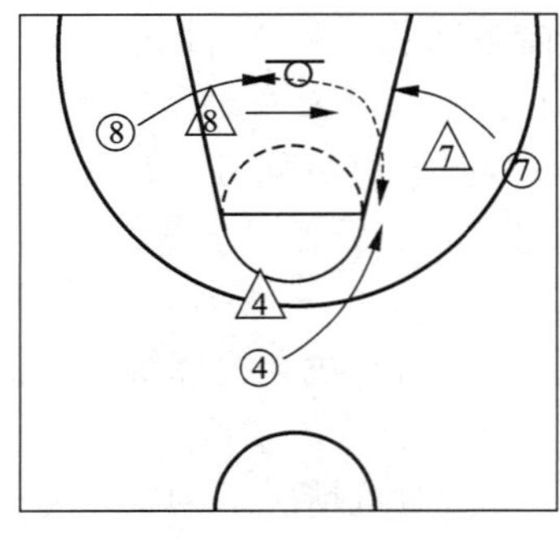

图 6－2－16

（三）掩护配合

掩护配合是采取合理的行动，用自己的身体挡住同伴的防守者的移动路线，使同伴借以摆脱防守获得进攻机会的一种配合方法。

（1）配合方法：侧掩护。⑤传球给④后跑到△4的侧后方做掩护，④接球后先向左做突破假动作，然后突然从右侧贴着⑤的身体运球突破上篮，⑤转身切入篮下（图 6－2－17）。

（2）配合时机：掩护者用身体挡住同伴的防守者移动路线的一刹那。

（3）配合要求：

①掩护者要站在同伴的防守者移动的必经路线上，距离该对手半步左右，两脚自然开立，两膝微屈，上体稍前倾，以扩大掩护面。

②借用掩护者的假动作来吸引对手的注意力，待时机成熟，及时起动。

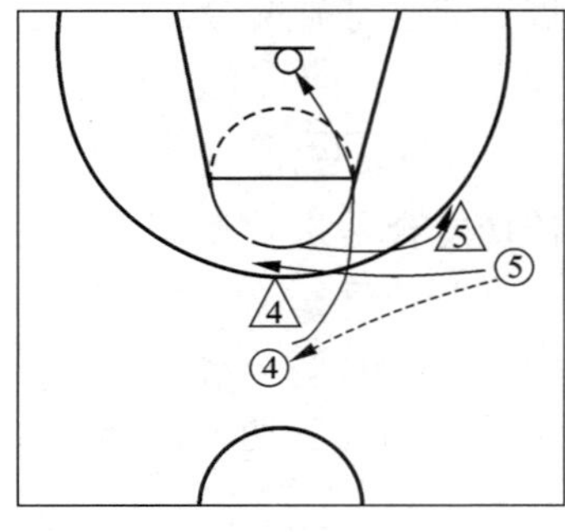

图 6－2－17

③要观察防守者的位置和行动意图。当对方交换防守时，掩护者要及时转入掩护的第二动作，调整位置，转身切入篮下或转入其他进攻行动。

（四）策应配合

策应配合是进攻队员背对或侧对球篮接球后，与同伴的空切或绕切相结合，借以摆脱防守，创造各种进攻机会的一种配合方法。

配合方法：⑤传球给④后，向底线做切入假动作，然后摆脱△5跑到罚球线后接④的传球策应，④传球后摆脱△4，跑到⑤面前接球跳投或上篮（图 6－2－18）。

配合时机：进攻队员背对或侧对球篮时的瞬间。

配合要求：

①策应队员首先要抢占有利的策应位置，保证接球的安全性，再利用脚步动作调整身体，保持平衡，要观察攻守情况，将球传给切入或有利于进攻的队员投篮。

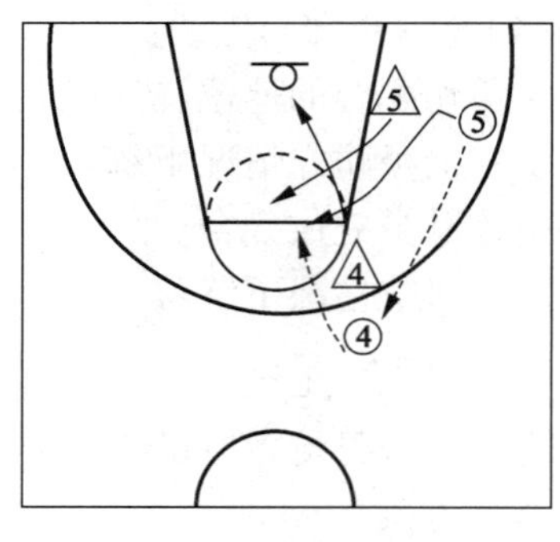

图 6－2－18

②外线队员能及时、准确地将球传给内线，然后摆脱防守切入，或到有利的位置接球。

四、篮球运动竞赛规则简介

(一)比赛场地与设备

篮球场是一块长方形的坚实平坦、无障碍物的场地。国际篮联举办的正式比赛(奥林匹克运动会、世界篮球锦标赛)的球场尺寸为长 28 m，宽 15 m，球场的丈量从界线内沿量起。

篮板的尺寸应横宽 1.80 m，竖立 1.05 m，篮板下沿距地面 2.90 m，它的中心垂直落在场上且距离端线内沿 1.20 m，篮圈水平面距地面 3.05 m，篮球的圆周不得小于 0.749 m 且不得大于 0.78 m，重量为 567 ~650 g。

(二)比赛、暂停、替换

每场篮球比赛由两个队参加，每队出场 5 名队员。比赛分 4 节组成，一般每节 10 分钟，第 1 节和第 2 节之间、第 3 节和第 4 节之间以及每一决胜期之间休息 2 分钟，半场时间休息 15 分钟。下半场终场时，如两队得分相等，则延续 5 分钟进行决胜期比赛，得分仍相等，再延续 5 分钟，直至分出胜负。在所有的决胜期中，球队应朝向第 3 节和第 4 节中相同的球篮继续比赛。

比赛中，除在 3 分投篮区投球中篮得 3 分外，其他位置投篮得 2 分，罚球中篮得 1 分。在比赛时间内，得分多的队为胜。

一般的篮球赛中，每队在上半场时(第 1 节和第 2 节)的任何时间可准予 2 次要登记的暂停；在下半场时(第 3 节和第 4 节)的任何时间可准予 3 次要登记的暂停，以及每一决胜期准予 1 次要登记的暂停。暂停时机：①球成死球且比赛计时钟停止，以及当裁判员报告犯规或违例且已结束和记录台的联系时。②某队在对方投篮之前或之后已请求了要登记的暂停，对方队投篮得分时。

替补队员进场前应向记录员报告，并须立即做好比赛的准备。请求替换的时机：①球成死球且比赛计时钟停止，以及当裁判员报告犯规或违例且已结束和记录台的联系时。②在第 4 节或任一决胜期的最后 2 分钟内某队已请求了替换，对方队投篮得分时。

(三)违例及罚则

违例是违反规则的行为。比赛中常见的违例有：带球跑、非法运球、脚踢球、拳击球、掷界外球违例、3 s 违例、5 s 违例、8 s 违例、24 s 违例、球回后场违例、干扰球等。

罚则：判该队失去球权，由对方队员在违例地点就近的边线或端线外掷界外球。如是干扰球，判进攻方得分，由防守方开端线球。

(四)犯规及罚则

犯规是违反规则的行为，含有与对方队员的身体接触和/或违反体育道德的举止。常见的犯规有以下几种：

(1)侵人犯规。它指队员与对方队员的接触犯规，无论球是活球还是死球。

罚则：登记犯规队员一次侵人犯规。如被侵犯的队员未做投篮动作，由被侵犯队的队员在犯规地点就近的边线或端线掷界外球继续比赛。如被侵犯的队员在做投篮动作，投中得分有效，再判给一次罚球，如投篮未中，则判给投篮队员两次或三次罚球。

(2)队员技术犯规。有意的、不道德的或违反规定的带来不正当利益的技术性犯规，应立即判罚技术犯规。

罚则：宣判技术犯规后，每次均应登记，并由对方队进行一次罚球，以及随后在中场的球权。对行为十分恶劣或屡次违反此条规定的队员，应取消其比赛资格并令其退出比赛。

(3)双方犯规。双方队员同时互相犯规为双方犯规。

罚则：登记每个犯规队员一次侵人犯规。由原来拥有球权的队在就近的线外发球。

(4)队员5次犯规。一个队员侵人犯规和/或技术犯规达5次，必须在30秒内被替换。

(5)全队犯规。在比赛的每节中，一个队的队员侵人犯规和/或技术犯规已达4次，此后发生的所有队员犯规，均执行两次罚球，除非有更为严重的罚则。决胜期的所有全队犯规应被认为是第4节的一部分。

(五)受伤队员的替换

如果已判给受伤队员罚球，必须由他的替补队员执行。

(六)交替拥有过程

交替拥有过程是以掷球入界而不是以跳球来使球成活球的一种方法。在非半时或决胜期开始的跳球情况中，双方交替在最靠近跳球情况的地点从界外掷球入场。每半时或决胜期最初的跳球中未获得控制球的队开始交替拥有过程。

第三节　排　球

一、排球运动概述

排球是以两队对抗，每队6人分两排站位，以中间球网为界，用手击球过网以决胜负的一项球类运动。排球运动既可在特定的球场进行练习或比赛，也可作为男女老少一起用手托球、击球的游戏。作为竞赛项目，它的对抗性、技巧性、集体性均很强。

参加排球运动，能促进人体各器官、系统的正常发育，使身体得到匀称的发展；使人动作灵活，反应敏捷，增强弹跳力；能培养勇敢、坚毅、机智、果断和集体主义等优良品质。

二、排球基本技术

排球技术是在排球运动比赛中运用符合规则规定的攻防动作的总称。排球基本技术可分为准备姿势和移动、发球、传球等。基本战术包括接发球站位和进攻等。

(一)准备姿势和移动

1. 半蹲准备姿势

半蹲准备姿势是准备姿势中最基本的一种。两脚左右开立比肩宽，稍分前后或平行站立。脚尖朝前并稍向内收，脚跟稍提起，身体重心放在脚掌上，膝关节保持一定的弯曲程度。上体前倾，重心靠前，以利于向前及前斜方移动和接起较低的来球。两臂放松，两肘自然弯曲并下垂，双手置于腹前。全身适当放松，处于灵活状态，并根据球场变化随时调整身体的位置、方向和重心(图6-3-1)。

2. 移动

移动的目的是为了及时接好球，保持好人与球的位置关系，以便击球。移动的常用步法有以下几种：

(1)并步与滑步。当球距身体一步左右时采用并步移动。移动时，如向前移动，前脚向来球方向跨出一步，后脚蹬地跟上。当来球稍远，并步不能接近球时，可用快速的连续并步，连续并步称为滑步。

图6-3-1

(2)交叉步。当来球在体侧3 m左右时，可采用交叉步移动。交叉步的特点是动作快、步子大，便于制动。采用右侧交叉步时，上体稍右倾，左脚从右脚前面交叉迈出一步，然后右脚向右跨出一大步，同时身体转向来球方向，保持击球前的姿势。

另外，移动还有跑步、跨步、跨跳步等步法。

(二)发球

1. 正面下手发球(右手为例)

(1)准备姿势：面对球网，两脚前后开立，左脚在前，右脚在后，两膝微屈，上体前倾，左手持球置于腹前，右臂自然下垂，两眼注视球。

(2)抛球：左手的球在体前右侧抛起，离手20~30 cm，同时右臂后摆。

(3)击球：右脚蹬地，身体重心前移，右臂伸直，以肩为轴，向前摆到腹前以虎口、掌根或手掌击球的后下部。身体随击球动作重心前移，迅速入场(图6-3-2)。

图6-3-2

2. 正面上手发球(右手为例)

(1)准备姿势：面对球网，右脚在后，左脚在前，自然开立，手臂弯曲，左手托球于身前。

(2)抛球：抬左臂同时手臂平托球上送，将球平稳地垂直抛向右肩上方，高度适中。

(3)挥臂击球：在左手抛球的同时，右臂抬起，屈肘后引，肘与肩平，上体稍向右转，同时抬头、挺胸、展腹，身体重心移至左脚。利用蹬地收腹，并以腰带肩，以肩带臂，以臂带腕，在右肩上方伸直手臂的最高点，用全掌击球的下中部。击球时手掌要自然张开与球吻合，为了更好地控制球，手腕要迅速、主动地做推压动作，使击出的球呈前旋飞行(图6-3-3)。击球后随重心前移，迅速入场。

图 6－3－3

(三)传球

传球是排球的基本技术之一。由于利用全身协调力量并通过手指手腕的动作来传球，因而容易掌握击球的方向、落点，所以其准确性较高，主要用于衔接防守与进攻。

传球有正面上手传球、背传、侧传、跳传和单手传球……其中正面双手传球运用最广泛，也是最基本的方法。

正面双手传球前必须及时移动到适当位置，保持好人与球的合适方位。

(1)准备姿势：稍蹲，身体站稳，上体适当挺起，抬头看球，双肘弯曲，自然抬起，两手置于脸前(图 6－3－4①)。

(2)手型：当手触球时，两手应自然张开成半球形，使手指与球吻合，手腕稍后仰，以拇指、食指和中指托住球的后下部，手指、手腕保持适当紧张，由两手的拇指、食指组成“Δ”形(图 6－3－4②)，以承担来球的主要力量。传球时用拇指的内侧，食指的全部，中指的二、三指节触球(图 6－3－4③)，无名指或小指在球的两侧辅助控制球的方向，两肘适当分开，以保证正确手型。

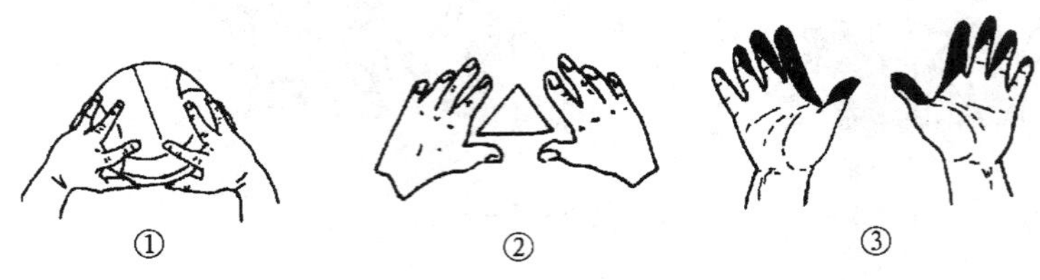

图 6－3－4

(3)迎球：当来球接近额前时，开始蹬地、伸膝、伸臂，两手微张，从脸前向前上方迎球(图 6－3－5)。

(4)击球：击球点保持在额前上方约一球距离处，击球部位一般在球的后下方。在手触球之前，肘关节应保持一定的弯曲，以便击球时伸臂用力。

(5)用力：传球的力量主要是靠伸臂的力量加上蹬地的力量，通过球压在手上使手指、手腕所产生的反弹力将球传出。传球时要根据来球力量的大小和传出球的远近，适当地控制伸臂的速度和手指、手腕的紧张程度，并有意识地运用手指、手腕动作来缓冲来球的压

图 6－3－5

力，达到控制球的目的。

(四)垫球

垫球是用小臂从球的下部，利用来球的反弹力向上击球的技术动作。它在比赛用于接发球、接扣球和接拦回球，有时也用来处理球，是排球的基本技术之一。

正面双手垫球是运用较广泛的垫球方法，其主要技术要求如下：

(1)准备姿势：正对来球成半蹲准备姿势。

(2)手型：垫球时的手型可分为两种。一种是两手手指重叠，掌根紧靠，合掌互握，两拇指朝前(图 6－3－6①)；另一种是两手抱拳互握，两拇指平行朝前(图 6－3－6②)。两臂自然伸直，手腕下压，手腕关节以上的前臂形成一个垫击的平面(图 6－3－6③)。

(3)击球：两臂夹紧，前伸，插到球下。用前臂腕关节以上 10 cm 左右、桡骨的内侧平面迎击来球。击球点保持在腹前(图 6－3－7)。

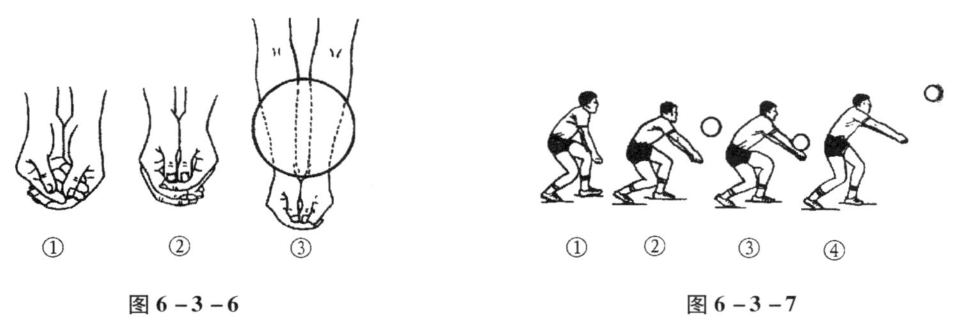

图 6－3－6　　图 6－3－7

(4)垫击用力：对于速度、力量一般的来球，击球主要靠手臂上抬的力量，同时配合蹬地、伸臂、伸膝、伸髋、提肩的动作，使身体重心向前上方移动。击球前整个手臂适当放松，便于灵活地控制垫球的力量和方向。对力量大、速度快的来球，采用半蹲或低蹲姿势，并采用收腹、含胸的动作帮助手臂随球屈肘后撤，做到适当放松，以便缓冲来球力量。一般来说，垫球力量的大小与来球力量成反比，与垫出的距离远近、弧度高低成正比。

双手垫球要领可以概括为：插——降低重心，移动到位，两臂前伸，插到球下；夹——

含胸收肩，两臂夹紧，前臂击球，同时压腕；抬——蹬腿、提肩、抬臂，重心跟球上前，腰要紧跟。

（五）扣球

扣球是排球比赛中得分的主要手段，是排球的基本技术之一。

正面扣球技术动作是运用较广的扣球方法，其主要技术如下（右手为例）：

（1）准备姿势：扣球助跑前采用稍蹲姿势，两臂自然下垂，站立在距球网 3 m 左右外，观察来球的方向及弧度，做好向各个方向助跑起跳的准备。

（2）助跑：助跑的目的是为了接近球、选择起跳点和增加弹跳高度。一般常采用两步助跑。助跑时，身体的重心先前移，随之左脚向前迈出一步，右脚迅速向前跨出一大步，并从脚跟过渡到全脚掌着地，左脚及时并上，踏在右脚之前，两脚与肩同宽，身体重心随之下降，两膝弯曲。当右脚脚跟着地时，手臂在后面处于最高位置，准备起跳时的摆动。

由于二传队员所传的各种球的落点不同，所以扣球队员必须选择不同的助跑路线。但不论助跑路线怎样，助跑的第一步都要小些，以使身体获得加速度，第二步要大些，便于起跳时制动，增加弹跳力。

（3）起跳：起跳的目的不仅是为了获得高度，还为了掌握扣球时机和选择适当的击球位置。助跑最后一步左脚落地的同时，后引的两臂应经体侧由下向前摆动。随着双脚蹬地伸膝的同时，两臂要有力地屈肘上摆，帮助身体重心向上升起。

（4）空中击球：起跳后，要挺胸展腹，上体稍向右转，右臂向后上方抬起，身体成反弓形。挥臂时应迅速转体、收腹，并依次带动肩、肘、腕各部关节成鞭甩动作向前上方挥动。击球时，五指微张呈勺形，以全掌包满球，掌心为击球中心，击球的后中部，并主动用力屈腕、屈指向前甩腕，使击出的球产生强烈的前旋。击球点应保持在起跳后手臂伸直点的前面（图 6－3－8）。

图 6－3－8

（5）落地：落地时，以前脚掌先着地再过渡到全脚掌着地，并迅速屈膝、收腹以缓冲下落力量，同时迅速做好下一个动作的准备。

（六）拦网

拦网是在球网的附近、高于球网上沿，阻挡对方击过来的球，是排球基本技术之一。其主要技术动作如下：

（1）准备姿势：队员面对球网，两脚平行开立，约与肩同宽，距球网 30～40 cm。两膝稍屈，两臂置于体侧，自然屈肘。

（2）移动：为了及时对准扣球点，一般情况下采用与网平行的移动，常用的移动步法有并步、滑步、交叉步、跑步。

（3）起跳：原地起跳时重心降低，两膝弯曲用力，同时两臂在体侧屈肘作划弧线摆动，使身体垂直起跳。起跳的时机应根据对方的扣球变化而有所不同，一般应比扣球队员起跳晚半拍，但拦快球时应与扣球者同时起跳(图6－3－9)。

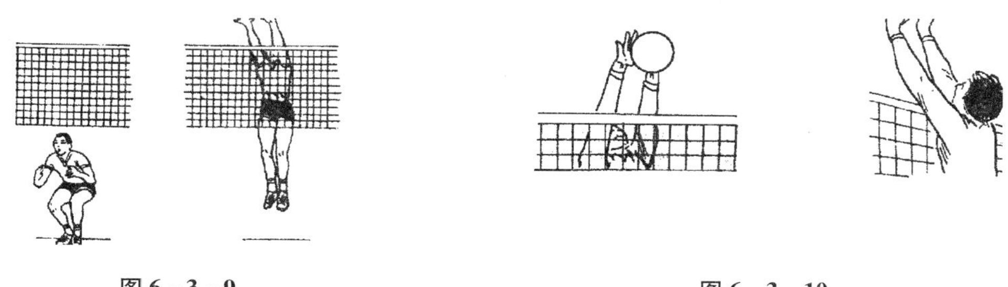

图6－3－9

图6－3－10

(4)空中击球：拦网时，两臂贴耳垂直，两肩上提，两手距离不能超过球的半径，并要尽量接近球的上空。拦网时手指自然张开，手腕略后仰，手指微屈，分开成勺形，以便包住球。当手触球时，两肩上送，两手要突然紧张，手腕用力下压，盖住球的前上方，将球拦在对方场内(图6－3－10)。

(5)落地：拦网后要正面对网屈膝，缓冲落地，若未拦到或拦起球在本方时，则应在身体下落时间向落球方向转体，便于后撤接应或反攻。

三、排球运动竞赛规则简介

(一)场地、器材与设备

1. 场地

(1)排球场地长18 m，宽9 m。

(2)取消两条发球线，发球区扩大为端线后9 m宽的地区，延伸至无障碍区的终端。

(3)中线与进攻线之间为前场区。

(4)两条进攻线在无障碍区的假想延长线直至记录台前的范围为换人区。

(5)正式比赛场地四周至少有3 m宽的无障碍区，上空至少要有7 m高的无障碍空间。

2. 球网

(1)球网为黑色，长9.5～10 m，宽1 m，设在中线的中心线垂直面上。

男子排球比赛的球网高度为2.43 m，女子为2.24 m；少年比赛，男子球网高度一般为2.35 m，女子为2.15 m；基层或儿童比赛的球网高度，可根据具体情况自行确定。

(2)标志带长1 m，宽5 cm。分别设在球网两端，垂直于边线和中线的中心线交接处。两条标志带均被认为是球网的一部分。

(3)标志杆长1.80 m，直径10 mm。标志杆设置在标志带的外沿、球网的不同侧面，并高出球网80 cm。标志杆被认为是球网的一部分。两根标志杆和球网的上沿构成过网区，标志杆被认为是向上空无限延长的。

3. 球

正式比赛用的球，应是黄白蓝三色球。球的圆周为65～67 cm，重量260～280 g，气压为0.30～0.325 kg/cm^2。

正式比赛采用每球得分制，在一次比赛中所采用的球的圆周、重量、气压、牌号等都必须是统一的。

(二)比赛的记分

(1)胜一场。正式比赛采用5局3胜制，即最多打5局，胜3局的队即胜1场。

(2)胜一局。某队先得25分并超出对方2分胜一局。当比分为24∶24时，比赛继续进行至某队领先2分。决胜局(第五局)中先得15分的队为胜。

(3)胜一球。比赛中采用每球得分制。

(三)犯规与判断

1. 发球犯规及判断

(1)发球次序错误。发球次序应按位置表上的顺序进行，取得发球权的队的队员必须按顺时针方向轮转一个位置，由前排右轮转到后排右的队员发球。若某队未按照记录表上所登记的发球次序进行发球，则判为发球次序错误。

记录员在比赛中应对每次发球轮次都进行核对，发现发球次序错误时，应在比赛间断时及时报告第二裁判员。

发球次序错误的处理方法如下：①队员必须立即恢复到正确的位置。②记录员必须准确地确定发球次序错误从何时发生，从而取消该队在发球次序错误过程中的所有得分，而对方的得分则仍然有效。③如已得分，而又不能确定其发球次序错误从何时发生，则仅给一次犯规的判罚。

(2)在发球区外发球。发球队员击球时，踏及端线或边线延长线以外的区域则为发球犯规，换由对方发球。

(3)发球时球未抛起或未使球清楚地离开手即击球为发球犯规，换由对方发球。

(4)发球五秒违例。发球队员必须在第一裁判员鸣哨后五秒钟以内将球击出，超过五秒再发球，则为发球五秒违例，换由对方发球。

(5)再一次发球试图。如球被抛起或托球手撤离后，未触及发球队员而落地，被认为一次发球试图。如出现再一次试图即为犯规，换由对方发球。

(6)发出的球过网前触及本方队员或没有通过球网的垂直面。

(7)界外球。球未从过网区越过或球触标志杆或场外物体。

(8)发球掩护。任何一名发球队的队员，以挥臂、跳跃或左右晃动妨碍对方，而且发出的球从其上空飞过，起到了掩护发球的作用，则为个人掩护犯规。发球队有两名或更多的队员密集地组成屏障，遮挡发球队员，而发出的球通过该屏障上空飞向对方场区，则为集体掩护犯规。

2. 位置错误犯规及判断

(1)位置错误的判断：①位置错误只有在发球的一瞬间才有可能造成。②队员的场上位置应根据脚的着地部位来确定。③应明确“同排”与“同列”的概念及位置关系。1、6、5号位及2、3、4号位为同排队员；1、2号位，3、6号位，4、5号位为同列队员。规则规定同排左边或右边队员的一只脚的某部分必须比同排中间队员的双脚距离其同侧边线更近。同列的前排队员的一只脚某部分必须比同列后排队员的双脚距离中线更近。

(2)位置错误的判罚：①判失一球，队员必须立即恢复到正确位置。②记录员必须准确地确定其位置错误从何时发生，从而取消该队在位置错误过程中的所有得分，对方得分仍然有效。③如已得分，而又无法确定其位置错误从何时发生，则仅给一次犯规的判罚。

若发球队击球时的犯规和对方位置错误同时发生，则认为发球犯规在先。若发球队员是发球击球后犯规或失误，则位置错误犯规在先，应判接发球一方位置错误犯规。

3. 击球时的犯规

(1)四次击球。每队最多击球三次(拦网除外)，第三次必须将球击过网进入对方场区，第四次击球则为犯规。

(2)借助击球。队员有意借助同伴或任何物体去击球，为借助击球犯规。

(3)连击。一名队员连续击球两次或球连续触及其身体不同部位，则造成连击犯规(拦网除外)。但在第一次击球时，除上手传球外，允许身体不同部位在同一击球动作中连续触球。所谓第一次击球是指接对方的发球、扣球、吊球、推攻球、被拦回的球等。所谓同一动作中的连续触球，是指一个击球动作后，球多次明显、连续地触及身体的不同部位，如球触及前臂、上臂后，又触及肩部或头部。

(4)对同时触球的判断。①同队两名或更多名的队员可以同时触球。在两名队员同时触球时，应认为该队已击球两次(拦网除外)。如两名队员同时去击球，但仅一名触到球，则应认为该队仅击球一次。②两名不同队的队员在球网上空同时触球后，比赛继续进行，接球的一方仍可击球三次。如果球落在甲队场区外，则判为乙方击球出界。

最新规则规定：①球可以触及身体的任何部分，取消触及膝关节以下为犯规的规定；②对持球的尺度的限制，规定球必须被击出，不得接住或抛出；取消了击球必须清晰并不得使球停滞的规定。

4. 球网附近的犯规

(1)触网。比赛进行中，队员触及 9.50 m 以内的球网、标志带、标志杆为触网犯规。但队员击球后，在不影响比赛进行的情况下，可以触及网柱、网绳或全网之外的任何其他物体。判断触网犯规时，应注意区分主动触网还是被动触网。由于球被击入球网，而造成球网触队员为被动触网，不应判触网犯规。

(2)过中线。比赛进行中，队员整个脚或身体的任何部分越过中线触及对方场区时为过中线犯规。但队员的一只脚或双脚越过中线触及对方场区的同时，脚的一部分还触及中线或置于中线上空是允许的。

(3)过网击球。在对方场区空间内击球为过网击球犯规。判断过网击球犯规的依据是击球点是否在对方场区空间。如击球点在本场区上空，击球后手随球过网是允许的，不能判为过网击球犯规。

(4)从网下穿越进入对方空间并妨碍对方比赛。规则规定在不妨碍对方比赛的情况下，允许队员在网下穿越进入对方空间；如妨碍了对方比赛则为犯规。

5. 进攻性击球的犯规

(1)后排队员进攻性击球犯规。后排队员在前场区，对整体高于球网上沿的球，完成进攻性击球为犯规。所谓完成进攻性击球是指球的整体通过球网垂直平面或触及拦网队员。判断后排队员进攻性击球犯规，必须同时具备以上三个条件，否则便不构成犯规。

(2)在前场区对对方发过来的且整体高于球网的球，完成进攻性击球。规则规定任何队员在前场区，对对方发过来的整体高于球网的球，完成进攻性击球则构成犯规；但如果队员在后场区，或虽在前场区，但对低于球网的球完成进攻性击球，则不构成犯规。

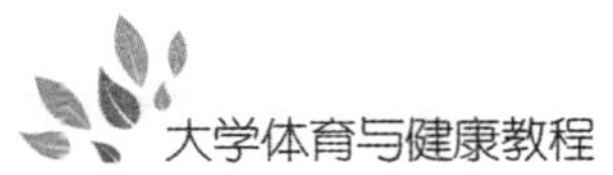

6. 拦网犯规

(1)过网拦网犯规。在对方进攻性击球前或击球时，在对方空间拦网触球为过网拦网犯规。判断依据是进攻性击球队员与拦网队员击球时间的先后。

(2)后排队员拦网犯规。后排队员靠近球网，将手伸向高于球网处阻挡对方来球，并触及球，则为后排队员拦网犯规；后排队员在靠近球网处参加集体拦网，并将手伸向高于球网处阻挡对方来球，即使本人未触球，只要集体拦网成员中的任何一人触球，也应判为后排队员拦网犯规。

7. 不合法替换

①比赛成死球时，教练员或队长可以向裁判申请换人，换人时，任何人(包括教练员)不得向场上队员进行指导，场上队员也不得离开场地。每局比赛每队换人不得超过 6 人次以上。②正式队员每局比赛只可换下一次，在同一局再上场时，只准换下替换他/她的替补队员。③替补队员每局比赛只能上场一次，他/她可替换任何一名正式队员，但同一局中他只能被他/她替换下场的正式队员来替换。未按上述三条规定的替换为不合法替换。

8. 延误比赛

对不符合规定的请求间断，裁判员会给予拒绝。若同一局中再次提出不符合规定的请求，则将进行判罚，给予“延误警告”，第一裁判员出示黄牌。“延误警告”是对全队的，同一局中同队队员再次延误比赛，将被认为犯规，给予“延误判罚”，第一裁判员出示红牌，判犯规队失 1 球。

(四)自由防守人

“自由球员”或“自由人”是国际排联于 1996 年世界女排大奖赛中试行的一项新规则，称为自由球员。自由防守球员的功能在于加强防守、达到平衡攻守的效果。

自由球员的规定如下：

(1)球队可以没有自由球员，但最多只登记两人。

(2)一队在比赛时只能有一位自由球员在场上。

(3)自由球员必须身着与其他同队球员颜色明显不同的球衣。

(4)自由球员的替补不计入普通球员的替换次数(不记录)。

(5)自由球员的替补必须于一球落地之后至第一裁判发球哨音响起前完成(教练无须请求自由球员的替补或使用号码牌)；并只限于替换同一人，且同一自由球员的替换至少须以一球的往返为间隔(即一次死球)。

(6)记录表须注明自由球员。

(7)自由球员不得列于轮转表上，但可于比赛前替换上场。

(8)自由球员的转轮只限于后排，不得发球或轮转至前排，并不得拦网或企图拦网。

(9)如球的位置高于网高，自由球员不得于场上任何位置将球处理过网至对方场地。

(10)如第二传球为自由球员于前排以高手将球传出，则第三球攻击高度不得超过网高。

(11)自由球员不得为球队队长。

第四节 足 球

足球运动是一项以脚支配球为主，两队相互对抗，以踢进球门多少球判定胜负的球类运动。经常参加足球运动能有效地发展身体素质，增强体质，提高人体各器官系统的功能。长期从事足球训练可以培养和锻炼人们勇敢顽强、机智果断、坚韧不拔、勇于克服困难的优良品质和集体主义与团结协作精神。另外，足球场上双方的激烈争夺和比赛局面的变幻莫测能提高参赛者的注意力、观察力、想象力和思维能力，改善心理素质，提高心理健康水平。

一、足球运动技术

足球运动技术，是指运动员在足球比赛中所采用的合理行动和动作方法的总称，它分为踢球、停球、顶球、运球与运球过人、抢截球、掷界外球、射门、守门员技术等。

（一）踢球

踢球是指用脚的不同部位将球击向预定的目标。踢球的方法主要有脚内侧踢球、脚背正面踢球、脚背内侧踢球和脚背外侧踢球。

1. 脚内侧踢球

踢定位球时，正面直线助跑，最后一步稍大，支撑脚踏在球的侧方10～15 cm处，足尖正对出球方向，膝关节微屈。与此同时摆动腿以髋关节为轴，大腿带动小腿由后向前摆动，在前摆过程中髋关节、膝关节外展，足尖翘起，脚掌与地面平行，用脚内侧（足弓部位）击球的后中部。在击球的刹那间身体稍前倾，踝关节紧张，足跟前送，两臂配合协调摆动，将球击向预定目标（图6－4－1）。

图6－4－1

2. 脚背正面踢球

踢定位球时，直线助跑，最后一步稍大，支撑脚积极地以脚跟着地，踏在球的侧后方10～15 cm处，膝关节微屈，足尖正对出球方向；摆动腿以膝关节为轴，大腿带动小腿屈腿积极向前摆动，当膝盖摆至接近球的正上方时，小腿做爆发式的前摆，用脚背正面击球的后中部。击球时脚面绷直，踝关节紧张、上体稍前倾、两臂配合协调摆动（图6－4－2）。

3. 脚背内侧踢球

踢定位球时，斜线助跑，助跑方向与出球方向约成45°。支撑脚外侧积极着地，踏在球

图6－4－2

的侧后方25～30 cm处，膝关节微屈，足尖指向出球方向，身体稍向支撑脚一侧倾斜并转向出球方向(图6－4－3)；大腿带动小腿积极前摆，当膝盖摆到接近球内侧垂直方向时，小腿加速前摆，同时足尖稍外转，脚面绷直，脚趾扣紧，足尖指向斜下方，以脚背内侧击球的后中部。踢球后，踢球腿随球继续前摆，两臂随踢球动作自然摆动(图6－4－4)。

图6－4－3　　图6－4－4

4. 脚背外侧踢球

踢定位球时，正面直线助跑，最后一步稍大，支撑脚积极地以脚跟着地，踏在球的侧后方10～15 cm处，膝关节微屈，足尖正对出球方向；摆动腿以髋关节为轴，大腿带动小腿屈膝积极向前摆动，当膝盖摆到接近球的垂直上方时，小腿加速前摆，同时足尖内转，脚面绷直，脚趾扣紧，足尖指向斜下方，用脚背外侧击球的后中部。踢球后，踢球腿随球向前继续摆动，两臂配合踢球动作协调摆动。

(二)停球

停球是指有目的地用身体的合理部位，将运行中的球停留在所控制的范围之内。常用的停球方法有脚内侧停球、脚底停球、脚背正面停球、脚背外侧停球和胸部停球。

1. 脚内侧停球

停地滚球时，身体正对来球方向，支撑脚的脚尖与来球方向一致，膝微屈。停球腿提起屈膝外转并前迎，足尖稍翘起，使足内侧对准来球，当脚与球接触前的刹那开始后撤，以缓冲来球的力量，把球停留在便于衔接下一个动作的控制范围内。

停反弹球时，支撑脚、跨步脚踏在球落点的侧前方，膝关节微屈，上体稍前倾并转向停球方向。停球脚提起，踝关节放松，脚内侧对准球反弹方向，当球刚弹离地面时，用脚内侧推压球的中上部，将球停留在便于衔接下一个动作的控制范围内(图6－4－5)。

图 6－4－5

2. 脚底停球

停地滚球时，身体面对来球方向，当球接近体前，支撑脚踏在球的侧后方，足尖正对来球，膝关节微屈；停球脚抬起，膝弯曲，脚跟离地低于球，脚尖翘起高于球，当球刚刚接触脚掌时，脚掌轻轻下压球的中上部，将球停于脚下。

停反弹球时，支撑脚踏在球落点的侧后方，膝关节微屈维持身体平衡。停球腿膝关节弯曲，足尖翘起，前脚掌对准球的反弹方向，当球弹离地面的一刹那，用停球脚的前脚掌触球的后上部并下压，将球停留在脚下（图 6－4－6）。

图 6－4－6

3. 脚背正面停球

停球前，身体面对来球，支撑腿微屈以维持身体平衡。停球腿屈膝抬起，小腿前伸主动迎球，用脚背正面接触球的底部，脚背触球前的一刹那，小腿下撤以缓冲来球力量，同时膝关节和踝关节放松，将球停留于体前适当的位置。

4. 脚背外侧停球

停地滚球时，停球脚稍提起，膝关节和脚内转，用脚背外侧对准来球，在支撑脚的前侧方接触球的侧后方（偏支撑脚一侧），脚与球接触的刹那向外侧轻拨，将球停在侧方或侧前方。

停反弹球时，面对来球，支撑腿的膝关节微屈，停球脚在支撑脚前方稍提起，脚内翻，使小腿与地面成一定角度，踝关节放松，当球刚反弹离地时，用脚背外侧触球的侧上部，将球停在体侧。

5. 胸部停球

挺胸停球时，身体正对来球，两脚前后开立，两膝弯曲，上体后仰，重心落在两脚之间，两臂自然张开，微收下颌，在球与胸部接触的刹那间，两脚蹬地，胸部上挺、憋气，使球触胸后向前上方弹起并改变运行方向，然后落于体前(图6－4－7)。

图6－4－7

收胸停球时，身体正对来球，两脚前后开立，两臂自然张开，重心前移，挺胸迎球，当球与胸部接触的刹那，重心迅速后移，收胸、收腹以缓冲来球力量，将球停于体前(图6－4－8)。

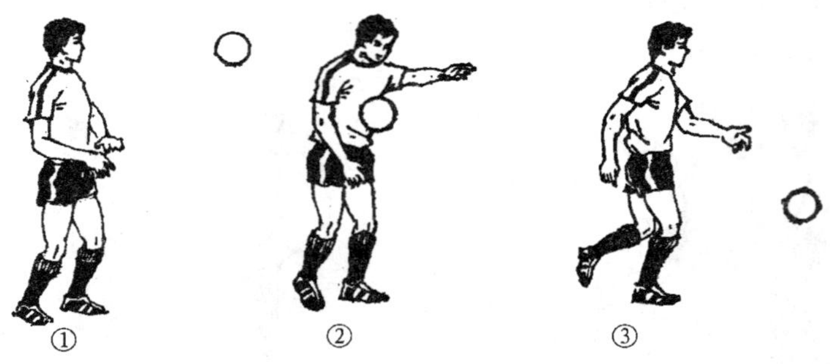

图6－4－8

(三)顶球

顶球是有目的地运用头的前额部位直接处理空中球的基本技术。正确运用顶球技术，可以争取时间、抢占空间，取得空中优势。在组织与发动进攻时，可直接传递、摆脱或抢点射门；在防守时，它又可以阻截、抢断或门前排险，转守为攻。顶球的准确性取决于头触球的部位和用力方向；而出球力量的大小，则取决于来球的力量、顶球的时间、头触球的部位以及全身的协调用力。

1. 原地正额顶球

身体正对来球，两脚前后开立，膝关节微屈，上体稍后仰，重心放在后脚上，两臂自然张开，球运行到身体垂直部位前的刹那，后脚用力蹬地，上体迅速前摆，身体重心移向前脚，同时收下颌，保持颈部紧张，用前额正面顶球的后中部，上体随球继续前摆，两眼注视出球方向(图6－4－9)。

图 6－4－9

2. 跳起正额顶球

原地双脚起跳时，两腿先屈膝，重心下降，然后两脚用力蹬地跳起，同时两臂屈肘上摆，在跳起上升过程中，挺胸、展腹，两臂自然张开，眼睛注视来球，当跳至接近最高点时，身体成反弓形，待球运行到身体垂直部位前的刹那，迅速收腹，折体前屈，用前额正面将球顶出，球顶出后两腿屈膝落地。

助跑单脚起跳时，可做三五步助跑，最后一步的步幅稍大，有力脚迅速蹬地，另一腿屈膝上摆，两臂屈肘上提，使身体向上腾起，并挺胸、展腹，两臂自然张开，身体成反弓形，眼睛注视来球，待球运行到身体垂直部位的刹那，迅速收腹，折体前屈，用前额正面将球顶出，球顶出后两腿屈膝落地。

（四）运球与运球过人

运球与运球过人是指运动员有目的地用脚的各个部位连续推拨球，使球处于自己控制范围内的触球动作。它是运动员个人控制球能力和个人进攻能力的体现，也是集体战术实力的基础之一。运球过人技术增添了比赛的魅力，丰富了战术的内容，发挥了个人的技能。在比赛中，我们要鼓励运动员勇于逼近对手采取运球过人的行动。

1. 脚内侧运球

运球时，支撑脚向前跨，踏在球的侧前方，膝关节稍弯曲，上体前倾向里转。随着身体向前移动，运球脚提起，在落地之前，用脚内侧推球的后中部。在改变方向运球时，经常是用两只脚交替拨球。

2. 脚背外侧运球

运球时，支撑脚保持在球的侧后方，运球脚抬起时，脚跟提起，足尖稍内转，迈步前伸落地，用脚背外侧推拨球。向前跑动时身体要自然放松，上体稍前倾，两臂自然摆动。

3. 脚背正面运球

运球时，身体正对运球方向，运球脚提起时，膝弯曲，脚跟提起，足尖下压，迈步前伸落地，用脚背正面推拨球的后中部，向前跑动时身体要自然放松，上体稍前倾，两臂自然摆动。

（五）抢截球

抢截指占据有利位置，封堵球的去路或阻挠对手自由运动，它是运用身体的不同部位和所做的合理动作，以减慢对方推进速度，把对手控制的球夺过来或者破坏掉的一项基本技术。抢截球是防守中的主动行为，也是转守为攻的积极手段。抢截球包括抢球和截球两个内容。

1. 正面跨步抢球

抢球前迅速靠近对方，做好抢球的准备，两脚前后开立，两膝微屈，重心下降，体稍前倾，面向对手，在对手运球脚触球后即将着地或刚着地时，支撑脚立即用力后蹬，抢球脚疾步跨出，膝关节弯曲，踝关节保持紧张，脚内侧正对球，触球后用力提拉，使球从对方脚背滚过，同时身体重心迅速跟上，把球控制好，若离球稍远抢不到球时，可用脚尖捅抢。

2. 侧面抢球

与运球者平行跑动，待对方远离自己身体一侧的脚落地时，利用合理冲撞动作，使其失去平衡而离开球，乘机将球控制起来。在冲撞时要降低身体重心，靠近对方一侧的手臂要紧贴身体。

3. 正面倒地铲球

两脚前后开立，两膝弯曲，身体重心下降并放在两脚间，面向对手，在对方运球脚触球后即将着地或刚着地时，一脚立即用力后蹬，另一脚沿地面向前滑铲，同时上体侧转后仰倒地，蹬地面成弧形扫踢球，将球留下或破坏掉，铲球后屈肘用手扶地或接着侧滚。

4. 侧后铲球

同侧脚铲球时，在运球者侧后跑动，当对方拨出球的一刹那，后脚用力后蹬成跨步，上体后仰，前脚(同侧脚)以脚外侧沿地面向外侧滑出，用脚背或脚尖将球踢出或捅出，接着小腿外侧、大腿外侧和臂部依次着地。

异侧脚铲球时，当运球者拨出球的刹那，抢球者同侧脚(后脚用力后蹬成跨步，上体后仰，异侧脚前伸，以脚外侧沿地面向前内侧滑出，用脚掌蹬球，接着小腿、大腿、臂部依次着地(图 6－4－10)。

图 6－4－10

5. 截球

截球是指比赛中两名队员传球时，对方队员使用踢球、顶球、铲球或停球等技术动作把球断下来或破坏掉。它根据临场需要选择使用某种动作，对对方的传球、射门等进行截球时，需要用踢球、顶球或铲球等动作来完成，而对于使球处于自己控制之下的截球，则需要用停球动作来完成。

(六)掷界外球

掷界外球是指按照规则的规定和要求，有目的地用双手将球从场外掷入场内，使比赛继续进行的动作技术。同时它又是一次很好的组织进攻的机会，尤其在对方罚球区附近掷界外球，其威胁更大。若不能很好地掌握这项技术，在掷球时因错误动作而造成违例，便失去一次绝好的进攻机会。因此，运动员必须熟练掌握掷界外球技术。

(七)射门

射门是指进攻到对方门前时，运用不同的脚法(或头顶法)将球踢(或顶)向对方的大门。射门是得分的主要手段，而破门则是比赛的最终目的。但是，射门常常是在与对手激烈的竞争中进行的，需要摆脱对方的阻截、冲撞甚至一些不符合规则的粗野动作，这就要求进攻者技术全面，动作快速，真假结合，起脚突然且准确有力，并具有良好的射门意识以及高尚的道德修养，这样才能抓住战机，破门得分。

(八)守门员技术

守门员技术是守门员比赛中所采取的有效防御动作技术以及在接球后所做的有助于本队进攻的动作技术。

守门员是全队的最后一道防线，其主要任务是不让球射入本方球门。除要求守门员沉着冷静，具有顽强的意志、快速敏捷的反应能力和熟练的守门技术外，还要求守门员善于观察全局，随时注意攻守发展情况，扩大自己的罚球区的活动范围，尽早截获来球，起到协助指挥全队防守和进攻的作用。

1. 位置选择

位置的选择应根据射门地点和射门角度来决定。一般应站在射门点与两门柱形成的角的平分线上，为了扩大防守面，可根据射门距离适当前移。

2. 准备姿势

两脚左右开立与肩同宽，两腿自然弯曲，膝稍内扣，脚跟提起，重心落在前脚掌上，上体稍前倾，两臂自然弯曲，手指张开，掌心向下，两眼注视来球。

3. 移动

侧滑步移动时，先用左(右)脚用力蹬地，右(左)脚稍离地并向右(左)滑步，左(右)脚快速跟上，使身体正对来球。

交叉步移动时，身体先向右(左)倾斜，同时左(右)脚用力蹬地并快速向右(左)前方跨出一步成交叉步，然后右(左)脚向右(左)侧移动，左(右)脚和右(左)脚，依次快速移动，并蹬地跃起。

4. 接球

(1)接地滚球：直腿式接球时，两腿左右分开约一拳，足尖正对来球，上体前屈，两臂并肘前迎，两手小指靠近，手掌对着球。当手触球的刹那随球后引并屈肘、屈腕、两臂靠近，将球抱于胸前。

单腿跪撑式接球时，身体正对来球，两脚稍前后开立，一腿弯曲支撑身体重心，另一腿内转跪撑，小腿内侧接近地面，膝盖靠近前脚脚踵，上体前屈，两臂下垂，两手小指相对，手掌对准来球前迎，当手触球的刹那，两臂靠近随球后引，屈肘、屈腕将球抱于胸前(图6－4－11)。

图 6－4－11

(2)接平直球：身体正对来球，两脚左右开立，两臂微曲前伸，手指张开，拇指相对。手掌对准来球，当手触球时，两臂顺势后引，转腕将球抱于胸前。

(3)接高球：两臂上伸迎球，手指张开，拇指相对成八字形，当球触手时，两臂顺势屈肘后引，转腕将球抱于胸前(图 6－4－12)。

图 6－4－12

5. 扑球

倒地扑侧面球时，右(左)脚迅速蹬地，左(右)腿向左(右)跨出一步，脚着地后，接着以小腿、大腿、臀部、上体和手臂的侧面依次着地，同时两臂向前伸出，左(右)手掌正对来球，另一只手在其上方，两手腕稍向内屈，触球后把球收回至胸前，然后站起(图 6－4－13)。

图 6－4－13

鱼跃扑侧面地滚球时，两膝弯曲，重心下降，在身体向扑球方向侧倒的同时，同侧脚用力蹬地跃出，挺胸使身体展开，两臂快速伸出，两手指展开，手掌对球，向球扑去，以两手按球，前臂、肘、肩部、上体、臀部、大腿、小腿侧面依次着地，并以屈肘、扣腕的连续动作将球抱于胸前，同时屈膝团身，站起。

6. 拳击球和托球

当遇到迅疾而有力的高球，球门附近又比较混乱的情况时，守门员没有把握将球接稳，或者有可能受到对方猛烈的冲撞，为了避免接球脱手，常采用拳击球和托球的方法，把球处理掉。

单拳击球时，屈肘握拳于肩前，身体跳起接近来球，在击球前的刹那，快速冲拳，以拳面将球击向预定目标。

双拳击球时，两臂屈肘握拳于胸前，两拳靠拢，拳心相对，当跳起接近最高点至触球的一刹那，两拳同时快速冲出，用拳面将球击向预定目标。

托球时，跳起后全身伸展成背弓，一臂快速上伸，掌心向上，用手掌前部或手指用力将球向后上方托起，使球越过门梁。

7. 掷球

单手肩上掷球时，两脚前后开立，两膝弯曲，单手持球屈臂于肩上，持球手臂后引，同时身体侧转，重心移到后脚上，利用后脚蹬地、转体和挥臂甩腕的力量将球掷向预定目标。

单手低手掷球时，两脚前后开立、两膝弯曲，单手持球于体侧，持球手臂后引，手腕前屈，同时身体侧转成侧前屈，重心移到后脚上，利用后脚蹬地、向前摆臂、展腕和手指拨球的力量，将球掷向预定目标。

勾手掷球时，两脚前后开立，身体侧对出球方向，单手持球后引，臂微屈，同时重心移到后脚上，接着后脚用力蹬地，转体，重心移向前脚，持球手臂由后经体侧沿弧线摆至肩上时，手指和手腕用力将球掷向预定目标（图 6－4－14）。

图 6－4－14

8. 抛踢球

抛踢球是守门员直接将自抛的下落球或反弹球踢给同队队员的踢球方法，这两种踢球技术与脚背正面踢球基本相同，但由于要踢得远，故脚触球的部位一般为球的后下部。

二、足球运动战术

足球比赛是由攻守这一对矛盾所组成，因此足球战术可以分为进攻和防守两大系统。在进攻和防守战术中都包含着个人和集体战术，因而其又可分为个人战术、局部战术和全队战术。

(一)个人战术

1. 摆脱与跑位

摆脱对手紧逼的方法可以采用突然起动、冲刺跑、急停、突然变向、变速和假动作等。跑位是指有目的的跑位，跑向有利位置或空当。

2. 运球过人

它是进攻战术中一种极为重要的个人战术。运球过人是调动、扰乱对方防线，造成以多打少，觅得传球空当，突破密集防守，获得射门机会的有效手段。

(二)二三人的局部战术

二三人的传球配合是集体配合的基础，在任何场区都可能出现。在进攻时，有两人之间的传切配合、直传斜插二过一、回传反切等战术；在防守时，有二至三人的保护、补位、围抢等战术。

(三)全队战术

全队战术是由个人战术及局部战术所组成，全队战术的具体打法千变万化，大致可将其归纳为两类：边路进攻和中路进攻。一次完整的进攻都由发动、发展和结束三个阶段组成。发动阶段：有两种方式发动进攻。一种是快速反击，另一种是逐步推进。发展阶段：一般指中场附近到对方罚球区附近的进攻，通过中场要快，即发展阶段不要过多的横、回传。通过前方队员的交叉跑动而出现空当时，应立即将球传向空位，或自己快速运球突破，把球推向对方门前。结束阶段：一般指在对方球门 30 m 左右的进攻，这阶段的进攻拼抢激烈，防守人数众多，逼得又紧。所以，结束阶段的进攻要有快速、突然的特点，并要有一点冒险精神。

1. 边路进攻

在对方半场两侧地区发展的进攻称边路进攻。一般是快速下底传中或回扣传中，中间包抄射门或跟进射门。

2. 中路进攻

在对方半场中间地带发展的进攻称中路进攻。罚球区外的远射是破密集防守的最好方法。

三、足球运动主要规则

(一)球场

球场必须是长方形，在长 90 ~ 120 m、宽 45 ~ 90 m 的范围均可。国际比赛的球场长为 100 ~ 110 m，宽为 64 ~ 75 m。基层比赛场地可因地制宜，但边线必须长于端线，场内各区域尺寸不应变。国际足联曾规定世界杯决赛阶段的比赛场地长为 105 m、宽为 68 m，比赛不能在人造草皮上进行。场地各线宽度不超过 12 cm(球门线的宽度必须与球门柱宽度相等)，边线与球门线应包括在场地面积之内，其他各线宽度亦应包括在该区域面积之内(图 6 - 4 - 15)。

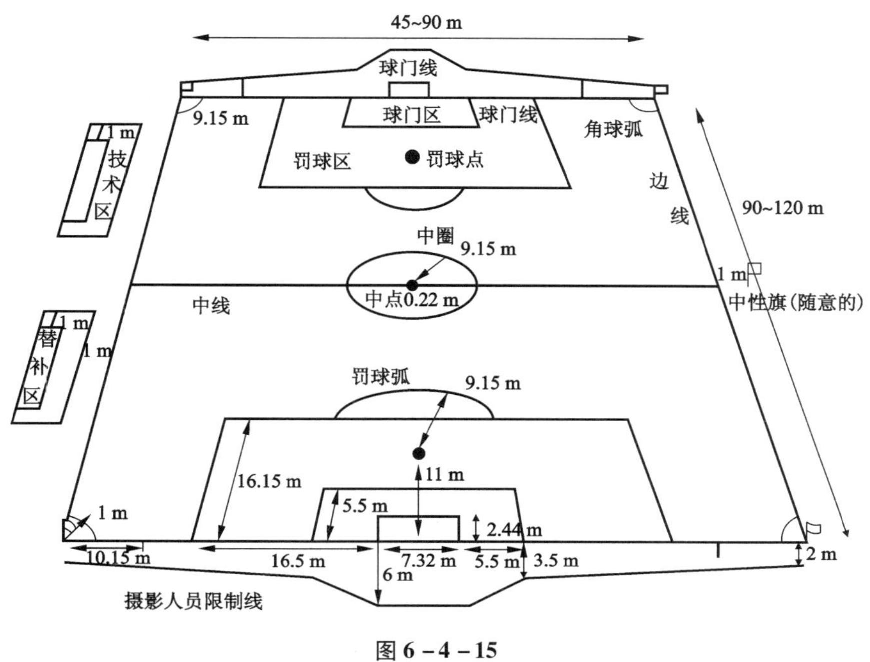

图 6－4－15

(二)球

球用皮革或其他适当的材料制成，在国际足联和国际联合会主办的比赛中，所使用的球必须有下列三种标志之一：正式的“国际足联批准”标志，正式的“国际足联监制”标志，经证明的“国际比赛球标准”。球的周长为 68～70 cm 之间；球的重量在比赛开始时不少于 410 g，不多于 450 g；球的压力为 0.6～1.1 个大气压(世界杯赛一般采用 0.9 个大气压)。

(三)队员人数

每队参赛人员为 11 人，其中 1 人必须为守门员。正式比赛提名替补队员为 7 人，但最多可以替换 3 人，位置不限。被替换下场的队员不可以在本场比赛中重新上场。

(四)队员装备

队员不得使用或佩戴可能危及自己及其他队员的装备或任何物件。运动员必需的装备是运动上衣、短裤、护袜、护腿板和足球鞋。上衣号码与短裤号码必须一致，队员之间不得重号，守门员服装颜色应区别于其他队员和裁判员，助理裁判员、队长必须佩戴袖标。

(五)比赛时间

正式比赛时间为 90 min，上、下半场各 45 min，除经裁判员同意外，中场休息时间不得超过 15 min。如规程规定有加时赛，则再进行 30 min 的决胜期比赛，每半场 15 min，中间立即交换场地不再休息。如果采用“金球制胜”法，则在 30 min 内，先进球队为胜，比赛立即结束。若决胜局双方仍平局，以踢球点球方式决胜负。

（六）越位

1. 处于越位位置的条件

处于越位位置的条件有三个：①在对方半场内；②球更接近于对方球门线；③在该队员与对方球门线之间，对方队员不足两人。上述三个条件中，若缺少任何一个，队员均不属于处于越位位置。

2. 判断

判断是否处于越位位置的时间是同队队员踢或触球的一瞬间，而不是该队员得球的一瞬间。

3. 越位犯规

处于越位位置的队员，在同队队员踢或触及球的一瞬间，裁判员认为其有下列情况时才被列为越位犯规：①干扰比赛；②干扰对方；③利用越位位置获得利益。

位置是前提，触球瞬间是判断的时机，行为和效果是构成越位犯规的依据。

（七）任意球

1. 直接任意球

如果队员违反下列十条中任何一条，将判给对方踢直接任意球：①踢或企图踢对方队员；②绊摔或企图绊摔对方队员；③跳向对方队员；④冲撞对方队员；⑤打或企图打对方队员；⑥推对方队员；⑦为了得到对球的控制而抢截对方队员时，在触球前触碰到对方队员；⑧拉扯对方队员；⑨向对方队员吐口水；⑩故意手球（不包括守门员在本方罚球区）。

2. 间接任意球

不能直接射门得分，必须经场上其他队员触及后进入球门内才算进一球（直接射入对方球门，由对方踢球门球）。如果守门员在本方罚球区内违反下列五种犯规中的任何一种，都将判给对方踢间接任意球：①当手控制球时，在发出球之前持球超过6s；②在发出球之后未经其他队员触及、再次用手触球；③用手触及同队队员故意踢给他的球；④用手触及同队队员直接掷入的界外球；⑤裁判员认为，队员有下列任何一种情况的：动作具有危险性；阻挡对方队员；阻挡对方守门员从其手中发球。

另外，如果队员在比赛中被判有开球、球门球、角球、界外球、任意球、越位犯规，也将在犯规地点以间接任意球恢复比赛。

（八）掷界外球

比赛进行中，当球的整体从地面或空中越过边线时即为球出界。此后，应由出界前最后触球队员的对方队员在球出界外边线外1 m范围内，站立将球掷向场内任何方向。球一进场，比赛即为开始。

（九）球门球

队员将球的整体从空中或地面踢出对方球门线（不属于进球得分）时，由对方在球门区内任何一点踢球门球。踢球门球时，对方队员应退出罚球区。

（十）角球

比赛中，队员将球的整体由地面或空中踢出本方球门线（不属于进球得分）时，由对方在出界一边的角球弧内踢角球。角球可以直接射入对方球门得分。

第五节 乒乓球

乒乓球运动始于英国，是由网球运动派生而来的。1926年，欧洲许多国家成立了乒乓球协会，同年举办了第一届乒乓球锦标赛，当时定为每年举行一届。从1957年开始，乒乓球锦标赛改为两年举行一届，比赛项目设男、女团体赛，男、女单打，男、女双打，混合双打共七项。

一、乒乓球运动技术

(一)握拍法

1. 直拍握法

食指的第二指节和拇指第一指节按压拍肩，其余三指自然弯曲重叠，中指的第一指节托住球拍背面。

2. 横拍握法

中指、无名指和小指握住拍柄，虎口部贴拍肩，食指伸直，斜放于球拍背面，拇指在球拍正面。

3. 握拍常见的错误及纠正方法

(1)握拍时虎口角度过大、过小，或太深、太浅，都会影响手腕动作的灵活性和击球的发力。让学生反复体会握拍手的虎口与拍肩的位置的方法并予以纠正。

(2)直握拍还容易出现三个手指呈扇形顶拍背面的现象，如不及时纠正会影响学生掌握反手推挡技术。让学生注意中指第一指握拍不要过紧或过松。过紧会使手腕僵硬，影响击球时的弧线调节，过松则会因拍面摇动而影响发力和击球的准确性。

(二)步法

步法是乒乓球技术中的重要组成部分。步法的灵活与否将直接影响击球质量，还影响技术水平的提高。乒乓球运动中的步法主要有：单步、跨步、跳步、并步、交叉步和侧身步六种。

(三)发球与接发球

1. 发球技术

(1)平击发球。平击发球一般不带旋转，它是最基本的发球方法，也是掌握其他复杂发球方法的基础。

动作要点：

①将球置于掌心，手掌伸平，然后将球抛起。

②向前挥拍时，拍形稍前倾，击球中上部。

③击球后的第一落点应在球台的中区。

(2)反手发急球。这种发球方式球速快、弧线低、前冲力大。以攻为主的运动员用这种发球法易发挥速度上的优势。

动作要点：

①抛球后，球降至约与网同高时击球。

②击球时，拍形稍前倾，击球中部，同时手臂向前迅速挥拍。

③发球的第一落点要靠近端线。

(3)反手发侧上(下)旋球。这种发球方式使球向右侧上(下)方旋转加强，对方挡球后，球会向左侧上(下)方反弹。

动作要点：

①击球前，拍形稍向右倾斜，前臂和手腕由左向右挥动。

②击球时，拍从球的正中部向右侧下摩擦击出的球是右侧下旋球；拍从球的正中部向右侧上摩擦击出的球是右侧上旋球。

③发球的第一落点要靠近端线。

(4)正手发左侧上(下)旋球。这种发球方式球速一般不快，左侧上(下)旋转力较强，对方挡球后，球向其右侧上(下)方反弹。

动作要点：

①击球前，拍形稍向左偏斜，前臂和手腕由右向左挥动。

②击球时，拍从球的正中部向左上摩擦击出的球为左侧上旋球；发左侧下旋球，拍稍后仰从球的中下部向左侧下摩擦。

(5)正(反)手发转球与不转球。这种发球方式球速较慢，前冲力小，主要是发球手法接近，以旋转变化来迷惑对方，使其回接困难。球转与不转的区别，在于拍触球的刹那间变化拍形的角度。

动作要点：

①抛球不宜过高，发球前手腕和前臂放松；击球时向前下方摩擦用力。

②发转球时，拍稍后仰，从中下部向底部摩擦；发不转球，拍减少后仰角度，并稍加前推的力量。

(6)发短球。这种发球方式击球动作小，出手快，球落于对方球台后的第二落点不出台。发短球可以牵制对方，使对方不易发力还击。

动作要点：

①抛球不要太高，等球下降时击球。

②击球时，手腕和前臂要敢于摩擦发力，手腕的力量要多于前臂的力量。击出球的第一落点应在本方球台近网处。

(7)正手高抛发球。这种发球方式把球高抛，可以迷惑对方。发球时，利用球下降的速度可使发出的球速度快、旋转强、变化多。

动作要点：

①球要抛得高且直，击球前，手腕和手臂要放松。

②击球点在台偏右 15 cm 左右，击球时靠手腕发力。

③发侧上旋时，在触球的刹那手腕迅速上勾，摩擦球的中部或中侧部；发侧下旋球要集中摩擦球的中下部，发球动作与发侧上旋相似，使对方不易判断。

(8)下蹲式发球。利用下蹲动作可发出旋转多变的球，使对方难以判断，为进攻创造机会，这种发球多用于横拍选手。

动作要点：

①将球抛起后，迅速半蹲，发完立即站起准备打下一板球。

②击球时间是等抛起的球下降到比网稍高时，不能过早或过晚。

③发左(右)侧上(下)旋球时，拍要快速做半圆弧形摩擦的动作。

2. 接发球技术

接发球的方法很多，既可用搓、削、推、摆、撇等方法去对付，也可用点、拨、攻、拉等方法去抢攻。因此，只有全面地掌握各种接发球技术，才能在比赛中变被动为主动。

(1)观察对方发球的位置来确定自己的站位，观察对方发球时摆臂振幅的大小和手腕用力的程度来推断来球落点的远近和旋转的强弱。

(2)接台内短球时，多用手腕、手指的突然发力进行点、拨、摆、撇、搓等。

(3)接长球、快球时，可多用前臂的力量进行快带、借力挡、发力攻、发力拉等。

(四)推挡球

推挡球可分为挡球、快推、加力推、减力挡以及推下旋球等技术。

1. 挡球

击球前，持拍手臂与台面平行伸向来球。击球时，前臂和手腕向前移动，借助对方来球的反弹力，击上升期球的中部将球挡回。击球后，迅速还原。

2. 快推

击球前，持球手臂和肘内收，前臂略外旋。击球时，前臂向前推出，食指压拍肩，拇指放松，使拍形前倾。在来球上升期击球的中部，将球快推过去。击球后，手臂迅速收回、还原。

3. 加力推

加力推的击球时间比快推稍慢一些。击球前，前臂后收，使球拍略提高一些，击球时，调整好拍形角度，中指顶紧拍背，在上升后期或高点期击球中上部。然后手臂迅速还原。

4. 减力挡

击球前，不引拍，稍屈前臂，拍面稍前倾。击球时，手臂向前移动的同时身体重心略升高，拍面高于来球。在触球瞬间，手臂前移动作骤然停止，并带有稍向后收的动作，在球的上升期击球的中上部。击球后，迅速还原。

5. 推下旋

击球前，拇指压拍肩，使拍面稍后仰。击球时，前臂向前下方发力，在高点期击球中下部。

(五)攻球

攻球技术可分为正手攻球和反手攻球两大类。每一类中，通常又分为快攻、中远台攻、快拉、突击、快拨、扣杀和滑拍。

1. 正手攻球技术

(1)正手快攻：左脚稍前，身体离台约 30 cm，持拍手在身体右侧引拍，由体侧向前上方挥出，挥至前额，手腕内扣，使拍面稍前倾，在上升期或高点期击球的中上部。击球后迅速还原放松。

(2)正手远台攻：左脚稍前，身体离球台 1 m，持拍手向右后方引拍，拍面稍后仰。击球时，上臂带动前臂在腰、肩、腿的配合下向前上方挥拍，手腕随挥拍逐渐使拍面前倾，在下降前期击球的中部，同时上体左转，重心由右脚移至左脚。击球后迅速还原放松。

(3)正手快拉：左脚稍前，身体离台 40 cm 左右。击球前，身体重心略下降，前臂下沉，拍面近似垂直。触球瞬间，手腕稍内旋，前臂加速用力向左上方提拉摩擦球体，在下降前期击球，摩擦球的中下部。击球后迅速还原放松。

(4)正手突击：身体离台30 cm以内。击球前，持拍手上臂贴近身体，前臂在转腰的同时稍后引。击球时，前臂配合手腕突然发力，在球的高点期击球的中下部。击球后迅速还原放松。

(5)正手快拨：身体贴近球台，右脚向右前方上步的同时，前臂伸入台内。击球前，前臂和手腕充分放松。击球时，根据不同性质的来球靠手腕向前上方转动发力将球击出，在球的最高点期击球的中上部(上旋球)或中下部(下旋球)。击球后身体迅速还原。

(6)滑拍：重心在左脚，手臂自然弯曲，击球前，球拍位于身体右侧成半横状。击球时，手臂由右向左移动，在高点期击球左侧面，触球时手腕外展顺势向左滑使球左旋，将球击到对方的左角。

2. 反手攻球技术

(1)反手快攻：右脚稍前，身体离球台约40 cm。击球前，持拍手向身前左侧引臂，前臂上提，拍面稍前倾，略高于来球。击球时，以肘关节为轴，前臂快速向右前上方发力，腰肩随之转动，在高点期击球的中上部。

(2)反手快拨：动作方法和特点基本同“反手快攻”，唯动作幅度更小些。

(3)反手快拉:击球前，重心略下降，持拍手肘部下沉，拍面稍后仰。击球时，前臂配合手腕随势转动拍面，快速迎前向上发力，在下降期前段击球的中下部。

(4)反手扣杀：右脚稍前，击球前，上体向左转动，持拍手尽可能向左后方引拍。击球时，手臂在身前横摆，配合腰部力量，向前下发力，在高点期击球的中上部。

(六)弧圈球

弧圈球是一种上旋力非常强的进攻技术。弧圈球可分为加转(高吊)弧圈球、前冲弧圈球和侧旋弧圈球。

1. 正手加转(高吊)弧圈球

击球前，左脚稍前，两膝微屈，重心放在右脚上，右肩低于左肩，持拍手自然下垂，球拍引至身后侧下方，手腕固定，拍面稍前倾(75°～80°)。击球时，手臂向上前方挥摆的过程中，前臂用力快攻，腰部随之向左上方转动，在下降期擦击球的中部偏上。击球后重心移至左脚，然后迅速还原放松。

2. 正手前冲弧圈球

击球前，持拍手引至腰部右侧与台面同高，手腕相对固定，拍面前倾30°～45°。击球时，上臂带动前臂向左前方挥拍，上体随势转动，触球瞬间，手腕略微转动发力，在高点期擦击球的中上部直至顶部。击球后，迅速还原放松。

3. 正手侧旋弧圈球

击球前，持拍手向右后方引拍，手腕内屈、固定。击球时，上臂带动前臂由右侧后方向左前上方挥出，上体随势向内扭转，在下降前期擦击球的右侧中部偏下。击球后，身体迅速还原放松。

4. 反手弧圈球

击球前将拍引至下腹部，拍形前倾。当球弹起时，以肘为轴，前臂迅速向上挥动，结合手腕向上转动的力量，在下降期摩擦球的中部或中上部，在击球过程中，两腿向上蹬伸。

(七)搓球

搓球技术分快搓、慢搓、搓侧旋等几种，每一种又包括正手和反手两方面。

1. 快搓

搓球前，拍面稍后仰，球拍置于身前。搓球时，手臂迅速前伸迎球，手臂向前下方用力，在上升期搓球的中下部或底部。

2. 慢搓

搓球前，拍面稍后仰。搓球时，身体迎前动作较小，手臂向前下方用力，在下降期搓球，击球的中下部或底部。

3. 搓侧旋

搓球前，球拍先迎前。搓球时，手臂向左发力摩擦球的同时，手腕用力，在球的高点期或下降前期搓球中下部。

(八)削球

削球技术种类很多，总的分为正手削球与反手削球两大部分。

1. 正手削球

左脚稍前，身体离球台 100 cm 以外。击球前，手臂自然弯曲，将球拍向右上引至与肩同高，重心放在右脚上。击球时，手臂向左前下方挥动，拍形稍后仰，在下降期击球的中下部，同时手腕向下用力。击球后，球拍随势前送，重心移到左脚，然后迅速还原。

2. 反手削球

击球前，右脚稍前，手臂弯曲，球拍向左上方引至与肩同高，拍柄向下，重心放在左脚上。击球时，手臂向右前下方挥动，拍面后仰，在下降期击球中下部，同时前臂与手腕加速削击来球。击球后，重心移到右脚。

(九)结合技术

凡将两种或两种以上单项技术结合起来运用的，统称为结合技术。

1. 推挡侧身攻

推挡侧身攻由推挡和侧身正手攻球组成。推挡后，左脚先向左跨一步，腰部向左侧移动，随后右脚向左后方移动，形成一个侧身位置。侧身攻球时，拍面稍前倾，充分发挥腰部转动和腿部的力量，在高点期击球的中下部。

2. 左推右攻

左推右攻即一方攻击两角，另一方以反手推挡和正手攻球结合起来进行回击。推挡后，转入正手攻球时，左脚蹬地，右脚迅速向前方尽量跨出一大步，左脚立即跟上一大步进行攻球。击球时，拍面稍前倾，在上升期击球的中上部。

3. 推挡侧身攻后扑右方(推侧扑)

推挡侧身攻后扑右方由推挡、侧身攻和移动中正手攻这三个单项技术组成。推挡侧身攻后，迅速向右做交叉步移动，在脚着地的同时，腰部左转并带动手臂向前挥击，在高点期击球的中上部，击球的同时，右脚迅速向右移动。

4. 搓中起板(搓中突击)

搓中起板由搓球和正手攻球这两个单项技术组成。搓中起板速度快、距离短，富有突然性。

(1)来球若不转，击球时拍面稍前倾，以手臂向前发力为主，在高点期击球的中部或中上部，拍比球要稍低。

(2)来球是下旋球时，击球时拍面可与台面近乎垂直，在高点期击球的中下部，拍比球要略低些。来球下旋越强，手臂向上挥击的力量就越大。

5. 削中反攻

削中反攻是由削球和攻球组成的。当削球转入反攻时，身体重心迅速转换。在远台反攻时，拍面要稍前倾，以手臂向前发力为主，拍面要固定，在高点期击球。

(十)双打

双打的特点(规则)：乒乓球台中央有一条 3 cm 宽的中线，把球台分成左右均等的两个半台，其右半台，即为双打的发球区，发球后，每一方均轮流还击，否则判失分。

双打中易犯错误与纠正方法如下：

(1)双打中两人走位乱，易出现影响同伴的视线、妨碍同伴还击、不利于本人下次还击的现象。采用有选择地指定有利于他们技术发挥的脚步移动路线的方法予以纠正。

(2)发球不严密，接发球身体不到位，易出现被攻和让位不及时等现象。采用多球练习的方法予以纠正。

二、乒乓球运动战术

乒乓球运动战术，主要是指在比赛中根据对方的类型打法及技术特点而采用各种技术的原则和方法。乒乓球各类型打法的战术是多种多样的。归纳起来，大致可分为以下几类：发球抢攻战术、对攻战术、搓攻战术、削中反攻战术和接发球战术。但由于各类型打法和个人技术风格以及作战对象不同，因而在运用战术的具体方法上也各不相同。

1. 发球抢攻战术

(1)快攻类。

①对付快攻打法的战术：反手发侧上、下旋球至对方中路偏右近网处，配合发大角度长球，伺机抢攻。

②对付弧圈球打法的战术：正手发转与不转球至对方右角或中路近网处，配合发长球至对手左方，伺机抢攻。

③对付削球打法的战术：正手发右侧上旋急球至对方右大角或中路，配合发直线近网短球或长球，伺机抢攻。

(2)弧圈类。

①对付快攻打法的战术：反手发右侧上、下旋短球至对方正手中路，结合发强烈上、下旋球至两角后抢拉或抢冲。

②对付弧圈打法的战术：侧身或正手发高、低抛左侧上、下旋球至对方正手近网处，配合底线侧上旋球，伺机抢攻。

③对付削球打法的战术：正手或侧身发转与不转球至对方正手中路近网处，配合发侧上、下旋底线长球后抢拉或抢冲。

(3)削攻类。

①对付快攻打法的战术：正手或侧身发高、低抛左侧上、下旋球至对方反手短路或刚出台处，然后抢攻或抢冲其中路或反手。

②对付弧圈打法的战术：正手发转与不转球至对方正手中路近网处，然后抢攻或抢冲其中路或反手。

③对付削球打法的战术：正手发下蹲或左、右侧上、下旋转至对方中路，然后抢攻。

2. 对攻和拉攻战术

(1)快攻类。

①对付快攻打法的战术：紧压反手，结合变线，伺机抢攻。

②对付弧圈打法的战术：加、减力推压对方中路或反手，伺机抢攻。

③对付削球打法的战术：连续拉对方反手后，突击中路或直线，然后扣杀两大角。

(2)弧圈类。

①对付快攻打法的战术：运用高吊弧圈，拉住对方反手后，找机会抢冲对方正手位。

②对付削球打法的战术：拉不同旋转和长、短落点的弧圈球后，伺机冲、扣中路或反手。

3. 搓攻战术

(1)快攻类。

①对付快攻打法的战术：快搓加转长球为主，结合搓转与不转短球至对方反手，伺机突击或抢先拉起。

②对付弧圈打法的战术：快搓转与不转短球为主，结合突然搓对方反手底线长球，找机会“快点”或抢攻。

③对付削球打法的战术：快搓转与不转球至不同落点，伺机突击中路或两大角。

(2)弧圈类。

①对付快攻打法的战术：搓加转短球结合搓加转底线两角长球后，伺机拉高吊或前冲弧圈至对方中路或正手位。

②对付弧圈打法的战术：搓转与不转短球结合快搓加转底线反手长球后，伺机拉高吊或前冲弧圈至对方中路或反手位。

③对付削球打法的战术：以搓对方反手、中路为主，结合搓正手台内短球后，伺机拉高吊或前冲弧圈球至对方中路或反手位。

(3)削攻类。

①对付快攻打法的战术：搓加转球至对方反手大角后，攻对方中路、正手。配合搓变对方正手后，攻打对方的反手、中路。

②对付弧圈打法的战术：快搓不同旋转和落点，突然搓加转长球至对方反手底线后，伺机突击或拉弧圈球。

③对付削球打法的战术：“轮换发球法”战术。

4. 接发球战术

(1)快攻类。

①对付快攻打法的战术：用正手撇一板或“快点”对方反手位，配合突然变正手与中路。

②对付弧圈打法的战术：用快搓短球为主结合快搓底线长球控制对方，然后抢先拉起或突击。

③对付削球打法的战术：接发球抢拉或抢冲。

(2)削攻类。

①对付快攻打法的战术：用加转搓球至对方反手大角，配合送转与不转长球至对方正手。

②对付弧圈打法的战术：用快搓或供球控制对方两角后，伺机进攻或后退削球。

③对付削球打法的战术：用快拨或接发球抢拉后，再退后削球，形成相持局面。

三、乒乓球运动竞赛规则简介

(一)场地和器材

球为黄色(或白色)，直径为38 mm，重2.5 g，由赛璐珞或类似的塑料制成。球拍的大小、形状或重量不限，底板厚度至少应有80%的天然木料。球台应为与水平面平行的长方形，长2.74 m，宽1.525 m，离地面高76 cm。球台四边应有一条2 cm宽的白线。双打时，各台区应由一条3 mm宽的白色中线划分为两个相等的“半区”。

(二)乒乓球竞赛通则

1. 相关定义

(1)握在手中的球拍或持拍手手腕以下部分触球叫作“击球”。

(2)对方击球后，球尚未触及本方台区，本方运动员即行击球叫作“拦击”。

(3)对方击球后，处于比赛状态的球尚未触及本方台区也未越过台面或其端线，即触及本方运动员或其穿带的任何物品，叫作“阻挡”。

2. 合法发球

(1)发球时，球应放在不持拍手的掌上，手掌张开、伸平，球应是静止的且在发球的端线之后和比赛台面的水平面之上。

(2)发球员须用手把球几乎垂直地向上抛起，不得使球旋转，并使球在离开不持拍手的手掌之后上升不少于16 cm。

(3)当球从抛起的最高点降落时，发球员方可击球，使球首先触及本方台区，然后越过或绕过球网装置，再触及接发球员的台区。在双打中，球应先后触及发球员和接发球员的右半区。

(4)从抛球前静止的最后一瞬间到击球时，球和球拍应在比赛台面的水平之上。

(5)运动员发球时，有责任让裁判员或副裁判员看清他/她是否按照合法发球的规定发球。

(6)任何时候，只要发球员明显没有按照合法发球的规定发球，他/她就将被判失一分，无须警告。

(7)在运动员发球时，没有击中处于比赛状态的球即失一分。

3. 重发球

出现下述情况应判重发球：

(1)如果合法发出的球越过或绕过球网装置时，触及球网装置或触及球网装置后被接发球员或其同伴拦击或阻挡。

(2)如果接发球员未准备好，球已发出，而且接发球员或其同伴均没有企图击球。

(3)发生了运动员无法控制的干扰，使运动员未能合法发球、合法还击或遵守规则。

(4)由于要纠正发球、接发球次序或方位错误。

(5)由于要实行轮换发球法。

(6)由于警告或处罚运动员。

(7)由于比赛环境受到干扰，以致该回合结果有可能受到影响。

4. 判失一分

回合中出现重发球以外的下列情况，应判失一分：

(1)未能合法发球。

(2)未能合法还击。

(3)拦击或阻挡。

(4)连续两次击球。

(5)用不符合规定的拍面击球。

(6)运动员或其穿戴的任何物品移动了比赛台面。

(7)不持拍手触及比赛台面。

(8)运动员或其穿戴的任何物品触及球网装置。

(9)在双打中，除发球和接发球外，运动员未能按正确的次序击球。

(10)实行轮换发球法时，发球方发出和还击的球，被接发球方连续十三次合法还击。

第六节 羽毛球

一、羽毛球运动简介

现代羽毛球运动始于英国。19 世纪 60 年代，一批退役的英国军官把印度孟买的“普那”(poona，球用圆形硬纸板插上羽毛制成，球拍是木质的，该游戏与羽毛球类似)带回英国。其早期的场地呈葫芦状，中间狭窄处张挂球网进行活动，后来加以改进，发展为现代的羽毛球运动。

羽毛球运动的基本技术易学，不同性别、年龄和身体条件的人都可参加。所需场地不大，设备简单、携带方便，容易被广大群众接受。

经常参加羽毛球运动，既可以锻炼和发展身体素质，加强体能，改善内脏器官的功能，达到锻炼身体、增强体质的目的，又可培养勇敢顽强、灵活机智、果断沉着等优良品质。

二、羽毛球基本技术

(一)握拍法

握拍方法总体分正手握拍法和反手握拍法两种(以下介绍的所有基本技术均以右手握拍者为例，左手持拍者则反之)。

1. 正手握拍法

一切在身体右侧的正手正拍面击球及头顶后场击球都用正手握拍法。

动作要领：先用左手握住球拍的中杠，使拍框与地面垂直。张开右手，使虎口对准拍柄斜棱上的第二条棱线，用近似握手的方法握住拍柄，拇指和食指贴在拍柄两侧的宽面上，其余的三指自然握住拍柄。拍柄与掌心不要握紧，要留有空隙。握拍力度要适宜。

2. 反手握拍法

一切在身体左侧的反手反拍面击球都用反手握拍法。

动作要领：在正手握拍的基础上，将球拍柄稍向外旋，拇指顶贴在拍柄第一斜棱旁的宽面上或可将大拇指放在第一、二斜棱之间的小窄面上，食指稍向下靠。击球时，靠食指以后的三指紧握拍柄，同时拇指前顶发力击球。掌心与拍柄间要留有空隙。

3. 正、反手握拍的练习步骤

(1)让握拍手自由转动拍柄后，按照正确的技术动作要领，由握拍手独立调整完成正手握拍动作或反手握拍动作。

(2)通过反复练习，逐渐过渡到不用肉眼观察、全凭手上的感觉便可正确握拍。

(二)发球

1. 正手发球技术

正手发球是在身体的右侧采用正拍面击球的一种发球方式。正手发球可分为后场高远球、后场平高球、后场平射球和网前小球等不同弧度的球。

(1)正手发后场高远球，此球发得高且远，在对方底线上空垂直下落。

动作要领：两脚自然分开，左脚在前，脚尖对网，右脚在后，脚尖稍向右侧，重心放在右脚上；用左手拇指、食指和中指夹持住羽毛球中部，自然抬举于胸前方；右手正手握拍举至身体的右后侧。击球时，持球手松开，使球自然下落；右手持拍臂自下而上沿半弧形做回环引拍动作，同时转体，当拍挥至身体右侧前下方击球点上的瞬间，前臂迅速内旋带动手腕快速展腕发力，用正拍面将球击出，身体重心随转体动作逐渐由右脚移至左脚。持拍手随击球动作完成后的自然惯性向左上方挥动。

(2)正手发后场平高球。

动作要领：挥拍动作和击球后的动作均与正手发后场高远球相同。击球时以小臂带动手腕发力为主，拍面与地面的夹角小于45°，向前推进击球。

(3)正手发网前小球。正手发网前小球是用正手握拍以正拍面击球，使球轻轻擦网而过，落在对方前发球线附近的一种发球方法。

动作要领：准备姿势、引拍动作和发球后的动作与正手发后场高远球相似。击球时握拍手保持放松，靠手指控制力量：手腕收腕发力，用斜拍面往前推送击球，使球轻轻擦网而过，落入对方前发球区。

2. 反手发球技术

反手发球技术是在身体的左前方用反拍面击球的一种发球方式。

(1)反手发后场平高球。用反手握拍，以反拍面击出同正手发后场平高球飞行弧度一样的球，称为反手发后场平高球。

动作要领：站位靠近前发球线，右脚在前，左脚尖侧后点地，重心放在右脚上；左手拇、中、食指握住球的羽毛处，置于腹前；右手弯曲时稍向上提起，用反手握拍，以反拍面将球拍自然置于腹前持球手的后面，两眼正视前方，呈发球前的准备姿势。左手放球的同时，持拍手前臂内旋，带动手腕展腕由后向前做回环半弧形挥动，击球时屈指收腕发力，用反拍面向前上方将球击出。

(2)反手发网前小球。用反手握拍，以反拍面击出与正手发网前小球飞行弧度一样的球，称为反手发网前小球。

动作要领：准备姿势、引拍动作和击球后的动作均与反手发后场平高球相同。击球时靠手腕和手指控制发球的力量，以斜拍面向前轻轻推送切击球托，使球尽可能低地沿网上方飞过并落入对方前发球线内。

3. 发球的练习步骤

(1)首先学习正手发后场高远球。依照先分解后连贯、从简单到复杂的顺序，按照技术动作的要领做挥拍练习，直至熟练。

(2)用绳拴住球，选择适当的高度将球固定吊好，反复做发球挥拍击球动作练习。

(3)持拍面对墙壁做发球练习，在做该项练习时，既要注意击球的准确性，又要兼顾击球动作的正确性。

(4)在场地上练习发球时要重点注意发球的落点。

(三)接发球

1. 接发球的准备姿势

单打接发球应左脚在前，右脚在后，侧身对网，重心在前脚，后脚脚跟稍提起，收腹含胸，持拍于右身前，两眼注视对方。双打接发球准备姿势基本同单打，但重心可随意放在任何一只脚上，球拍高举在肩上，注意力要高度集中。

2. 接发球方法

接高远球、平高球时，用平高球、吊球或杀球还击；接网前球时，用平高球、高远球、网前球、平推球还击；接平快球时，用平推球、平高球还击。

3. 接发球的练习步骤

(1)在移动中做各种接球动作的徒手练习。

(2)先练习接高远球(一人发，一人接)，再练习接平高球、平快球和网前球。

(四)击球

1. 高空击球技术

高空击球具有击球点高、速度快、力量大、主动性强等优点，是进攻打法最基本的技术。后场高空击球包括正手击球、反手击球和头顶击球。

(1)正手击高远球：判断来球后，侧身后退使球在自己右肩稍前上方的位置，左肩对网，左脚在前，右脚在后，重心在右脚上，左臂屈肘，左手自然高举，右手持拍，手臂自然弯曲，将球拍举在右肩上方。击球时，上臂后引，随之关节上提明显高于肩部，将球拍后引至头后，自然伸腕，以肩为轴，上臂带动前臂快速向前上方甩动手腕，在手臂伸直的最高点击球。击球后，持拍手臂顺惯性往前下方挥动并收拍至体前(图6－6－1)。

图6－6－1

(2)反手击高远球：判断来球后，迅速将身体转向左后方，步法到位后，右脚前交叉跨到左侧底线，背对网，身体重心在右脚上，使球在身体的右肩上方。击球前，由正手握拍迅速换为反手握拍，并持拍于胸前，拍面朝上。击球时，以上臂带动前臂，通过手腕的闪动，自上而下地甩臂将球击出(图6－6－2)。

图6－6－2

(3)头顶击高远球：击球前的准备姿势以及击球动作同正手击高远球基本一致。不同的是头顶击高远球的击球点在左肩上方。准备击球时，侧身(左肩对网)稍左后仰。击球时，上臂带动小臂使球绕过头顶，从左上方向前加速挥动，用力击球时，注意发挥手腕的爆发力，充分利用蹬地以及收腹的力量。

(4)正手吊球：击球前期动作同正手击高远球。击球时，拍面正面向内倾斜，手腕做快速切削下压动作。若劈吊斜线球，则球拍切削球托的右侧，并向左下方发力；若劈吊直线，则拍面正对前方，向前下方切削。

(5)正手杀球：击球前的准备姿势和击球动作与正手击高远球基本一样。不同的是最后用力的方向朝下，而且要充分利用蹬地、转体、收腹以及手臂和手腕的爆发力将球向下击出。

2. 网前击球技术

前场击球技术包括网前的放、搓、推、勾球等。准备姿势：侧身对网，右脚跨步呈弓箭步，左脚在后自然拉开，上体略有前倾，右手持拍前伸约与肩平，肘关节微屈。

(1)搓球：击球时，拍面稍前倾，利用手腕和手指的力量向前“切削”球托底部或向后“提拉”，使球击出后旋转或滚动过网。搓球一般在对方来球较靠近网上时运用。正反手搓球除握拍不同外，其他要领相同(图6－6－3、图6－6－4)。

图6－6－3　　　　图6－6－4

(2)放网前球：击球时，拍面稍朝前下方倾斜，前臂带动手腕和手指用前送动作击球托底部。正反手搓球除握拍不同外，其他要领相同。

(3)正手勾对角球：在网前把来球回击到对角线网前叫勾对角球。击球时，拍面斜向对方右(左)网前。正手勾对角线时击球托的右侧，手腕和手指带动球拍向左内勾动；反手勾对角时，击球托的左侧，同时向右内勾动。

(4)推球：在网上将来球用较平的弧线快速推到对方场区底线叫推球。击球时，拍面前倾几乎与网平行。利用前臂带动手腕和手指的快速"闪动"将球击出。正手推球多用食指力量，反手推球多用拇指的力量。

3. 下手击球技术

下手击球技术一般是在防守时所采用的击球技术，下手击球有底线抽球、挑球等。

(1)正手底线抽球：右脚先向右后场区迈一小步，身体也随之转向右后方，左脚用并步或交叉步向右后场移动一步，右脚再向右后场跨一大步并成弓箭步，重心在右脚上。在移动的同时，持拍臂往右后方拉，拍面稍后仰，击球时，以躯干为竖轴，作半圆式挥拍击球。

(2)反手底线抽球：右脚先向左脚靠一小步，然后左脚向左后场跨一步，右脚向左后场跨一大步，身体重心在右脚上。击球前背朝网，上臂往左后方拉，击球时利用上臂带动前臂及手腕向左后方的前上方发力并利用蹬地、转腰的力量将球击出。

(3)挑球：把对方来的吊球或网前球还击到对方后场去叫挑球。正手挑球时，以肘关节为轴，伸拍向前并以前臂带动手腕由下向上挥动。反手挑球时，以反手握拍法握拍，击球时，肘关节稍抬高，并以肘关节为轴，前臂带动手腕由下向上挥动。

4. 击球的练习步骤

(1)按动作要领反复做各种击球动作的徒手练习。

(2)向前上方投掷羽毛球，体会正手击高远球技术。

(3)两人用球做原地定点练习，再做前后移动定点练习。

(4)变动方向做反手高远球的定点练习。

三、羽毛球基本步法

羽毛球步法是指在大约35 m^2 的方形场地上，进行快速、合理并又有一定规律的上网、后退和两侧移动的方法。通常将羽毛球步法划分为上网步法、后退步法、两侧移动步法三种。

(一)上网步法

准备姿势：站位取中心位置，两脚左右开立(稍有前后)，约同肩宽，两膝微曲，两脚前脚掌着地，后脚跟稍提起并左右微动；上体稍前倾，右手持拍于体前，两眼注视对方的来球。

1. 跨步上网

判断来球后，左脚掌内侧用力蹬地并侧身向来球方向迈出，接着右脚也向前迈一大步，以脚掌外侧和脚跟先落地，再过渡到前脚掌，右膝关节弯曲并呈弓箭步。紧接左脚自然地向前脚着地方向靠上小半步。击球后，右脚蹬地，用小步、交叉步或并步回到中心位置。

2. 垫步或交叉步上网

判断来球后，右脚先迈出一小步，左脚立即向右脚垫一小步掌(或从右脚后交叉迈出一小步)，左脚着地后，脚内侧用力蹬地，右脚再向网前跨一大步，呈弓箭步，身体重心在前脚。击球后，前脚朝后蹬地，小步、交叉步或并步退回到中心位置。

3. 蹬跳上网

在预先判断来球后，站位稍靠前，对方一有打网前球的意图，右脚稍向前，刚一点地便起蹬侧身扑向网前。

(二)后退步法

包括右后场区后退步法和左后场区后退步法。右后场区后退步法主要是正手的后退步法；左后场区后退步法包括头顶后退步法和反手后退步法。不论是哪种后退步法，其移动前的准备动作和站位皆同上网步法。

1. 正手后退步法

正手后退步法有并步和交叉步两种。判断来球后，先调整重心至右脚，然后右脚蹬地并迅速向右后撤一小步，同时上体右转，左肩对网，接着，左脚用并步靠近右脚(或从右脚交叉后撤一步)，右脚再向后移至来球位置。在移动的同时，必须完成挥拍击球前的预备动作，待球在右肩上方下落时，做正手原地或起跳击球。

2. 头顶后退步法

头顶后退步法是对方来球向左后场区，用头顶击球技术还击时所采用的后退步法。头顶后退步法也可用并步或交叉步移动后退。判断来球后，右脚蹬地撤向左后方，同时，髋关节及上体向右后方转动，且稍有后仰。接着，左脚用并步或交叉步后撤，右脚再退至来球位置，用头顶击球技术击球。

3. 反手后退步法

根据离球距离的远近来调整移动步子。离球较近，可采用两步后退步法。一种是左脚先向左后方撤一步，接着，上体左转，右脚向左后方跨一步，背对网；另一种是右脚先向左脚并一步，然后，左脚向左后方跨一步，同时上体左转，右肩对网做反手击球。

四、羽毛球战术

(一)单打战术

发球抢攻战术：从发球的第一拍起，争取控制对方，以攻杀得分。这种战术，一般为发网前低球结合平快球、平高球，争取第三拍的主动进攻。用这种战术对付应变能力较差的对手，或实施于比赛的关键时刻，效果往往很好。

攻后场战术：此战术通过击高球、重复压对方的底线两角，造成对方的被动，然后寻找机会进攻。用它来对付初学者、后场还击能力较差的对手、后退步子较慢的对手以及急于上网的对手是很有效的。

攻前场战术：对网前技术较差的对手，可运用此战术先将其吸引到网前，然后再攻击其后场。

打四方球战术：若对手步子较慢、体力较差、技术不全面，可以快速准确地落点攻击对方场区的四个角落，寻找机会向空当进攻。此战术的主要目的是通过打落点，逼迫对方前后奔跑、被动应付，并在其回球质量下降或露出破绽时乘虚而入。

杀、吊上网战术：对对手打来的后场高球，本方先以杀球配合吊球把球下压，落点选在场区的两条边线附近，致使对手被动回球。若对手回网前球，本方迅速上网搓球、勾对角球或平推球，创造在中场大力扣杀的机会。

打对角线战术：对身体灵活性差、转体较慢的对手，不论是进攻还是防守，均应以打对角线球为主。这样，对方因移动困难而被动，为本方创造进攻机会。

(二)双打战术

1. 攻人战术

集中攻击对方中有明显弱点的人，并伺机攻击另一人因疏忽而露出的空当，或对此人偷袭。双打比赛中的配对选手的技术，一般总有一人好，另一人稍差些。即便两人水平相差不多，但若能集中力量攻击其中一人，也可给其造成很大的心理压力，从而使其出现失误。

2. 攻中路战术

当对方分边站位防守时，将球击在对方两人的中间；当对方前后站位时，可将球下压或平推至两边半场。这样可使对方防守时因互相争抢或礼让而出现失误。

3. 攻后场战术

当对方扣杀能力差时，本方可采用平高球、推平球、接杀挑底线，把对方一人紧逼在底线两角移动。当对方被动还击时，则抓住机会大力扣杀。如另一对手后退支援，即可攻网前空当。

五、羽毛球规则简介

羽毛球球场是一个长方形，长 13.4 m，双打场宽 6.10 m，单打场宽 5.18 m(均包括各线的宽度)。网中央高 1.524 m，两端网高 1.55 m。场区内有前发球线，与网平行，此中点与端线中点连成一条直线，把场区分成左右发球区(在发球和接发球时使用)。场区端线为单打后发球线，离端线前 76 cm 处有一横线为双打后发球线。

羽毛球应有 16 根羽毛固定在球托部，羽毛长 64～70 mm，羽毛球重 4.74～5.50 g。球拍的框架，包括拍柄在内，总长度不超过 680 mm，宽不超过 230 mm，拍框长度不超过290 mm。网上下宽 760 mm，网柱高 1.55 m，球场中央网高 1.524 m，双打边线处网高 1.55 m。

发球时，双方都必须站在发球区内，不得踩线，任何一脚不得移动和全部离地。发球时，击球点必须低于发球员的腰部，整个拍框要明显低于握拍的手部。发出的球必须落入对方斜对角的发球区内。发球擦网后，若球落在合法区内即为好球，落在界外即为失误。在单打比赛中，发球员的得分数为 0 或双数时，双方运动员均应在各自的右发球区发球或接发球；发球员的得分数为单数时，双方运动员应站在各自的左发球区发球或接发球。在双打比赛中，每局开始首先发球的运动员，在该局本方得分为 0 或双数时，都必须在右发球区发球或接发球；得分为单数时则应在左发球区发球或接发球。

在第一局结束；第三局开始前；第三局中，或只进行一局的比赛中，当领先的一方得分为 11 分一局的 6 分或 15 分一局的 8 分时，运动员应交换场地。

出现下列情况之一均为违例：发球时未击中球；发球时，球过网后挂在网上或停在网顶；球落在界外；球从网孔或网下穿过或不过网；球触到运动员的身体或衣服；球碰到场外其他人或物；比赛时，球拍与球的最初接触点不在击球者网的这一方(击球者击球后，球拍可以随球过网)；比赛中，运动员的球拍、身体和衣服触及网或网的支撑物；击球时，球夹在或停在拍上紧接着又被拖带；同一运动员两次挥拍连续击中球两次；同队两名运动员连续各击中球一次；球碰球拍继续向后场飞行。

除非另有商定，比赛应以三局两胜定胜负。目前，世界大赛一般采用新的每球得分规则，每局 21 分制。在每局打到 20 平时，由净胜 2 分一方获胜；如果打到 29 平，则率先拿到30分的一方获胜。

第七节 网 球

网球运动的起源及其演变可以用四句话来概括：孕育在法国、诞生在美国、开始形成及普及高潮在美国、现盛行全世界，被称为世界第二大球类运动。

目前，在世界体坛所有项目的比赛中，网球比赛最为活跃，其中影响最大、水平最高的国际网球赛为温布尔登锦标赛、美国网球公开赛、法国网球公开赛和澳大利亚网球公开赛，以及戴维斯杯网球赛和联合会杯网球赛。这六项著名比赛，前四项为单项比赛，各设男、女单打，男、女双打和混双五个冠军，俗称世界“四大网球赛”；后两项分别为男、女团体赛。这六项比赛都得到国际网联的正式承认，每年举行一次。“四大网球赛”以个人名义参加，设高额奖金；两个团体赛以国家和地区为单位参加。

网球运动是一项颇受人民喜爱的运动。经常进行网球运动，能有效地提高判断能力，发展身体协调性和各种身体素质，增强体质，促进健康和增进友谊。

一、网球基本技术

(一)握拍法

握拍是打网球的第一步，也是十分重要的技术。正确的握拍会使技术动作掌握得更快、更好。

1. 东方式握拍法

(1)正手握拍法。正手握拍和平时与人握手的姿势十分相似。握拍时将球拍与地面垂直，大拇指与食指形成“V”字形虎口，放在球拍把手的右上斜面(图6－7－1)，食指与其余三指分开，握住拍柄。拇指稍弯曲，握住左垂直面。掌根与拍柄下端齐平(图6－7－2①)。

(2)反手握拍法。反手握拍是在正手握拍的基础上，手沿逆时针方向旋转一个平面，即拇指和食指的“V”字形虎口在把手的左上斜面(图6－7－2②)。其余手法基本与正手相同。

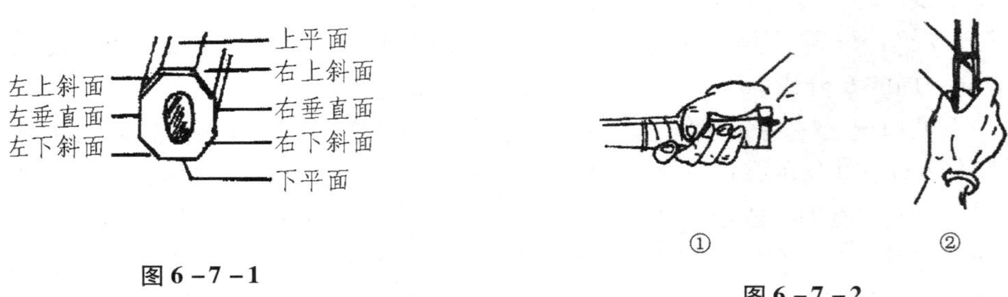

图6－7－1

图6－7－2

2. 大陆式握拍法

将拇指与食指形成的“V”字形虎口放在拍把手的上平面与左上斜面的交界线上，掌根贴住上平面，与拍柄下端齐平，食指与其余3个手指稍分开，握住拍柄。

3. 西方式握拍法

将球拍平放在地面上，用手抓起来(俗称“一把抓”)。西方式正手握法拇指和食指几乎成直角，拇指直伸压住拍柄上平面，食指下关节握住右上斜面，手掌根贴住右下斜面，与拍柄下端平齐。西方式反手握法是在正手的基础上，手腕按顺时针转动，拇指直伸紧压拍子左垂直面，食指下关节压住上平面，手掌根部贴住左上斜面，与柄下端齐。简单来说，就是把拍柄上下平面颠倒过来，正、反手用同一拍面击球。

(二)准备姿势

面对对方场区站立，两脚开立略宽于肩。两膝微屈，上体略前倾，脚跟稍抬起，重心置于两脚前脚掌间。右手握拍柄，左手扶着拍颈部位，持拍于体前。两眼注视对手或来球。

(三)正手击球法

正手击球是网球运动中最主要的打法，也是最可靠的进攻性击球手段。

1. 正手击球的动作方法

在准备姿势中判断来球后，即开始转动上体和肩，同时球拍后拉，重心移到后脚上。向后拉拍时，球拍不要下垂，拍头应高于手腕。击球时，踏出前脚，重心前移，腰部转动并带动手臂和球拍向前挥拍击球，注意绷紧手腕、紧握球拍。击球后，球拍继续向前挥动到左肩前上方，完成挥拍跟球运动(图6－7－3)。

图6－7－3

2. 正手击球的练习方法

(1)挥拍练习，体会动作要领。

(2)自己抛球，待球跳起后击球练习。

(3)对墙击球练习。

(4)两人一组，一人送球，一人正手击球练习。

(5)两人正手击球对练，可进行斜线、直线练习。

(6)各种线路的结合练习。

（四）反手击球法

1. 反拍上旋球

击球前将拍改为东方式反手握法。身体向左侧转体，重心在后脚上。球拍后摆，拍头略低，击球时右脚向前跨步，转腰带动上臂、前臂向前上方挥拍，手腕绷紧，握紧球拍，击球后手臂继续向上做随势动作，至右肩前上方。

2. 反拍下旋球

反拍下旋球时采用大陆式握法。球拍后摆时拍头向上翘起，击球时向前向下挥拍，拍面略仰，手腕绷紧，重心随挥拍向前移，击球后手臂继续向前做随势动作（图6－7－4）。

3. 双手反拍

双手反拍击球时采用右手用反拍握法，左手用正拍握法，转动身体向左后拉拍，拍略低于来球。击球时右脚跨步向前，重心前移，转腰带动双手挥拍向前向上，在腰部高度、膝部前击球。击球后随势挥拍，在左肩前上结束（图6－7－5）。

图6－7－4

图6－7－5

4. 反拍击球练习方法

（1）挥拍练习，体会动作要领。

（2）自己抛球，待球落地弹起后击出练习。

（3）对墙击球练习。

（4）一人送球，另一人反拍击球练习。

（5）两人一组反拍击球对练。

（6）各种线路的结合练习。

（五）发球

发球是一种主要技术，好的发球可直接得分或为争取主动创造条件。

1. 发球的基本要求

（1）正确的站位：在端线后两脚开立，与肩同宽，前脚与端线成45°，身体侧对球网，重心在后脚上。

（2）持球与抛球：持球时，可手持两个球或一个球。用拇指和另外两三个手指的顶部拿着将要发的球。抛球时手臂向身体的右前上方直臂抬起，到肩部与头部之间位置时撒手将球推向空中，尽量使球垂直上抛，球落下时在身体前脚的右前方，不要在头顶上。

（3）引拍和击球：当抛球手向上时，握拍手也应该向后上方运动，为击球做好准备，如两手配合不协调，可采用计数法。先把球和球拍都放在齐胸处，数“一”时，双手往下放，数“二”时两手往上，但抛球手在前，持拍手往身后，数“三”时击球。击球的高度在身体和握拍手臂充分伸展时球拍的上部。

2. 切削发球

采用反手握拍法。站在端线后 7 ~ 10 cm 处。身体侧对球网，发球时，将球和球拍置于与胸同高处，抛球时，球拍后引在背后，肘关节抬起，身体向后屈。当球拍从后向前上方挥动时，要加快手臂挥拍速度，同时身体充分伸展，在最高点击球。击球瞬间手腕向前扣击，拍面从球的后部向边上擦击，使球产生旋转。击球后，球拍向前下左侧落下，重心前移，向前上步。

3. 平击发球

平击发球时要尽可能地用力击球。动作方法基本同切削发球，只是在击球时的一刹那，拍面不绕球切削，而是正对球的后部，用力击打。要充分利用身体、手臂的力量，以及身体重心向前的力量。

4. 发球的练习方法

(1) 原地徒手做抛球、挥拍练习。

(2) 持球手向上抛球练习。

(3) 多球发球练习。

(4) 不同落点的发球练习。

(5) 不同力量和旋转的发球练习。

(六) 截击球

截击技术是单、双打比赛中网前取得成功的关键，是一项不可缺少的技术。

1. 正拍截击

准备时膝盖要弯曲，重心稍前，球拍在身前。采用大陆式握拍法。击球前，必须转动上体和肩部，带动球拍向后，击球时，握紧球拍，绷紧手腕，在身体前面 15 ~ 50 cm 处迎击球。拍头上翘，拍面稍向后仰，向前向下挥拍击球。

2. 反拍截击

击球时要转肩使上身和球飞来的路线成平行方向，同时球拍做简短的后摆至肩部，拍头向上。击球时拍向前做简短的撞击动作，在身体前面击球。拍触球时，手腕绷紧，握紧球拍。

3. 截击球的练习方法

(1) 正、反拍截击球挥拍练习。

(2) 对墙近距离击空中球练习。

(3) 两人一组在网前练截击球。

(4) 两人一组，一人在网前练习截击，另一人在底线抽球。

(七) 高压球

高压球是将对方挑出的防御性的高球凌空或落点弹起后向前下打出，绝大多数高压球采用正拍击球。

1. 凌空高压球的动作方法

侧身对网，移动到球下落的稍后方。准备击球时，在身前举起球拍，然后球拍后引至肩后，击球时，前臂将拍向上挥动，整个手臂伸直，触球时手腕用力下压，拍面向下。

2. 练习方法

(1)徒手挥拍练习。

(2)一人送高球，另一人练习高压球。

(3)一人在底线挑高球，另一人练习高压球。

(4)不同落点的高压球练习。

(八)挑高球

挑高球分防守性和进攻性两种。防守性挑高球是为了赢得时间，摆脱困境；进攻性挑高球是在对方上网时，将球挑到对方后场较深处，使之被动或失误。

1. 挑高球的动作方法

准备时将球拍做好充分的后摆。击球时向前上挥拍，打球的下部，手腕绷紧，挥拍动作要尽可能向前、向上送出。

2. 练习方法

(1)徒手挥拍练习。

(2)自抛球自挑高球练习。

(3)两人挑高球练习。

(4)一人练习挑高球，一人练习高压球或抽球。

(九)放小球

1. 放小球的动作方法

反拍放小球动作与反拍下旋球相似，但在触球时，球拍向下用力较多，减少球的前冲。同时体会拍面在球侧绕转的感觉。

2. 练习方法

(1)徒手挥拍练习。

(2)一人送中场球，一人放小球练习。

(3)两人在反拍底线球练习中练习放小球。

二、基本战术

(一)战术的指导思想

“稳”字当头。比赛中，要有耐心，击球要稳，不要滥用自己还不熟悉的打法或想一下把对方置于死地的冒险球。因为往往这样打球所付出的代价比较大。一般击球落点在距边线 60 cm 以内的区域。

把球打深。无论进攻型还是防守型的选手，都要遵循一个原则：把球打深。球的落点在离端线 60 ~ 90 cm 处，以使自己有充裕的时间对回击作出反应，并能阻止对方上网，以及缩减对方回球的角度。

争取上网截击。上网截击可以使自己的击球范围增大，让对方疲于应付或失误，同时，提高了回球速度，使对方来不及调整位置。

(二)单打战术

1. 发球上网

发球时发出质量较高的球，使对方的回球不至于力量太凶猛或落点刁钻。自己应果断地上网，移动到发球线与网之间，利于发挥速度和角度造成对方失误。如果机会不是很好，第一次截击可将球打深，使球的落点位于对方的弱侧，以便第二次截击得分。

2. 底线打法

底线打法首先要将球打深，使球落在端线前而不是发球线附近。同时利用落点调动对方，或者抓住对方的弱点作为突破。在有机会的情况下也可上网截击。

3. 综合打法

根据对手的情况，采用不同的打法。如对方频频上网，可采用挑高球迫使他退回去；如对方底线技术很好，可适当放一些小球诱使他/她上前，再用力将球打深来调动他/她。综合打法就是将底线和上网两种打法结合起来，根据场上情况，随机应变。

（三）双打战术

双打是业余网球比赛的主要项目，双打对体力要求较低，适合各种年龄层次的人。

1. 双打的站位

双打比赛，一般是控制网前的队赢分。发球员和接球员都应做好击球后上网的准备。双打时一般让技术水平较高的选手站在左区；或者由正拍技术较好的选手站在右区，反拍技术较好的选手站在左区。发球和接发球时的站位一般是：发球员站在中点与单打线的中间，发球员的同伴站在发球线和球网之间，并稍偏向单打边线。接球员站在右区端线靠近单打线处，接球员的同伴站在发球线前边，略靠近中线。

2. 双打的配合

双打要求两个队员配合得像一个人，才能发挥出最高水平。比赛中两人相互间的距离不能拉开3.5 m以上，以利于并肩战斗。当同伴移动到自己区域截击时，自己应迅速补位；当同伴退到底线接高球时，自己也不应继续留在网前，而应后退，使两人处于最佳防守位置。当对方上网时，自己可以挑进攻性高球，迫使对方退回后场。

三、网球运动规则简介

（一）发球

1. 发球前的规定

发球员在发球前应先站在端线后、中点和边线的假定延长线之间的区域里，用手将球向空中任何方向抛起，在球接触地面以前，用球拍击球（仅能用一只手的运动员，可用球拍将球抛起）。球拍与球接触时，就算完成球的发送。

2. 发球时的规定

发球员在整个发球动作中，不得通过行走或跑动改变原来站的位置，两脚只准站在规定位置，不得触及其他区域。

3. 发球员的位置

（1）每局开始，先从右区端线后发球，得或失一分后，应换到左区发球。

（2）发出的球应从网上越过，落到对角的对方发球区内或其周围的线上。

4. 发球失误

发球失误包括：未击中球；发出的球，在落地前触及固定物（球网、中心带和网边白布除外）；违反发球站位规定。发球员第一次发球失误后，应在原发球位置上进行第二次发球。

5. 发球无效

发球无效包括：发球触网后，仍然落到对方发球区内；接球员未做好接球准备。发球无效后均应重发球。

6. 交换发球

第一局比赛终了，接球员成为发球员，发球员成为接球员。以后每局终了，均依次互相交换，直至比赛结束。

（二）通则

1. 交换场地

双方应在每盘的第 1、3、5 等单数局结束后，以及每盘结束后双方局数之和为单数时，交换场地。

2. 失分

发生下列任何一种情况，均判失分：

（1）在球第二次着地前，未能还击过网。

（2）还击的球触及对方场区界线以外的地面、固定物或其他物件。

（3）还击空中球失败。

（4）故意用球拍触球超过一次。

（5）运动员的身体、球拍在发球期间触及球网。

（6）过网击球。

（7）抛拍击球。

3. 压线球

落在线上的球都算界内球。

（三）双打

1. 双打发球次序

每盘第一局开始时，由发球方决定由何人首先发球；对方则同样地在第 2 局开始时，决定由何人首先发球。第 3 局由第 1 局发球方的另一球员发球；第 4 局由第 2 局发球方的另一球员发球。以下各局均按此秩序发球。

2. 双打接球次序

先接球的一方，应在第 1 局开始时，决定何人先接发球，并在这盘单数局，继续先接发球。双方同样应在第 2 局开始时，决定何人接发球，并在这盘偶数局继续先接发球。他们的同伴应在每局中轮流接发球。

3. 双打还击

接发球后，双方应轮流由其中任何一名队员还击。如运动员在其同队队员击球后，再以球拍触球，则判对方得分。

（四）计分方法

1. 胜 1 局

（1）每胜 1 球得 1 分，先胜 4 分者胜 1 局。

（2）双方各得 3 分时为“平分”，平分后，净胜两分为胜 1 局。

2. 胜 1 盘

(1)一方先胜 6 局为胜 1 盘。

(2)双方各胜 5 局时，一方净胜两局为胜 1 盘。

3. 决胜局计分制

在每盘的局数为 6 平时，有以下两种计分制：

(1)长盘制：一方净胜两局为胜 1 盘。

(2)短盘制：决胜盘除外，除非赛前另有规定，一般应按以下办法执行：

①先得 7 分者为胜该局及该盘(若分数为 6 平时，一方须净胜两分)。

②首先发球员发第 1 分球，对方发第 2、3 分球，然后轮流发两分球，直到比赛结束。

③第 1 分球在右区发，第 2 分球在左区发，第 3 分球在右区发。

④每 6 分球和决胜局结束都要交换场地。

4. 短盘制的计分

(1)第 1 个球(0:0)，发球员 A 发 1 分球，1 分球之后换发球。

(2)第 2、3 个球(报 1:0 或 0:1，不报 15:0 或 0:15)，由 B 发球，B 连发两分球后换发球，先从左区发球。

(3)第 4、5 个球(报 3:0 或 1:2，2:1，不报 40:0 或 15:30，30:15)，由 A 发球，A 连发两球后换发球，先从左区发球。

(4)第 6、7 个球(报 3:3 或 2:4，4:2 或 1:5，5:1 或 6:0，0:6)，由 B 发 1 分球之后交换场地，若比赛未结束，B 继续发第 7 个球。

(5)比分打到 5:5，6:6，7:7，8:8……时，须连胜两分才能决定谁为胜方。但在记分表上则统一写为 7:6。

(6)决胜局打完之后，双方队员交换场地。

第八节　健美操

一、健美操的概念与分类

健美操是一项以有氧运动为基础，以健、力、美为特征，融体操、舞蹈、音乐为一体的身体练习，具有塑造健美体形、增进健康、陶冶情操的作用。它既是大众健身的好方式，又是竞技运动的一个项目。

健美操的内容丰富、形式多样、种类繁多，根据健美操练习的目的和任务的不同，可将健美操划分为大众性健美操和竞技性健美操两大类。

大众性健美操也称健身健美操，是集健身、娱乐为一体的群众性普及健身运动。其目的是通过全面活动身体来提高氧代谢能力、增强体质、增进健康、促进人体健美、焕发精神、陶冶情操。健身健美操是一种有氧运动形式，对大众来说，其强度和难度相对较低，形式与内容丰富多样，可根据不同的需要锻炼身体的各个部位，有实效且有针对性。因此，适合社会不同年龄、性别、职业的人锻炼。同时，大众健美操也是竞技健美操的基础。

竞技性健美操是以争取优异成绩为主要目的，展示人体健、力、美和全面素质的竞赛项目。它有特定的竞赛规则和评分方法，且必须按照规则要求组织编排，进行训练和比赛。竞技健美操是有氧和无氧代谢运动的结合，并以无氧代谢为主，运动强度大、时间短、速度快、动作难度大、变化多、技术复杂。因此，它对人的体能、技术、心理、意志等方面提出了更高的要求，适合于青少年练习。

二、健美操的锻炼价值

（一）增强体质，增进健康

（1）提高呼吸系统的机能水平。健美操是一项以有氧代谢为基础的运动项目。经常参加锻炼可以使呼吸肌变得有力，安静时呼吸加深，运动时吸氧量增大，使肌体具有较强的氧代谢能力。

（2）增强运动系统的功能。长期参加健美操锻炼可提高关节的灵活性，使肌肉力量增强，体积增大，弹性提高，使韧带、肌腱等结缔组织富有弹性。

（3）促进血管系统机能的提高。长期参加健美操锻炼，可以使心肌纤维增粗，心肌收缩力增强，心输出量增大，提高供血能力，促进人体新陈代谢。

（4）改善神经系统的机能。长期参加健美操锻炼可提高神经的灵活性、均衡性，从而发展人的协调性、灵敏性。

（二）健美体形，端正体态

通过经常性的健美操训练能矫正不正确的身体姿势，培养正确、端庄的体态，同时，因为健美操是一项运动量较大，频率较快，动作的幅度、力度较大的运动，因而消耗体能较大。因此其有利于消除体内多余的脂肪，使身体肌肉强健，从而达到塑造体形的目的。

（三）陶冶情操，提高素养

健美操是一项具有艺术性的体育项目。它是在音乐伴奏下进行的身体练习，通过优美、明快的音乐节奏，活泼、愉快的形体动作，使人的身心得到全面调节。经常从事健美操运动，可以增强节奏感、韵律感，提高认识美、鉴赏美、表现美和创造美的能力。精神面貌和气质修养都会得到改善和提高。

三、健美操的基本手型与步伐

（一）手型

（1）并掌：五指伸直，相互并拢。

（2）开掌：五指用力伸直，充分张开。

（3）花掌（健美指）：五指用力伸直，小指、无名指、中指依次内旋。

（4）拳、握拳：拇指在外。

（5）立掌：手掌用力上翘，五指用力伸直。

（6）一指：握拳，食指或拇指伸直。

（7）二指：握拳，食指和中指用力伸直。

（8）响指：拇指和中指摩擦与食指打响，无名指与小指屈握。

（二）基本步伐

（1）踏步：传统的低强度步伐，要求以脚尖、脚跟着地圆滑（超低冲击力步伐）。

（2）后踢腿跑：相对于踏步是高强度动作，要求髋和膝在一条线上，脚在后（高冲击力步伐)。

(3)弹踢腿跳:低的膝关节和髋关节运动,伸展要有控制(高冲击力步伐)。

(4)吸腿跳:上体正直吸腿,膝关节不低于90°,脚尖伸直(高、低或超低冲击力步伐)。

(5)踢腿跳:只在髋部运动前或侧(允许一些外旋转),支撑腿可微屈,踢起腿必须伸直(高、低冲击力步伐)。

(6)开合跳:分腿时,髋部外开,膝关节在同方向弯曲。并腿时,脚可平行落地或外开。并腿动作不可突然落地,必须缓冲(高或低冲击力步伐)。

(7)弓步跳:上体(重心)必须在两腿之间,脚向前和平行(不能外翻),膝关节在主力腿的脚上面,幅度可变化,脚后跟不需要着地(高、低或超低冲击力步伐)。

以上是健美操的七种基本步伐,在健美操的实际运用中,还有这七种基本步伐的变形步伐,如:①起低冲速力步伐:分腿蹲、弓步、移心步、点收步;②低冲击力步伐:踏点步、侧点步、分腿步、V字步、点踏步、并步、漫步、恰恰步、桑巴步、滑步、后屈腿步、吸腿步、吸踢步;③高冲击力步伐:双足跳、蹲跳、剪刀跳、锁步跳、转髋跳、转髋移动(交叉步)、单足跳、摆腿跳、小踢腿跳、足跟跳、侧踢跳、交叉吸腿跳。

四、健美操的基本动作

(1)头部:屈、转、绕、绕环。
(2)肩部:提、沉、绕、绕环。
(3)上肢:举、屈、伸、摆、振、旋、绕、绕环。
(4)胸部:含、挺、移。
(5)腰部:屈、转、绕、绕环。
(6)髋部:顶、提、绕、绕环。

五、健美操竞赛规则简介

健美操竞赛项目包括:男子单人、女子单人、混合双人、三人操(性别任选)、集体五人操。其可分为单项赛和团体赛两种。

健美操竞赛的台高8~140 cm,后面有背景遮挡,赛台不得小于14 m×14 m。竞赛的地板必须是12 m×12 m,并清楚地标出7 m×7 m的单人、混双、三人的比赛场地以及10 m×10 m的集体五人场地。标记带为5 cm宽的黑色带,它是场地的一部分。

(一)比赛时间

成套动作的时间为1分45秒,有加减5秒的宽容度。

(二)比赛音乐

必须配合音乐完整地表演成套动作。

(三)难度动作

成套动作必须包括下列各组难度动作各一个:①俯卧撑、倒地、旋腿与分切;②支撑与水平;③跳与跃;④柔韧与变化。最多允许做10个难度动作。

(四)评分方法

裁判员根据以下几个方面给予评分:

(1)艺术分:从 10 分起评,对成套动作的动作编排、健美操内容、表演三方面予以评判减分。

(2)完成分:以 10 分起评,对成套动出现的全部动作,包括难度动作、操作动作、过渡与连接等技术完成情况进行评判减分。

(3)难度分:数出全部表演的难度动作的数量,并对最先完成的 10 个难度动作予以评分。对于按照所提供难度动作的最低完成标准完成的全部展示的难度动作进行 0.1 – 1.0 的评分。

(五)着装要求

(1)外表:参赛运动员必须穿具有适当减震功能的白色健美操鞋;头发必须固定在头上;不允许使用悬垂饰物,衣服上不允许任何装饰物;禁止佩戴饰物。

(2)着装:女运动员必须身着一件带有肉色成透明连裤袜的比赛服或连体衣;不允许穿上部躯干分离服装;前后领口的开口必须得体,前面不得低于胸骨中部,后面不得低于肩胛骨下缘;腿部上缘的开口必须在腰部以下盖住髂骨;比赛服必须完全盖住臀纹线。男运动员必须着一件套比赛服或紧身背心,短裤及合体的内衣;背心的前后不得有开口;袖口处不得在肩胛骨下有开口(比赛服不得露出肩胛骨)。

第九节　体育舞蹈

一、体育舞蹈的起源与发展

体育舞蹈也称“国际标准舞”或“国际标准交谊舞”,是融艺术、体育、音乐、舞蹈于一体,以男女为伴的一种步行式双人舞竞赛项目。标准交谊舞起源于古代土风舞,经历了对舞、圈舞、行列舞、集体舞等演变过程,成为流传广泛的社交舞蹈。1947 年,在德国柏林举行了第一届世界标准交谊舞锦标赛。1950 年,由英国 ICBD(摩登舞国际理事会)主办了首届世界性的大赛——黑池舞蹈节,并把规范后的舞蹈命名为国际标准交谊舞,我国简称“国标”。

其已发展成艺术性高、技巧性强的竞技性项目,分为两个系列,共十个舞种。其中标准舞(摩登舞)系列含有华尔兹、维也纳华尔兹、探戈、狐步舞和快步舞,其特点是由贴身握抱的姿势开始,沿着舞程线逆时针方向绕场行进。步伐规范严谨,上体和胯部保持相对稳定、挺拔,完成各种前进、后退、横向、旋转、造型等舞步动作。其具有端庄典雅的绅士风度。曲调大多抒情优美,旋律感强。服饰雍容华贵,一般男士着燕尾服,女士着过膝蓬松长裙。拉丁舞系列包括伦巴、恰恰、桑巴、牛仔舞和斗牛舞。其特点是舞伴之间可贴身、可分离。各自在固定范围内辐射式地变换方向、角度,展现舞姿。步法灵活多变,各舞种通过对胯部及身体摆动技术的不同要求,完成各种舞步,表现各种风格。舞姿妩媚潇洒,婀娜多姿。风格生动活泼,热情奔放。曲调缠绵浪漫,活泼热烈,节奏感强。着装浪漫洒脱,男士着上短下长的紧身或宽松装,女士着紧身短裙,显露女性曲线的美。

1992年，体育舞蹈被国际奥委会列入比赛项目，2000年成为悉尼奥运会表演项目。国际标准交谊舞于20世纪30年代传入中国，自1986年正式引进后，发展迅速。1991年5月，中国体育舞蹈运动协会成立。中国现在是世界舞蹈及体育舞蹈理事会（WDDSC）的准会员、国际体育舞蹈联合会（IDSF）的正式会员。

二、体育舞蹈的价值

体育舞蹈运动是一项新兴的体育项目，是体育与舞蹈的结合，具有运动与艺术的双重性。因此体育舞蹈极赋时代气息，具有健身价值、观赏价值和社会价值。

1. 健身价值

（1）健美体形。经常参加体育舞蹈锻炼，可以对人的形体进行“生物学”改造，使体形符合一定的健美标准；还可以减肥、瘦身，保持健美的体形和良好的体态。

（2）健身。长期进行体育舞蹈锻炼，能使人的心肌发达，有效提高心肺机能。

（3）健心。经常参加体育舞蹈锻炼能使人调整身心，促进人际交往，消除情绪障碍，以取得平衡的心态，保持乐观的心情，促进心理健康。

2. 观赏价值

体育舞蹈具有独特的艺术表演价值，给舞蹈者和观赏者以美的享受，能提高人们的艺术修养和审美情趣，如体育舞蹈中表现出来的人体美、运动美、音乐美、服饰美、礼仪美等。

3. 社会价值

体育舞蹈是人们交流思想、抒发情感、消除障碍、相互沟通的最好形式之一，能把不同阶层、年龄、性别的人融合在一起。

三、体育舞蹈的分类

当前风靡世界的各种迪斯科健身舞、遍及全球的现代交谊舞和一些传统或现代集体舞，都归属于体育舞蹈范畴之中。因此，体育舞蹈应包括健身体育舞蹈和竞技体育舞蹈两大类（表6－9－1），本节主要介绍竞技体育舞蹈。

表6－9－1　体育舞蹈的分类

<table>
<tr><td rowspan="6">体育舞蹈</td><td rowspan="3">健身体育舞蹈</td><td>集体舞</td><td>传统集体舞蹈、现代集体舞蹈</td></tr>
<tr><td>现代交谊舞</td><td>慢三、快四、慢四、快三、探戈、伦巴</td></tr>
<tr><td>其他舞</td><td>吉特巴、迪斯科</td></tr>
<tr><td rowspan="3">竞技体育舞蹈</td><td>摩登舞</td><td>华尔兹、探戈、维也纳华尔兹、狐步舞、快步舞</td></tr>
<tr><td>拉丁舞</td><td>伦巴、恰恰、桑巴、牛仔舞、斗牛舞</td></tr>
<tr><td>团体舞</td><td>单一型、混合型</td></tr>
</table>

表 6－9－2　十种体育舞蹈的特点

两大类	十个舞种	英语缩写	音乐节拍/拍	拍/小节	速度/小节·min^{-1}	重拍	次重拍	发源地	舞蹈的风格特点
摩登舞 Modern	华尔兹 Waltz	W	3/4	3	28～30	第 1 拍		德国	雍容典雅、荡漾起伏
	探戈 Tango	T	2/4	2	32～34	每拍		阿根廷	刚劲有力、锐利风发
	狐步舞 Foxtrot	F	4/4	4	29～30	第 1 拍	第 3 拍	英国	潇洒流畅、行云流水
	快步舞 Quick Step	Q	4/4	4	50	第 1 拍	第 3 拍	美国	轻快欢乐、灵活多变
	维也纳华尔兹 Viennese Waltz	VW	3/4	32 小节为一单元	56～60	第 1 拍	第 4 拍	奥地利	华丽优雅、潇洒流畅
拉丁舞 Latin	伦巴 Rumba	R	4/4	4	25～27	第 4 拍		古巴	缠绵抒情、婀娜多姿
	恰恰 Cha-Cha	C	4/4	4	30	第 1 拍		墨西哥	幽默风趣、生动活泼
	桑巴 Samba	S	2/4	2	50	第 2 拍		巴西	欢欣鼓舞、热情奔放
	斗牛舞 Paso Double	P	2/4	2	60～62	第 1 拍		起源于法国，发展于西班牙	威武雄壮、刚劲彪悍
	牛仔舞 Jive	J	4/4	4	44	第 2 拍	第 4 拍	美国	轻捷灵巧、生动活泼

四、体育舞蹈基本知识

(一)站位和握持

(1)拉丁舞的基本站立姿态：双脚并立，身体尽量伸直，使头、肩、胯三点成一线，两眼平视，脖子拉直，下颚稍微内收，后颈挺直。挺胸使两肩胛骨向后、向内关闭，两肩下沉的同时将身体的中段(胸腰部分)向上挺起，使身体的中段和两肩有一个互相顶压的力。臀部稍向内收，小腹向上拉，但不可过分使身体变形，要感觉上身躯干是直的。两条大腿要稍内收，双膝要绷直，不可弯曲，大腿和小腿的肌肉要收紧，感觉是向反方向拉紧。

(2)拉丁舞的预备步站立姿态：左脚在前，脚尖朝向前方，身体重心在左脚，身体尽量伸直，使头、肩、胯三点成一线。右脚在后打开，膝盖绷直，大脚趾内侧点地，脚跟向内侧下压，不要翘起来，脚面绷直。右胯向后斜45°打开，使身体从上身到右脚尖形成一条很长的直线。

(3)摩登舞的持握姿势：男伴双脚并拢，全足着地，双膝放松，要感觉自己很高，尽量把身体拉高到极限，还要感觉自己身体很宽，双臂平抬，双手肘尖与心窝成一条直线，左前臂向斜前上方上举与左上臂的夹角略大于90°，右前臂向斜前下方平伸。女伴同样要把身体拉高，双手肘尖成为一条直线，轻轻搭在男伴的手臂上，女伴要感觉到身体成两条弧线，一条是由胸腰到头部向后仰的弧线，另一条是由胸腰到头部向左倾的弧线。

(4)四个接触点：①男伴左手轻握女伴的右手，男伴的左手拇指与中指稍用力，女伴中指稍用力；②男、女双方身体的垂直中心线与身体右边线之间的垂直中间线的腰部部分相重叠接触；③男伴右手掌轻托女伴的左肩胛骨下，手掌平伸；④女伴左手虎口张开，放在男伴右上臂三角肌下部，拇指在内侧，其他四指在外侧，腕部和小臂放平，不得突起。

(二)手形手位

拉丁舞常见的一些手形手位姿态如下(由于斗牛舞手部动作的特殊性，故不在这里谈及)：

1. 手形

虎口用力张开，尽量使大拇指和食指的夹角成直角，四指并拢。同时大拇指和手心的夹角为钝角。女士可以下压中指，或者下压中指、无名指及小指，这样会显得更具有女性美，不过一定要注意力量要透过手指传递到指尖，手指指尖不能松散开来，因为这样会像中国古典舞里的兰花指，有了太多的柔媚而缺少了力量，也不能像芭蕾手势那样放松、自然。

2. 手位

在拉丁舞的所有手位中，手腕都略有下压。整个过程中都需要肩部下压，不耸肩。

(1)手臂平伸。手臂平伸，收紧手臂肌肉，掌心朝下，大拇指指向地板，同时手腕略下压，沉肩。

(2)手肘贴紧肋骨。肘部由内收至身前，手肘贴紧肋骨，在身侧无缝隙，手心朝上，同时大拇指向上。

(3)手臂在上方45°。手臂在身侧向上举起，和头部呈45°夹角，同时手指和手臂、肩部在地面上的投影仍然是一条直线。手腕下压，掌心朝下，大拇指朝下。此时尤其要注意沉肩。

(4)手臂在头顶垂直。手臂抬起，贴紧耳朵，手心向外部朝下，手腕下压，此时手和手臂在地面的投影是直线，但是从前面看呈钝角。

这里可以两只手各做一种姿态，比如(1)和(2)组合、(1)和(4)组合。手位还可以转变方向，比如(1)手臂平伸时，可以伸至身体正前方，而(3)、(4)手臂上抬时，可以转动腰部肌肉，拉伸身体侧面的肌肉，一只手在前面做动作(1)，另一只手在身体后方做(3)或(4)，这样又能重组成几种组合。

(三)基本名词

1. 舞程向

在一个舞池中，为避免互相碰撞而严格规定舞者必须按逆时针方向行进，这个行进方向叫舞程向。

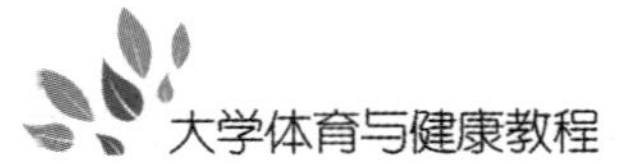

2. 舞程线

沿舞程向方向行进的路线叫舞程线(简称 L. O. D)。一般认为舞程线中，长的两条为 A 线，短的两条为 B 线(图 6－9－1)。也有在国标舞游程套路或随路中，把站在主席台或乐队位置向内看，离主席台或乐队位置最远的那一条长舞程线称 C 舞程线；把站在主席台或乐队位置向内看，靠左边的那一条短舞程线称 D 舞程线。

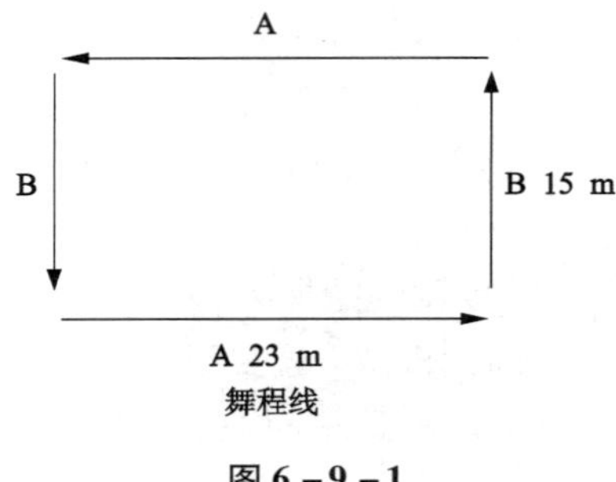

图 6－9－1

3. 角度、方位与路线

以舞场的正前方即男舞伴所站的方向为中心点，分前、后、左、右及四角八个方向，每 45°为一个方位，分别称为 1 ~ 8 号位。交谊舞中旋转起着非同小可的作用。旋转的角度一般采用 45°、90°、135°、180°、225°、270°、315°、360°。同时还要明确旋转的方向，即左转和右转(图 6－9－2)。

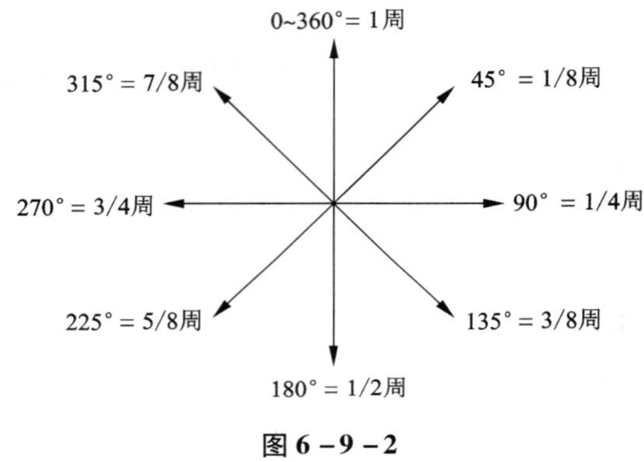

图 6－9－2

跳舞由于不断变换方位，因而又和舞程线发生联系。因此，国际规定了八条线来指示舞者每个舞步的行进方向(图 6－9－3)

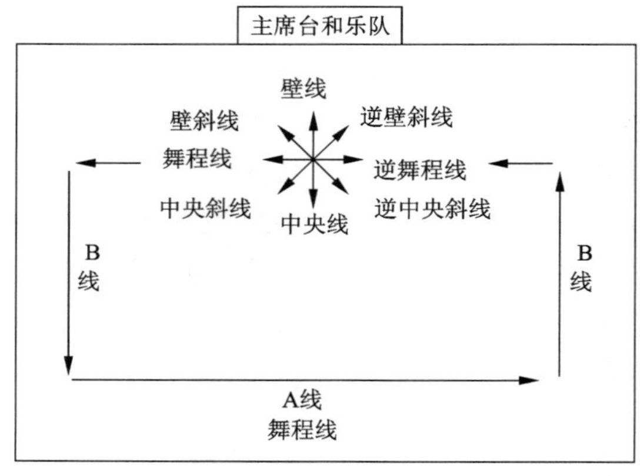

图 6－9－3

4. 舞姿

舞姿泛指舞者跳舞的姿态，主要包括以下几种：

(1)合对位舞姿(闭式位舞姿)："合"指男女交手握抱；"对"指男女面对面。泛指男女面对、双手扶握的身体位置。

(2)侧行位舞姿：指男士的右侧与女士的左侧身体紧密贴靠，身体的另一侧略向外展开成"V"形的站立或行进的身体位置。

(3)外侧位舞姿：指在摩登舞中，男女舞伴的一方向另一方的右外侧(常见)或左外侧(较少见)前进所形成的身体位置。

(4)并肩位舞姿：指拉丁舞中，男女面对同一方向、肩臂相并的身体位置。以男士为基准，男士左肩与女士右肩相并叫"左并肩位"；男士右肩与女士左肩相并叫"右并肩位"。

(5)影子位舞姿：指男女舞伴面向同一方向重叠而立、形影相随的身体位置。以女士居前较常见。

5. 主要舞蹈动作

(1)反身动作：一侧脚前进或后退时，异侧肩和胯后让或前送，使身体与舞步形成反向配合的身体动作。

在身体不转动的情况下，一脚在身前或身后形成交叉，以保证两人身体维持相靠姿态的身体位置叫反身动作位置。常用于外侧位舞姿、侧行位舞姿的舞步中。

(2)升降动作(起与伏)：指在跳舞时身体的上升与下降。升降动作是在膝、踝、趾关节的屈和伸动作的转换中完成的。

(3)摆荡动作：指舞者在身体上升做斜向或横向移动时，像钟摆似的把身体摆动起来。

(4)倾斜动作：指在跳一些舞步时，身体倾斜。从形体上讲，是指肩的平衡线向左、向右的倾斜，它与地面的水平线成三角斜线。

6. 节奏

通常指以一定规律反复出现、赋予音乐以性格的具有特色的节拍。

7. 速度

这里指音乐速度，即每一分钟内所演奏的小节总数。

8. 组合

两个或两个以上的舞步型的结合。

9. 套路

由若干个组合串编成的一套的完整的舞步型。

(四)技术动作术语

1. 准线

准线指的是双脚的位置或双脚方向与房间的关系。

2. 平衡

平衡指舞蹈中身体重心的准确分配。

3. 基本舞步

基本舞步指构成一种特定舞蹈的基调舞步型。

(1)擦步：指当动力脚从一个开位向另一个开位移动时，必须先与主力脚靠拢，而重心不变的舞步。

(2)滑步：指在第二步双脚并拢的三步组成的舞步。

(3)脚跟转：指向后迈出的脚的脚跟转。在动作过程中并上的脚必须与主力脚平行，旋转结束时身体重心移动至并上的那只脚。

(4)脚跟轴转:指不变重心的单一脚跟旋转。

(5)踌躇步：指前进暂时受阻的舞步型或部分舞步型，重心停留于一脚超过一拍。

(6)逗留步：指身体运动或旋转受阻时的部分舞步型，双脚几乎静止不动。

(7)开式转：指第三步不是并靠而是超越第二步的旋转。

(8)轴转：指一脚脚掌的旋转，另一脚处于或前、或后的反身动作位置。

(9)锁步：指两脚前后交叉的舞步。

五、体育舞蹈的教学与训练

体育舞蹈动作，是以骨骼为杠杆，以关节为转动轴，以肌肉收缩为动力来完成的。基本功的训练是运用骨骼、关节、肌肉带动正确的步法、身法，借助于地板的弹力，轻盈舒展地获得身体平衡，巧妙地进行重心移动。只有不间断地重复这些基本功训练，才能为规范舞步和竞技比赛舞步打下一个坚实的基础，使习舞者少走弯路，从而尽快跳出优美的舞蹈动作。

体育舞蹈的教学与训练一般包括一般技术训练和专项技术训练。其中一般技术训练包括形体训练和舞蹈基本功训练；专项技术训练包括各舞种的基本舞步训练和套路动作训练。

(一)一般技术训练

一般技术训练是最初阶段的训练，训练的内容仅仅围绕为专项技术的掌握打下扎实的基础为目的。摩登舞和拉丁舞可以采用基本相同的训练内容和方法。主要的训练内容和方法有形体训练和舞蹈基本功训练。

1. 形体训练

体育舞蹈的形体训练将芭蕾基本练习方法与徒手姿态练习相结合，培养练习者正确、优美的姿态和动作，提高练习者的基本身体素质，是练习体育舞蹈的基础。

2. 舞蹈基本功训练

舞蹈基本功训练的主要内容有立颈、收臀、沉肩、挺胸、收腹、立腰、直膝、绷脚、两眼平视的舞蹈基本姿态和形态。通过舞蹈基本功的训练，培养舞者正确的身体姿态、优美的舞蹈动作和高雅活泼的气质，并掌握基本的舞姿和丰富的动作素材。

(二)专项技术训练

本部分将主要介绍华尔兹、探戈、快步、伦巴、恰恰、桑巴的基本舞步。

1. 华尔兹

“华尔兹”来自德文(Walzen)，原为“旋转”之意，又译为“圆舞”。它是一种三步舞，通常称“慢三步”，起源于维也纳，是由奥地利古老的“兰德勒”舞发展而成；18世纪盛行于英国、法国，并逐步形成绅士派的舞步；19世纪已风行于世界各国。

华尔兹要求连续而流畅地沿着舞程线行进。要求舞者的身体姿势要挺直、拔起，运动过程具有上下起伏性。华尔兹属旋转型舞步，其特点是舞姿华丽高雅、秀美潇洒、舞步起伏流畅，风格华贵典雅、飘逸舒展，比其他舞步更温文而雅，富于诗情话意，因此华尔兹有“舞中之皇后”的美称。华尔兹舞曲优美、抒情、明朗、动人。节拍是 3/4 ，其节拍速度每分钟 30～32 小节，三拍子音乐为“蓬嚓嚓”，第一拍是强拍，第二拍是次强拍，第三拍是弱拍。华尔兹不分快慢步，只分大、小步，练习时可呼“ 1、2、3”或“蓬、嚓、嚓”，华尔兹起伏明显，舞步升降一般为“降、次升、升”。这样把 3 个拍子连起来，使 3 个步子连绵不断，此起彼伏，圆滑飘逸。

（1）抱握姿势与体位。

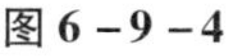

图 6－9－4

图 6－9－5

图 6－9－6

• 闭式舞姿（图 6－9－4 至图 6－9－5）的男子握姿：

①直立，沉肩，立腰，两脚并拢，松膝。

②左手与女士右手掌相对互握，虎口向上，前臂与上臂的夹角约 130°，高度置于男士眼左侧方向的延长线上。

③右手五指并拢，置于女士左肩胛骨下端，右前臂与女士左上臂、右上臂与女士的左前臂轻轻接触。

④头部自然挺直，目光从女士的右耳方向看出。身体向女士右侧移约半个身位，右腹部与女士右腹部稍靠贴。

• 闭式舞姿的女士握姿：

①直立，沉肩，立腰，两脚并拢，松膝，上体稍后屈 25°。

②右手与男士左手相对互握。

③左手放置于男士右肩三角肌线处。

④头部略向左倾斜，目光从男士右耳向前看。

⑤身体稍向男士右侧移约半个身位。

• 半开式舞姿（图 6－9－6）：在闭式舞姿的基础上，男、女舞伴上身均向外打开；面向前方，目光通过相握的手，但男右腹部与女右腹部同闭式舞姿一样，仍轻轻接触。

（2）基本舞步。

• 前直步（图 6－9－7 至图 6－9－10）。

图 6 –9 –7

图 6 –9 –8

图 6 –9 –9

图 6 –9 –10

预备：松膝降重心，右腿支撑左腿前出（图 6 –9 –7）。

第一拍：右脚推撑地面，将重心移至左腿经脚跟过渡至全掌，此时重心处于最低点，右腿前出（图 6 –9 –8）。

第二拍：左脚推撑地面，将重心移至右腿前掌，后半拍重心开始上升（图 6 –9 –9）。

第三拍：右腿撑伸，将左腿拉移靠并右腿，前 3/4 拍重心升至最高点，后 1/4 拍松膝降重心（图 6 –9 –10）。

• 后直步（图 6 –9 –11 至图 6 –9 –13）。

图 6 –9 –11

图 6 –9 –12

图 6 –9 –13

预备：松膝降重心，右腿支撑，左腿后出。

第一拍：右脚推撑地面，将重心移至左腿经脚前掌过渡至全掌，此时重心处于最低点，右腿后出（图 6 –9 –11）。

第二拍：左脚推撑地面，将重心移至右腿脚前掌，后半拍重心开始上升（图 6 –9 –12）。

第三拍：右腿撑伸，将左腿拉移靠并右腿，前 3/4 拍重心升至最高点，后 1/4 拍松膝降重心（图 6 –9 –13）。

• 前右横步（图 6 –9 –14 至图 6 –9 –17）。

图 6－9－14

图 6－9－15

图 6－9－16

图 6－9－17

预备：松膝降重心，右腿支撑，左腿前出（图 6－9－14）。

第一拍：右脚推撑地面，将重心移至左腿经脚跟过渡至全掌，此时重心处于最低点。右腿对角线侧伸至右腿的右侧，前掌内侧着地（图 6－9－15）。

第二拍：左脚推撑地面，将重心移至右腿，后半拍重心开始上升（图 6－9－16）。

第三拍：右腿撑伸，将左腿拉移靠并右腿，前 3/4 拍重心升至最高点，后 1/4 拍松膝降重心（图 6－9－17）。

• 前左横步（（图 6－9－18 至图 6－9－20）。

图 6－9－18

图 6－9－19

图 6－9－20

预备：松膝降重心，左腿支撑，右腿前出。

第一拍：左脚推撑地面，将重心移至右腿经脚跟过渡至全掌，此时重心处于最低点，左腿对角侧伸至右腿的左侧，脚前掌内侧着地（图 6－9－18）。

第二拍：右脚推撑地面，将重心移至左腿，后半拍重心开始上升（图 6－9－19）。

第三拍：左腿撑伸，将右腿拉移靠并左腿，前 3/4 拍重心升至最高点，后 1/4 拍松膝降重心（图 6－9－20）。

2. 探戈

探戈由阿根廷的民间舞隆加演变而成。19 世纪中叶传入法国，20 世纪初风行于欧洲、美洲。探戈舞的节拍为 2/4 拍，速度为每分钟 33 ~ 34 小节，每小节两拍，第一拍为重拍。舞步有快步和慢步，快步（quick）占半拍，用 Q 表示；慢步（slow）占一拍，用 S 表示。基本节奏为慢、慢、快、快、慢（S、S、Q、Q、S）。舞曲节奏带有停顿并强调切分音；舞蹈的风格特点是庄严、豪放、刚劲、平稳、顿促、高雅、洒脱。探戈舞微屈双膝，头顶一线，欲右先左，欲左先右，沉体拔腰。弧线行进，无起伏升降，目光明锐，神情严肃，加之花样多、难度大，风格特别，独具一色，被誉为“舞中之王”。

图 6－9－21

图 6－9－22

（1）抱握姿势与体位。

• 闭式舞姿（图 6－9－21）的男士握姿：

①挺胸立腰、松膝微屈，身体重心下沉，左脚前、右脚后，错开约半个脚掌，双脚不并合，离开约 10 cm。

②身体稍向女士右侧偏移约 1 身位，髋部至膝盖相贴，眼视方向与华尔兹同。

③左手的握持与华尔兹基本相同，但肘部稍上抬，小臂与上臂之间的角度约 90°。

④右手置于女士左肩胛骨下部，稍过身体中线。

• 闭式舞姿的女士握姿：

①上体后屈约 25°，眼视方向与华尔兹同。

②左手置于男士右腋窝后外侧，其他与男士同。

• 半开式舞姿（图 6－9－22）：探戈半开式舞姿是由闭式舞姿变化而成的。主要变化是男士上身向左，女士向右稍打开，头部均为同向，目光通过相握的手上方看出。男右腿、女左腿为支撑腿，男左膝、女右膝微屈置于身侧，脚趾内缘着地，男左膝内侧轻贴在女士右膝外侧。

（2）基本舞步。

• 弧行走步（常步）（图 6－9－23 至图 6－9－25）。

图 6－9－23

图 6－9－24

图 6－9－25

要求：立腰、松膝微屈，身体稍左转(图 6－9－23)；向前迈步时左脚跟、左脚掌外缘着地，右脚跟、右脚掌内缘着地，女士后退时则反之(图 6－9－24)；走步时是横斜地向右前走，出步方向与身体形成不同角度(图 6－9－25)。

● 横行步(图 6－9－26、图 6－9－27)。

图 6－9－26

图 6－9－27

图 6－9－28

图 6－9－29

要求：男士左脚先出为例。身体、头部正向前方，松膝微屈，髋、膝稍向左转(图 6－9－26)(女士方向相反)；迈步时，摆动腿注意靠贴支撑腿，膝不得外张(图 6－9－27)。

● 侧行位(图 6－9－28、图 6－9－29)。

常姿站立(男士为例)；身体稍左转，头稍右转，以右腿支撑，左腿脚前掌内侧着地并快速向左侧推出膝盖内扣，同时身体快速稍右转、头稍左转，眼看左侧前方(图 6－9－28、图 6－9－29)(女士要领同男士，方向相反)。

3. 维也纳华尔兹

原名为“维尼斯”华尔兹，因在奥地利的首都维也纳流行而得名；又因它比一般华尔兹的速度快，故又称“快三步”。舞曲旋律流畅华丽，节奏轻松明快，节奏为 3/4 拍，每分钟 56～60 小节，每小节为三拍，第一拍为重拍，第四拍为次重拍。基本步伐是六拍走六步；两小节为一循环，第一小节为一次起伏。基本动作是左右快速旋转步，完成反身、倾斜、摆荡、升降等技巧。舞步的特点：一拍一步，节奏清晰，起伏流畅，活泼轻快，以旋转为主，每小节的第一拍步幅要稍大一些。但就整个舞蹈来讲，还是要文雅、平稳、流畅，好似在溜冰场上一样的旋转，上身和胯部要相对的稳定，不能扭动，以保持华尔兹高雅、庄重的风格。

(1)抱据姿势与体位(与华尔兹相同)。

(2)基本舞步。

• 右转步(6 拍 360°)(图 6-9-30 至图 6-9-36)。

图 6-9-30　图 6-9-31　图 6-9-32　图 6-9-33

图 6-9-34　图 6-9-35　图 6-9-36

斜场中央线开始。

预备：身体右转，左腿支撑，松膝出右腿(图 6-9-30)。

第一拍：左脚推撑地面，将重心移至右腿经脚跟过渡至全掌(图 6-9-31)。

第二拍：身体继续右转，左腿经右支撑腿左侧伸，脚前掌内侧着地，右脚推撑地面，将重心移至左腿支撑(图 6-9-32)。

第三拍：左腿撑伸，将右腿拉移靠并左腿，后 1/4 拍松膝，换成右腿支撑，左腿后伸(完成前 180°转)(图 6-9-33)。

第四拍：身体继续右转，右脚推撑地面，将重心移至左腿经脚前掌过渡至全掌(图 6-9-34)。

第五拍：右腿经左支撑腿右侧伸，脚前掌内侧着地(图 6-9-35)。

第六拍：左脚推撑地面，将重心移至右脚前掌，左脚全掌触地滑移靠并右脚(完成后 180°转)(图 6-9-36)。

• 左转步(6 拍 360°)(图 6 -9 -37 至图 6 -9 -42)。

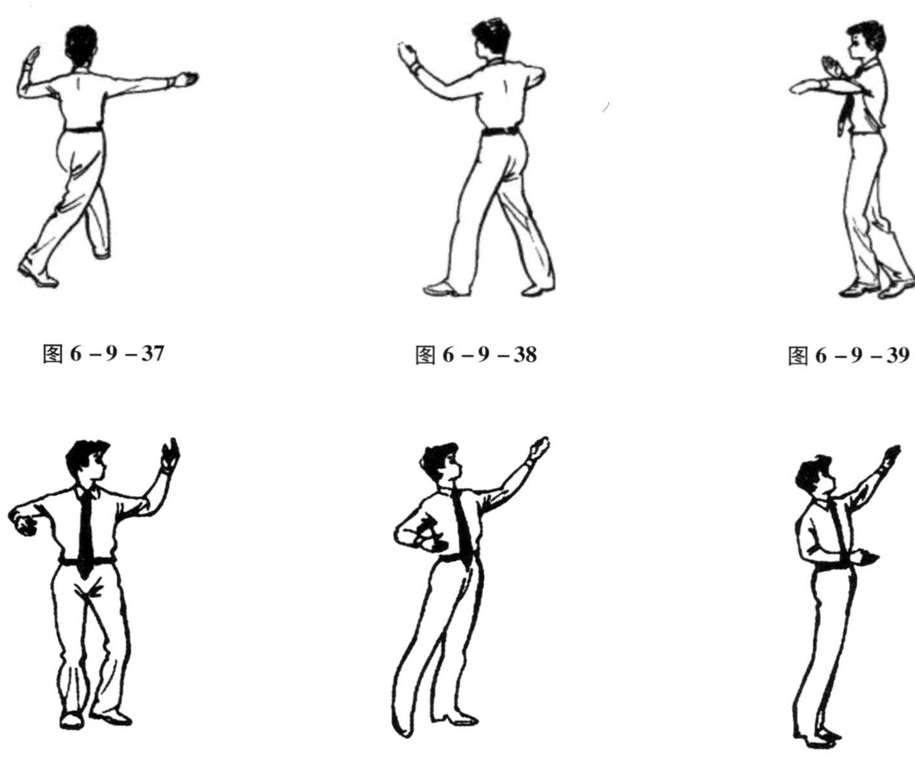

图 6 -9 -37　　图 6 -9 -38　　图 6 -9 -39

图 6 -9 -40　　图 6 -9 -41　　图 6 -9 -42

斜墙开始。

第一拍：右脚推撑地面，将重心移至左腿经脚跟过渡至全掌(图 6 -9 -37)。

第二拍：身体继续左转，右腿经左支撑腿右侧伸，脚前掌内侧着地(图 6 -9 -38)。

第三拍：左脚推撑地面，将重心移至右腿，同时将左脚拉移至右脚前成锁步，后 1/4 拍松膝，将重心换成左腿(完成前 180°转)(图 6 -9 -39)。

第四拍：身体继续左转，左脚推撑地面，将重心移至右腿经脚前掌过渡至全掌(图 6 -9 -40)。

第五拍：左腿经右支撑腿左侧伸脚，前掌内侧着地(图 6 -9 -41)。

第六拍：右脚推撑地面，将重心移至左脚前掌，右脚全掌触地滑移靠并左脚(完成后 180°转)(图 6 -9 -42)。

4. 狐步舞

顾名思义狐步舞就是模仿狐狸行走姿态的一种舞步。1913 年，美国有一名戏剧演员哈利・福克斯跳出一种步伐流畅的舞步，受到观众的热烈欢迎，群呼“福克斯”，因而狐步舞也称福克斯舞。1914 年福克斯舞步传入英国。狐步舞舞曲抒情流畅，节奏为 4/4 拍，每分钟 28 ~30 小节，每小节为四拍，第一拍为重拍，第三拍为次重拍。基本步伐是四拍走三步，每四拍为一循环。分快、慢步，第一步为慢步(S)，占 2 拍；第二、三步为快步(Q)，各占1拍。基本节奏为慢、快、快（S、Q、Q）。狐步舞以足踝、足底、掌趾的动作完成升降起伏，注重反身、肩引导和倾斜技术。它的风格特点是潇洒、流畅，步幅宽大平滑，步态悠闲遐逸、从容怡适，步伐迂回、圆滑，线路曲折、多变，富有线条美、流动感，宛如行云流水，给人以一种飘逸超然之美感。

5. 快步舞

1923年，快步舞起源于美国。狐步舞流传后，逐渐分为慢、快两种，慢狐步舞就是当今的狐步舞，快狐步舞逐渐演变成为快步舞，风行于欧美各国。快步舞的节奏为4/4拍，每分钟50～52小节。每小节四拍，第一拍为重拍，第三拍为次重拍。舞步分快步和慢步。基本节奏是慢、慢、快、快，慢、快、快、慢。慢步占用2拍，快步占用1拍。它的风格特点是轻快活泼、灵活多变、动作敏捷、活跃动人、技巧性高、节奏性强、活动量大，其给人一种愉快、轻盈、优雅、甜美的感觉。

6. 伦巴

伦巴素有“拉丁舞之魂”的美称，是一项最具独特魅力的舞蹈，它具有舒展优美，婀娜多姿、柔媚抒情的风格。伦巴与西班牙和非洲的舞蹈有密切的关系。16世纪，非洲舞蹈随着殖民主义者贩卖黑奴而传入拉丁美洲。因此，古巴就成为伦巴舞的发源地。伦巴舞的特点是音乐上缠绵深情，舞步上婀娜多姿，风格上柔美抒情，其舞蹈充满了浪漫情调，令人陶醉。伦巴的音乐节拍是4/4拍。第四拍是重拍。速度是每分钟27～30小节，舞步的节奏是第一步占1拍，第二步占1拍，第三步占2拍，其运步方法与众不同，要“先出胯，后出步”，呼数为“2、3、4、1”。

（1）基本姿势（图6－9－43至图6－9－45）（以下三种姿势练习适用于伦巴和恰恰）。

图6－9－43

图6－9－44

图6－9－45

• 闭式相握姿势（图6－9－43）。

男、女士相对站立，相距约15 cm，重心可在任意一脚上，男士的右手放在女士的左肩胛骨上，女士的左臂轻放在男士的右臂上，男士的左臂稍抬起，与眼睛齐平，女士的右手轻握在男士手中。

• 开式相握姿势（图6－9－44）。

男、女士以一手臂长的距离面对面站立，重心可在任一脚上，相握的手在胸骨以下的水平位置，微微弯曲，另一臂自然侧举。

• 扇形姿势(图 6 - 9 - 45)。

在伦巴和恰恰中，扇形姿势是用得较多的一种姿势，女士在男士左侧约一臂距离处；女士的身体重心在左脚，男士的身体重心在右脚，男士左手轻握在女士手背上。

(2) 重心移动练习(图 6 - 9 - 46 至图 6 - 9 - 48)。

重心移动练习主要是训练躯干和脚的移动，它包括左右、前后和原地的重心交换。通过这几个动作的练习，将有助于训练躯干和下肢的配合，明确支撑腿以及重心的转换。此练习是伦巴动作中最基本也是最重要的练习之一，目的是为初学者进入拉丁舞的练习打下扎实的基础。

图 6 - 9 - 46

图 6 - 9 - 47

图 6 - 9 - 48

• 左右重心移动练习(图 6 - 9 - 46)。

预备姿势：开立，两臂侧举(掌心向下)。

第一步：原地将重心全部移到左脚，右脚的大腿和脚尖外转。

第二步：同第一步，方向相反。

• 前后重心移动练习(图 6 - 9 - 47)。

第一步：右脚向前一步(约一脚掌位置)将重心移到右脚，左脚脚尖外转。

第二步：将重心移到左脚，右脚脚尖外转。

• 原地身体重心移动练习(图 6 - 9 - 48)。

预备姿势：直立，两臂侧举。

此练习主要是训练身体中段，也就是横膈膜的转动。

第一步：横膈膜向右转动半圈，右腿膝部伸直，右胯随之向侧后方摆出，另一腿则放松稍弯，膝内扣。此时，身体左侧的横膈膜要向上拉起，右侧横膈膜往下松弛，与右胯部之间有压缩的感觉。

第二步：动作同第一步，方向相反。

(3) 基本步练习(图 6 - 9 - 49)。

预备姿势：开立，重心在右脚，两臂侧举，掌心向下。

第一步：左脚经右脚向前，脚尖先着地，然后脚掌着地，重心在左脚，右脚脚尖外转。拍数为 2。

第二步：重心回到右脚。拍数为 3。

图 6－9－49

第三步：左脚经右脚向侧，重心移至左脚，右脚脚尖外转。拍数为 4－1。

第四步：右脚经左脚向后，重心在右脚。拍数为 2。

第五步：重心回到左脚。拍数为 3。

第六步：右脚经左脚向侧，重心移至右脚，左脚脚尖外转，拍数为 4－1。

7. 恰恰

恰恰最早也是由非洲黑人传入拉丁美洲的，后来在古巴发展起来，因此恰恰和伦巴一样，都是起源于古巴。恰恰在音乐上热情奔放，舞步上利落花俏，风格上诙谐俏皮。恰恰的音乐节拍是 4/4 拍，速度是每分钟 32～34 小节，恰恰舞四拍跳五步，因此它的舞步节奏是第一步占 1 拍，第二步占 1 拍，第三步和第四步各占半拍，第五步占 1 拍。

• 向侧并合步（图 6－9－50）。

向侧并合步是恰恰最基本的步子，跳这三步时，要把第一、二步跳得紧凑些，因为这两步只各占 1/2 拍；第三步占 1 拍，做法是一脚伸膝发力，把另一脚推向侧方。

图 6－9－50

预备姿势：开立，两臂侧平举。

第一步：右脚向侧出步。拍数为 1/2。

第二步：左脚向右脚并靠，双膝略弯曲，脚跟稍提起。拍数为 1/2。

第三步：用左脚的力量将右脚向右侧推出，伸直膝盖。拍数为 1。

第四至第六步：同前三步，但方向相反。

• 向前向后锁步（图 6－9－51）。

图 6－9－51

预备姿势：直立，两臂侧平举。

第一步：右脚向前，右膝伸直。拍数为 1/2。

第二步：左脚交叉到右脚后面，右脚直膝，后腿略弯。拍数为 1/2。

第三步：左脚将右脚“推”向前，两膝伸直。拍数为 1。

第四至第六步：同第一至第三步，但脚的方向相反。

8. 桑巴

桑巴最早起源于非洲，最终形成于巴西，成为巴西的民族舞。桑巴的风格特点是音乐上热烈欢快，舞步上摇曳粗犷，风格上激情豪放。桑巴的音乐节奏是2/4拍，每分钟48～56小节。每小节音乐的第一拍是附点音符，因此舞步的节奏随之形成它独特的风格。

9. 斗牛舞

斗牛舞又称为西班牙一步舞，源于法国，盛行于西班牙，系据西班牙斗牛场面创作而成。男为斗牛士，气宇轩昂，刚劲威猛，女为红色斗篷，英姿飒爽，柔美多变。斗牛舞音乐为旋律高昂雄壮、鲜明有力的西班牙进行曲。节奏为2/4拍，每分钟60～62小节。一拍一步，八拍一循环，特点是舞步流动大，沿着舞程线绕场行进，是游走型舞蹈。其舞姿挺拔，无胯部动作及过分膝盖屈伸，用踝关节和脚掌平踏地面完成舞步；动静鲜明，力度感强，发力迅速，收步敏捷顿挫。

10. 牛仔舞

牛仔舞又称摇摆舞、吉特巴、水兵舞。牛仔舞源于美国西部，原是美国西部牛仔跳的踢踏舞，20世纪50年代爵士乐的流行，加速和完善了这种舞蹈，但其风格上还是保持了美国西部牛仔刚健、浪漫、豪爽的气派。牛仔舞旋律欢快，跳跃强烈，节奏为4/4拍，每分钟42～44小节，六拍跳八步。由基本舞步——踏步、并合步，结合跳跃、旋转等动作组合而成。要求脚掌踏地，腰和胯部做钟摆式摆动。其特点是舞步敏捷、跳跃，舞姿轻松、热情、欢快。

（三）团体舞（队形舞）

团体舞是现代舞或拉丁舞的混合舞，由8对选手组成，借助音乐的引导，将5种舞蹈在变幻莫测的队形变动中编织出丰富多样的图案，它将音乐、舞姿、队形、图案和选手们的和谐配合融为一体，达到了完美的统一，使体育舞蹈的风格特点得到了更为鲜明的表现。同一系列的舞种除在风格和内容上有其共同特点外，每个舞种在步法、节奏、技术处理以至风格上都有自己的独特之处。

六、体育舞蹈竞赛与裁判

（一）体育舞蹈的竞赛特点

体育舞蹈是从文艺中转变而来的项目，因此它既有文艺的痕迹又有体育的特点。

1. 主持人制

体育舞蹈比赛自始至终在主持人的指挥和控制下运行，主持人既是司仪、广播员，又是宣传鼓动员、观众代言人，是场上的中心人物。

2. 比赛和表演结合

体育舞蹈比赛之前、中间或结尾，经常穿插国内外优秀选手的表演，既可使比赛更加丰富多彩，气氛更加热烈，也可使裁判、参赛选手和记分组等竞赛人员得以休息和重新准备。

3. "淘汰"与"顺位"结合的比赛方法

体育舞蹈比赛从预赛到半决赛采用淘汰制比赛方法，即根据竞赛编排，从参赛人数中按规定录取定量选手进入下一轮比赛，淘汰其余选手。按国际惯例，最后通常取6对选手进入决赛。在决赛中，常采用顺位法决定单项和全能的名次。

4. 评分特点

体育舞蹈评议要求每个评委在 1 分 30 秒至 2 分 30 秒的时间内，从 6～20 对选手中确定入选名单或名次顺序，这要求评委精力集中，业务熟练，眼光敏锐，反应迅速，判断准确。

（二）体育舞蹈比赛场地、音乐、服装

体育舞蹈比赛场地长 23 m，宽 15 m。选手按逆时针方向运行，交换舞程线时应过中心线。

比赛音乐：决赛时每曲 2 分 30 秒，其他赛时每曲还规定不得少于 1 分 30 秒。

比赛服装规定：摩登舞男子穿燕尾服，女子穿不过脚踝的长裙；拉丁舞服装应有拉美风格，男女选手服装必须协调。专业选手背号为黑底白字，业余选手背号为白底黑字。

（三）体育舞蹈竞赛的裁判及评判依据

体育舞蹈比赛的裁判人数应为单数，因为选手能否进入下一轮比赛，是依据裁判员的 2/3 或 3/5 的比例选票决定出来的。

体育舞蹈比赛分团体赛和个人赛两种，按预赛（淘汰赛）、复赛（选拔赛）、半决赛（资格赛）、决赛（名次赛）的程序进行。

体育舞蹈竞赛的评判依据：

①基本技术：基本动作；姿态；平衡稳定；移动。

②音乐运用：节奏；风格的理解和体现。

③舞蹈风格：区别不同舞种之间在风格上的差别；个人风格的展现。

④动作编排：动作流畅新颖，运用自如；体现舞种的基本风韵并有一定的技术难度；动作与音乐密切配合，发挥音乐效果；编排有章法，充分利用场地。

⑤临场表现：赛场上的应变能力；良好的竞技状态。

⑥赛场效果：舞者的风度、气质、仪表等总体形象。

在以上六要素中，前三项主要指选手的技艺品质，后三项是选手的艺术魅力。在预赛时，裁判着重于前三条要素的评判，在半决赛后着重于后三条要素的评判。在决赛中应全面评价选手各项要素的完成情况。

第十节　游泳

一、游泳对人体的作用

游泳时，水对人体有一定的积极作用，据测定，水的密度为 1000 g/L（4℃），比空气密度大 800 倍左右。水深每增加 1 m，每平方厘米体表面积所受的压力要增加 0.1 个大气压。经常参加游泳锻炼，能增强呼吸肌的力量，扩大胸廓的活动幅度，从而增大肺的容量，提高呼吸系统的机能；游泳运动员的呼吸差可达 14～16 cm，肺活量可达 4000～6000 mL。

水的导热能力比空气大 25 倍，游泳时机体的能量消耗较大，因而能提高机体的代谢能力，增强新陈代谢功能，同时还能改善体温调节机能。

游泳能有效增强体质，因而也是有效的防病、治病手段。

二、游泳运动的分类

游泳运动大致可分为竞技游泳、实用游泳和花样游泳。

1. 竞技游泳

符合国际泳联游泳竞赛规则要求，以速度来决定优劣的游泳，称为竞技游泳。目前，竞技游泳的泳姿分自由泳、仰泳、蛙泳、蝶泳四种泳式和由这四种泳式组成的个人混合泳以及接力比赛。竞技游泳的比赛项目分类如表 6－10－1 所示。

表 6－10－1 竞技游泳的竞赛项目

项目	距离	
	50 m	25 m(短池)
自由泳	50 m、100 m、200 m、400 m、800 m、1500 m	50 m、100 m、200 m、400 m、800 m、1500 m
仰泳	50 m、100 m、200 m	50 m、100 m、200 m
蛙泳	50 m、100 m、200 m	50 m、100 m、200 m
蝶泳	50 m、100 m、200 m	50 m、100 m、200 m
个人混合泳	200 m、400 m	100 m、200 m、400 m
自由泳接力	4×100 m、4×200 m	4×50 m、4×100 m、4×200 m
混合泳接力	4×100 m	4×50 m、4×100 m
备注	男女比赛项目相同	

2. 实用游泳

指生产、生活和军事中使用的游泳技术，包括侧泳、反蛙泳、踩水、潜泳和水下救生等游泳技术。蛙泳、自由泳虽不包括在实用游泳中，但在实际中也常被采用。

3. 花样游泳

花样游泳是女运动员在音乐伴奏下做出各种优美动作的艺术性游泳，亦称水上芭蕾。

花样游泳比赛包括单人、双人和集体 3 项。各项比赛按规定动作和自选动作的完成情况，以总分多少排定名次。

三、游泳的锻炼方法

(一)熟悉水性

熟悉水性是学会游泳的必经阶段，目的是让初学者了解水的特性，适应水的环境，克服恐惧心理，掌握游泳中一些最基本的呼吸、漂浮、滑行和站立等动作技术，为学习和掌握各种竞技游泳技术打下基础。呼吸与滑行是初学游泳的两个关键动作，练习时为确保安全，应尽可能选择在 1.2～1.4 m 深的水中进行。

1. 水中移动

(1)5－6 人手拉手向前、后、左、右方由慢到快走动，以熟悉水性。

(2)相互泼水、戏水。

2. 呼吸练习

(1)手握同伴手，做深吸气后闭气，然后慢慢下蹲把头全部浸入水中停留片刻，在水中用鼻、嘴慢慢吐气，直至吐完，然后起立。吸气后再重复做几次。

(2)两脚开立，按以上练习要求，独立完成连续吸、闭、吐气的动作20~30次，稍作休息后，再重复此练习。

3. 浮体与站立练习

(1)抱膝浮体练习：原地站立，深吸气后下蹲闭气潜入水中，低头、抱膝团身，放松，使身体自然漂浮水中，然后松手，两臂向下压水，抱头伸膝成站立姿势(图6-10-1)。

图6-10-1

(2)展体浮体练习：开始与抱膝浮体相同，当人体浮到水面稳定时，缓慢而平稳地将两臂和两腿伸直成俯卧漂浮姿势，当背部浮出水面后，伸直臂和腿，然后收腹、收腿，两臂下压水，抬头，两腿伸直，脚触池底站立(图6-10-2)。

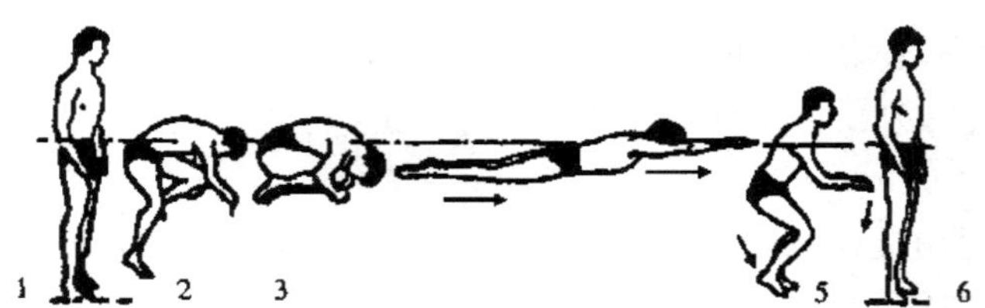

图6-10-2

4. 滑行练习

(1)脚蹬池壁滑行练习：初学者背对池壁站立，一臂前伸，另一臂拉水槽，一腿后屈蹬池壁，吸气后低头浸入水中，再收另一腿，在双脚同时用力蹬池壁的同时，拉水槽的另一手臂向前摆出与前伸手臂并拢，展体自然向前滑行(图6-10-3)。

(2)蹬池底滑行练习：双脚前后开立，两臂前上举，深吸气后上体前倾，当头、肩浸入水中时，前脚掌用力蹬池底，随后两脚并拢，身体成流线型向前自然滑行(图6-10-4)。

(二)蛙泳的锻炼方法

蛙泳是模仿青蛙游泳的一种姿势。蛙泳时，呼吸较方便，易观察周围环境，也能负重。

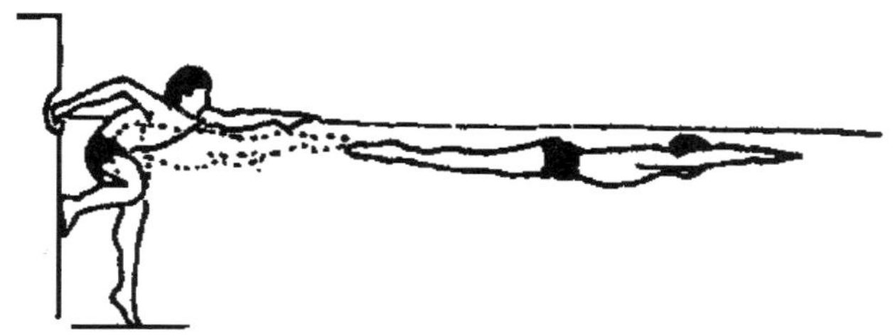

图 6－10－3

图 6－10－4

1. 身体姿势

身体保持自然伸展，微收腹塌腰，稍抬头，眼视前方。身体纵轴与水面成 5°～10°(图 6－10－5)。

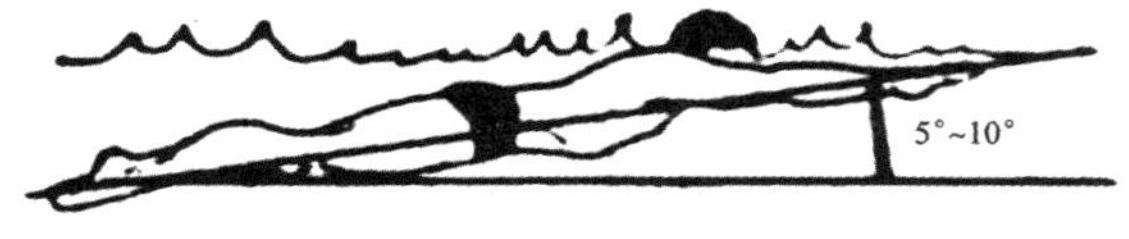

图 6－10－5

2. 腿的技术

蛙泳腿的动作是身体前进的主要动力。现广泛采用窄蹬腿技术，动作可分为收腿、翻脚、蹬腿和滑行 4 个阶段。

(1)收腿：两腿随吸气动作自然向下，然后两膝逐渐分开，小腿向前回收，小腿和脚尽量靠近臀部，小腿处于垂直部位并放于大腿的投影面内，以减小收腿的阻力。收腿结束时，大腿与躯干成 110°～140°，屈膝角度为 40°～45°，两膝分开 10°～30°(图 6－10－6、图 6－10－7、图 6－10－8)。

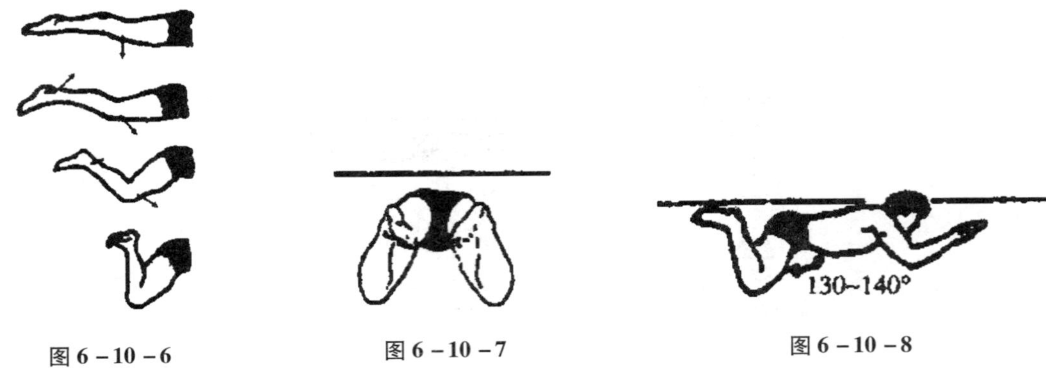

图 6－10－6　　图 6－10－7　　图 6－10－8

(2)翻脚：它是腿部动作效果好坏的关键。收脚接近臀部，两膝内扣，两脚向外侧翻，使脚和小腿内侧正好对准蹬水方向，有利于增大对水面积，获得更大的推动力(图 6－10－9)。

(3)蹬腿：翻脚后，用大腿发力向后蹬水，着力于伸髋，再伸膝。后蹬时，边后蹬、边内夹，两腿蹬直时，有向下压的动作，以形成鞭打的动作(图 6－10－10)。

(4)滑行：蹬腿结束后，两腿迅速并拢伸直，保持在较高位置，身体适度紧张，呈流线型，做短暂滑行。

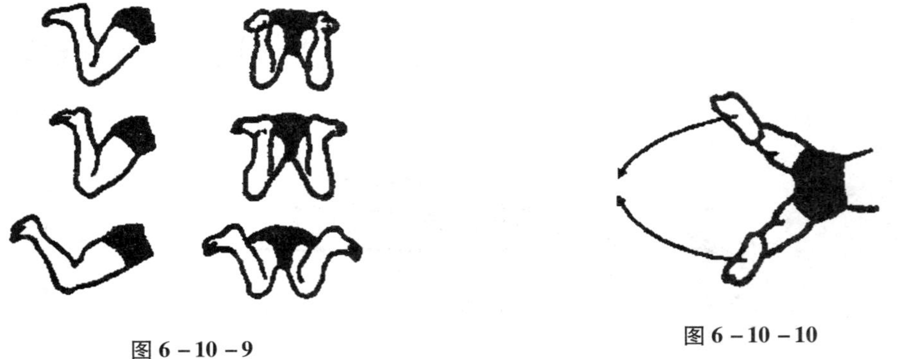

图 6－10－9　　图 6－10－10

3. 臂的技术

现代蛙泳广泛采用高肘、快频率的手臂技术，动作可分为抓水、划水、收手和向前伸臂 4 个动作。

(1)抓水：从两臂前伸的滑行开始，前臂、上臂立即内旋，掌心转向外斜上方，并稍勾手腕，两手分开向侧斜下方压水，当手掌和前臂感到有压力时，便开始划水。

(2)划水：当两臂分成约 45°时，手腕继续弯曲，屈肘向两侧下后方积极划水，划水时肘的最大屈角为 90°左右。划水要用力，使上体上升到较高位置，为下段收手创造有利条件。

(3)收手：其是划水段的继续，是手臂由划水到向前伸臂的过渡动作，能产生较大的上升力和一定的机动力。动作是手臂由外向内再向前，手掌由向后继而成两手掌相对，肘低于手，收手于胸前。

(4)伸臂：向前伸直肘关节和肩关节，手心转向下方。

4. 完整配合技术

它一般是指一个动作周期呼吸一次的“晚吸气”配合。当划水结束时，抬头吸气，同时两膝开始弯曲，当收手并开始前伸臂时迅速收腿。收腿和翻脚时，整个动作要协调连贯，使游泳速度保持大致不变。

现代蛙泳的技术特点是：头部起伏大且位置高，高肘划水，快速窄蹬腿，整个动作频率快(图 6－10－11、图 6－10－12)。

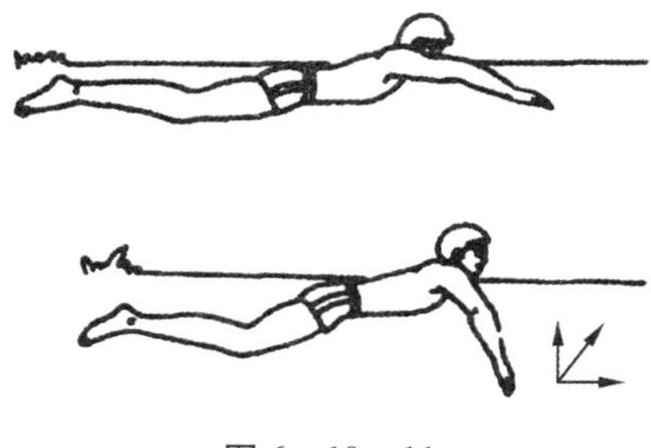

图 6－10－11

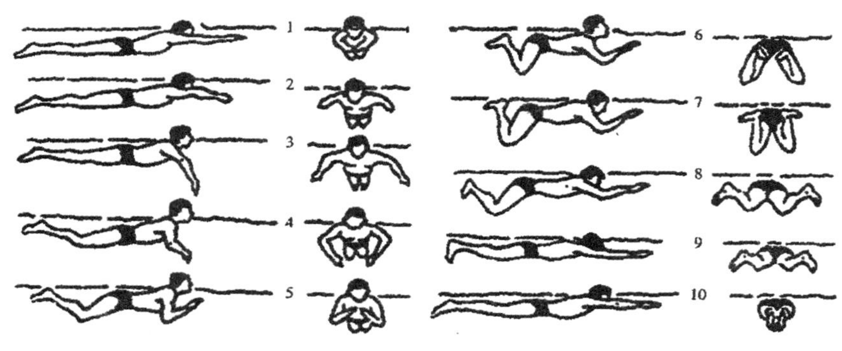

图 6－10－12

(三)自由泳的锻炼方法

自由泳也叫爬泳，是速度最快的一种泳姿。

1. 身体姿势

自由泳时，身体应伸展成流线型，接近水平地俯卧在水面。背部和臀部肌肉保持适当紧张。身体纵轴与水面成 3°～5°，头与身体纵轴成 20°～30°，前进时划水和转头呼吸，身体自然转动，转动幅度是两肩横轴与水面构成的夹角为 35°～45°(图 6－10－13、图 6－10－14)。

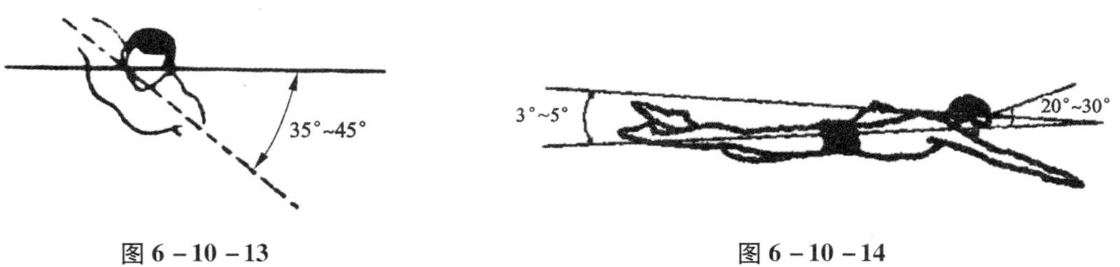

图 6－10－13　　图 6－10－14

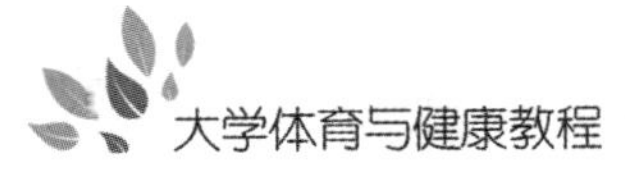

2. 腿部动作

自由泳打腿的作用主要是维持身体平衡，使下肢不致下沉，并产生一定的推动力。打腿动作是以大腿发力，大腿带动小腿，以髋关节为支点，力量通过大腿、膝部、小腿、踝关节，最后到脚，成鞭状打水。打水时踝关节自然放松，脚稍向内转。向上打水时产生的前进作用力比向下打水的效果差，所以向下打水应该以较大的力量和较快的速度进行。打水时上下两腿距离为30～40 cm，屈膝约160°(图6－10－15)。

3. 臂的技术

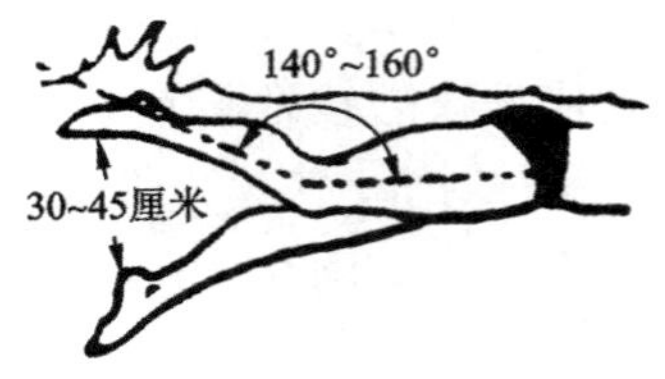

图6－10－15

自由泳时两臂划水是推动身体前进的主要动力。现代自由泳广泛采用屈臂、高肘技术。手部动作分为入水、抱水、划水、出水和空中移臂5个动作。

(1)入水：两肘高于手，屈臂，掌心稍向外，手指伸直并拢插入水中，入水点在肩关节的纵轴线与身体纵轴线之间。

(2)抱水：手臂入水后，积极插向前下方，并逐渐开始屈腕、屈肘划水，肘关节通过肩关节的内转而稍微外转，保持高肘，到划水时使手臂与水面成40°，肘关节屈至150°左右，整个手臂像抱着一个大圆球似的，充分拉开肩部肌肉，使手与前臂接近垂直水面，增大对水面积，为划水做好准备(图6－10－16)。

(3)划水：划水是指手臂在前与水面成40°起，至向后与水平面成15°～20°的这一动作过程。这一动作是获得身体前进推动力的主要阶段。这阶段以肩垂直为界，前段为拉水，过垂直面后称为推水。拉水时前臂的速度快于上臂，继续屈肘，当臂划至肩下方时，手在体下靠近身体中线，屈肘为90°～120°，整个拉水要保持高肘姿势，以便使手和前臂更有效地向后划水。从拉水转入推水应该保持动作连贯，特别是经过肩下垂直线，不要失去手对水的支撑感觉。向后推水是通过屈臂到伸臂来完成的。为了使前臂、手掌能以最大面积对水，在推动过程中，肘关节要向上、向体侧靠近(图6－10－17)。

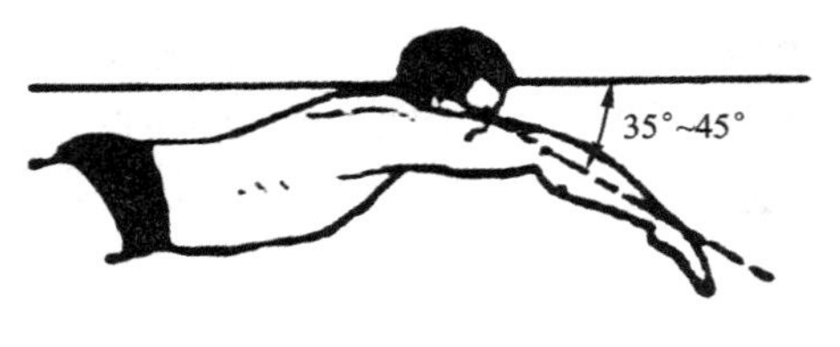

图6－10－16

图6－10－17

整个划水动作，手的运动轨迹是向下、向后、向上的。在抱水和拉水的开始部分，手在肩前；划水的中间部分，手在胸腹下；推水后，手在大腿旁，整个轨迹呈“S”形。

(4)出水：划水结束后，臂由于惯性的作用很快接近水面，并立即将臂提出水面。出水时肩部和上臂几乎同时出水，由上臂带动、肘部向外上方做“提拉”动作，将前臂和手提出水面，掌心向后上方。整个动作应迅速而不停顿，同时还应柔和，前臂与手尽量放松。

(5)空中移臂：空中移臂是出水的继续，并不能停顿。移臂动作要放松，并尽量保持身体的流线型。移臂时，肩部肌肉应向上、向前拉开，肩部靠近身体，使肩胛骨与锁骨转动，肩关节前移，这样有利于加大手臂动作的幅度和对水长度。整个移臂过程中，肘部应始终保持比肩高的位置(图 6－10－18)。

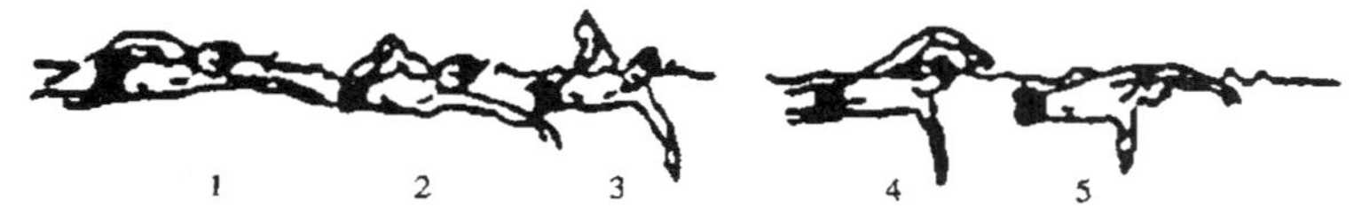

图 6－10－18

4. 呼吸与臂、腿的完整配合

自由泳采用转头呼吸。在两臂各划一次的过程中做一次完整呼吸，即吸气、闭气、呼气和转头吸气，同时，同侧手臂在空中移动。自由泳呼吸时，呼吸、臂和腿的配合节奏一般是 1∶2∶2，可根据游泳距离、个人特点和体力情况因人因时制宜。初学者用嘴用力呼气后，及时用嘴快速吸气，可避免呛水。以右侧吸气为例：右手入水后，嘴和鼻开始慢慢地呼气，右臂划水至肩下，向右侧转头，呼气量增大，右臂推水快结束时，用力呼气，右臂出水时张嘴吸气，移臂至一半时，吸气结束，开始转头复原，然后闭气(图 6－10－19)。

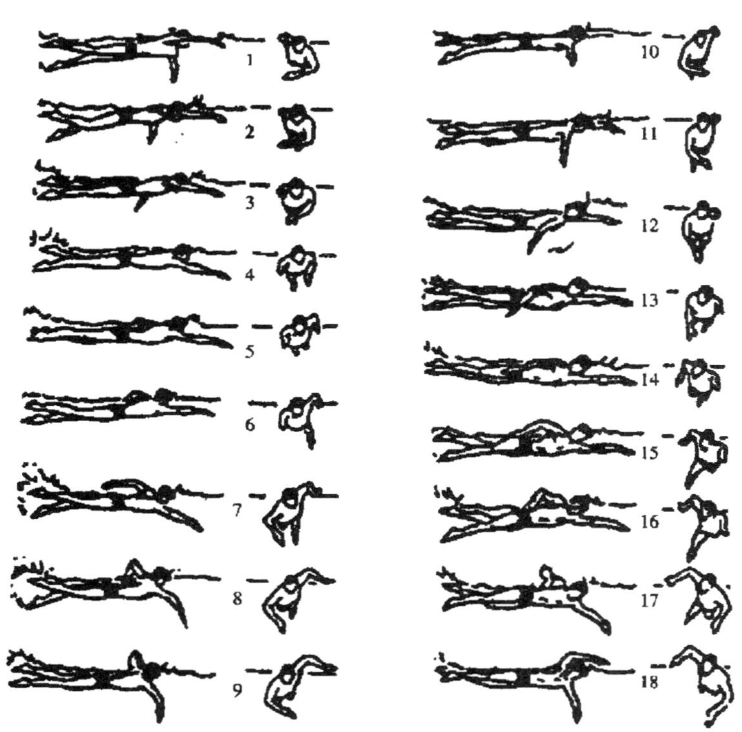

图 6－10－19

(四)蝶泳的锻炼方法

蝶泳的游速仅慢于自由泳，是由蛙泳动作演变而来的一种泳姿，因两臂经空中前移带着的水帘颇似蝴蝶展翅而得名。之后，有人模仿海豚游水时的上下打水动作，创造了“海豚泳”。于是，海豚泳又代替了蛙式蝶泳成为现代蝶泳的主要技术。

1. 身体姿势

由两臂划水、头和上体向上抬起，至两臂前移又下沉至水中，加上两腿的打水，使身体姿势处于不断变化的小波浪状态。

2. 躯干和腿的动作

腿的打水动作是由腰部发力、大腿带动小腿做鞭状动作形成的。它和躯干动作紧密联系在一起。打水时，两腿自然并拢，双脚分开成内八字形。当两脚处于最低点时，膝关节伸直，臀部上升至水面，髋关节约屈成160°(图6－10－24)。然后两腿继续向上时，大腿开始下压，同时膝关节逐渐弯曲，大腿继续加速向上；当脚抬至接近水面时，臂部下降至最低点。屈膝成100°～110°，紧接着两脚向下打水，踝关节放松，脚面对水，这是打水产生推力的最有力阶段。然后脚面、小腿随着大腿加速下压，加速向后推水，当两脚向下打水尚未结束时，大腿又开始向上移动，至膝关节完全伸直时，向下打水的动作结束。

打水动作要求躯干和腿的动作要协调一致。为使打水动作连贯，当上一次打水腿尚未完全伸直时，大腿已开始向上动作了。初学者应特别注意体会这个动作的连续性。一般采用两次打腿技术，两次的用力程序随个人习惯，常见的是第一次重打，第二次轻打。

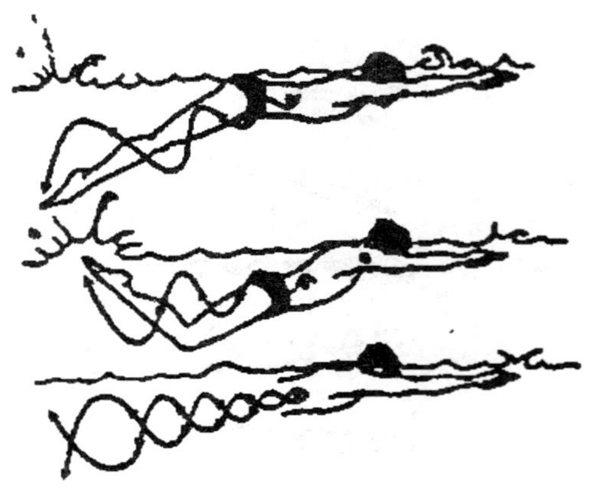

图6－10－20

3. 臂的技术

它是产生推进力的主要来源。蝶泳臂划水与自由泳技术有很多共同点，均由前向后划水，经空中向前移臂，过程基本相同，均要求高肘划水。不同的是自由泳划水是两臂交替进行，身体自然转动，而蝶泳划水是两臂同时进行，身体不转动，但有上下起伏。

(1)臂入水：有宽入水和窄入水之分，一般均采用宽入水，即同肩宽的肩前入水技术。入水点较近，手掌斜插入水(成45°)。入水时，手掌领先，前臂、上臂依次入水。入水后要避免过分前伸和潜入过深。

(2)抱水和划水：臂入水后，手和前臂内旋并向外侧下方抱水。接着两臂逐渐向内、向后屈臂划水。进入划水段，应屈肘保持“高肘”姿势，即做加速划水。两臂划至肩下方时，前臂与上臀的角度为90°～100°。此后，两手划至腹下时，两手距离最近，再做两手的弧形向外推水。

(3)出水：当两臂推水尚未结束时，双肘已开始做上抬动作，利用加速推水的惯性提肘出水。肘先于手出水。

(4)空中移臂：两臂放松、内旋，沿体侧低平的抛物线前摆。开始时肩关节上提，两肩胛骨靠拢，然后向前转肩。空中移臂一般是直臂前摆，也可以屈臂前摆。

4. 腿、臂动作配合与呼吸

配合应是速度均匀，节奏明显，打腿间歇时间相同，打水连贯有力，目前采用的技术，其腿、臂、呼吸的配合节奏多为2:1:1(图6－10－21)。

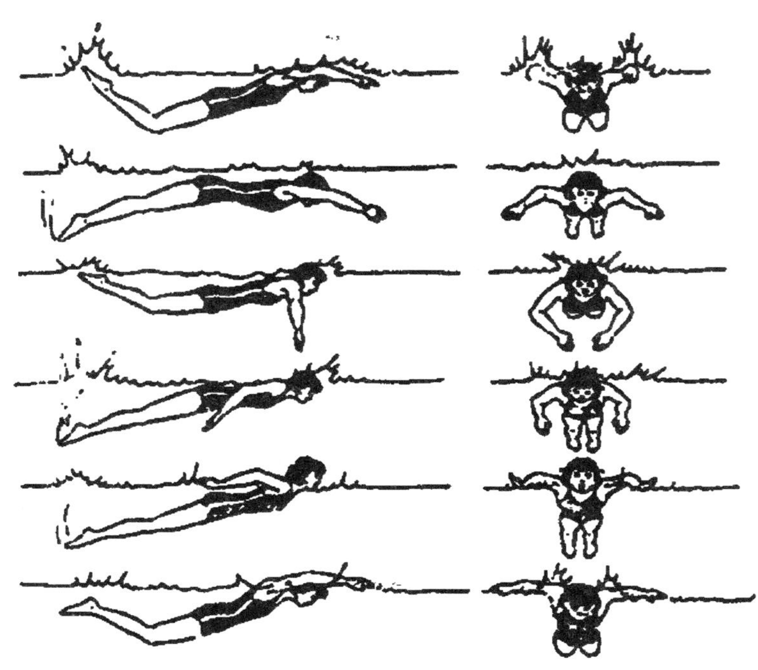

图6－10－21

臂、腿配合的结构是：两臂入水时做第一次向下打水；臂抓水时，腿向上，两臂划至胸腹下时，做第二次向下打水；臂推水结束，打水结束；移臂时，腿向上。

呼吸一般采用臂划水一次、呼吸一次的节奏。两臂配合的协调性与游速关系很大。晚吸气被大多数优秀运动员采用，即吸气是在划水的后1/3段。在划水主要阶段开始抬头，升高肩部；划至肩垂线时，脸击水，开始吸气，至两臂完成推水动作。前移臂时，颈部微屈，低头入水。初学者一般采用早吸气，即在臂划水的前1/3时就开始抬头吸气，至臂出水和向前移臂时闭气。

(五)仰泳的锻炼方法

由于仰泳时嘴始终露在水面上，故呼吸较容易学会，尤其是浮力较好的人更容易掌握这种泳姿。只要学会了踢水动作，就能很快学会仰泳。

1. 身体姿势

由于采用两臂划水，身体应伸展成流线型仰卧在水面上，身体纵轴与水面构成一个不大的迎角，整个身体处于较高的位置。

身体在水中时，胸部自然伸展，腹部微收，胸腹几乎成一条直线，这样游进时能减少身体的迎面阻力(图6-10-22)。

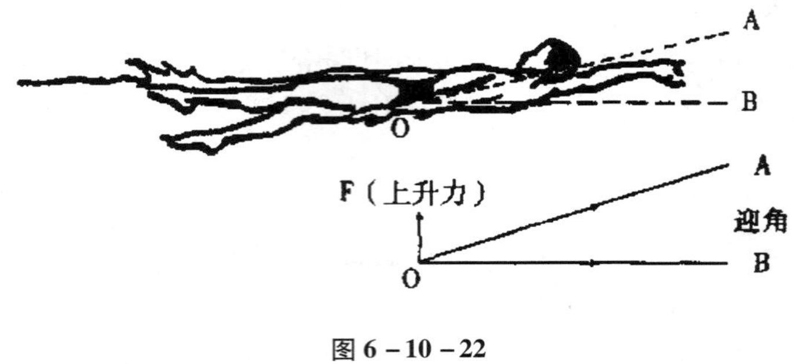

图6-10-22

2. 腿部动作

仰泳时腿部动作主要是为了维持身体平衡，控制身体摇摆，形成一个好的流线型姿势，产生一定的推进力。

仰泳两腿动作以髋关节为支点，由大腿发力，带动小腿和脚有节奏地做上下鞭打踢水动作。

3. 臂的技术

仰泳时臂的动作与自由泳时一样，都是产生前进力量的主要因素。目前一般都采用两臂交替的体侧臂划水的技术，划水过程包括入水、抱水、划水、出水和空中移臂五个部分。

(1)入水：在空中移臂后，要紧接着入水。入水时，手臂自然伸直，手掌展平，小指率先入水，入水点在肩的延长线上。

(2)抱水：手臂入水后，躯干向入水的同侧方向转动，借助前移的速度，直臂向深水处积极推水，做转肩和臂内旋的动作，并开始屈臂，使手掌、上臂和前臂处在最有利的划水位置，形成有利的划水面，这个动作叫抱水。

(3)划水：仰泳的划水动作是推进身体前进的主要动力。整个动作是从屈臂抱水开始，以肩为中心，划到大腿侧下方为止。

(4)出水：臂出水动作是先压水后提肩，使肩露出水面后，由肩带动上臂、前臂和手依次出水。

(5)空中移臂：臂出水后，应迅速地与水平面成90°。垂直面上由后向前移动，移臂时手臂要自然伸直，速度要快。

4. 呼吸与腿、臂的动作配合

仰泳时身体成仰卧姿势，脸一直露出水面，因此呼吸技术简单、自然，只要口有节奏地呼吸即可，但不能用鼻吸气，否则，可能将水带进鼻腔而导致呛水。臂与呼吸的配合是两臂各划水1次，呼吸1次。两臂和两腿的配合和自由泳一样，因而腿、臂和呼吸的配合节奏为6:2:1，即在一个循环动作内打腿6次，划臂2次，呼吸1次。

六、游泳的注意事项

游泳是在水中进行的，所以一定要注意安全。疏忽大意往往会导致溺水甚至死亡的后果。

以下事项值得注意：

(1)游泳前必须进行体检，经医生同意后方可游泳，以避免将传染性病菌带入水池中传染他人。

(2)游泳前必须了解水情及场地情况，如是否有礁石、水草丛生、污染以及水域过深等情况。

(3)游泳前要做好准备活动，以防止肌肉抽筋、拉伤。

(4)剧烈运动后不宜立即游泳。剧烈运动后会使人的体温升高。如马上下水，身体突然受到冷的刺激，体温会迅速下降，易引起感冒，甚至因疲劳过度而引起肌肉抽筋或溺水事故。

(5)饭后和饥饿时不宜游泳。饱食后游泳会减少消化器官的血液供给，使消化器官功能降低，影响食物的消化和吸收。另外，水的温度和压力会使胃肠蠕动功能受到影响，易引起胃痉挛，出现腹泻或呕吐。因此，饭后须间隔 30 ~ 60 min 后再游泳。饥饿时游泳，因空腹时血糖含量下降，易出现头晕或四肢无力，甚至有晕厥的可能。

(6)饮酒后不宜游泳。酒中乙醇对神经系统有麻醉作用，会使人体机能下降，反应能力和动作协调性下降，不易掌握游泳技术，而且容易发生危险。

(7)游泳时如出现恶心、头晕、呕吐和打冷战等情况，应及时出水。

(8)有下列情况者不宜游泳：患有精神病、严重心脏病、腹泻、高烧、鼻窦炎、中耳炎、肝炎、急性结膜炎、传染病或其他急性病等疾病的人员不宜游泳，此外女生月经期也不宜游泳。

七、游泳竞赛规则与裁判法简述

(一)游泳裁判员

总裁判为 1 至 3 人；技术检查员 4 人；发令员 2 至 3 人；转身检查长 2 人，转身检查员每条泳道两端各 1 人；计时长 2 人，记时员每条泳道 3 人(其中 1 人由转身检查员兼任)；终点裁判长 1 至 2 人，终点裁判员 6 至 9 人；编排记录长 1 至 2 人，编排记录员 8 至 12 人，检查长 1 至 2 人，检录员 3 至 5 人；报告员 1 至 2 人；司线员 2 人。

如使用自动计时装置时，应增设自动计时长 1 人，自动计时员 1 人。

基层的游泳比赛的裁判员人数可根据比赛的具体条件进行安排。

(二)发令员

应站在游泳池的侧面，离出发池端 5 m 以内处发令，要求能全面观察到 8 条泳道的运动员。发令员右手举枪，左手拿哨靠近嘴下，发出“各就位”口令。此时发令员应全神贯注，注意全部运动员的动作，当所有运动员处于相对静止时，立即发出“出发”信号。游泳出发采用“一次性出发”的规定，如发现运动员抢码时，应用短促、连续、响亮的哨声，及时召回运动员，并组织重新出发。无论哪个运动员抢码犯规，均应取消该项比赛资格或录取资格。

(三)终点裁判

终点裁判的一项主要工作是正确判断比赛名次。

终点裁判方法分为跟随观察法和传统观察法。目前国内重大比赛中采用的是跟随观察法。其特点是以固定泳道为主进行分工，观察难度小，判断效果好，裁判人数少。

此办法设A、B、C、D、E、F岗终点裁判员和正、副终点裁判长共8人。终点裁判长负责全面观察运动员抵达终点的情况，综合各岗终点裁判员的判断，确定终点组最后比赛名次。

（四）检查

检查工作是检查运动员在全部游程中的泳式、技术动作和转身动作是否符合规则。检查工作必须做到全神贯注，判断准确。检查组由4名技术检查员和2名转身检查长及16名转身检查员组成。基层比赛可根据规模大小有所增减。

（五）司线员

司线员的工作是根据总裁判、发令员的召回信号，负责召回运动员。司线员应及时放下召回线，将运动员召回。

（六）规则

1. 出发

自由泳、蛙泳及蝶泳比赛应采用跳水方式出发。当裁判长鸣笛一长声时，选手即应双足站上出发台，两足尖不得超出台面前沿。待发令员发出“各就位”口令，选手应至少有一只脚立即在出发台前缘做好出发准备，手臂位置不限。当选手处于相对静止时，发令员就发出出发信号。

仰泳比赛及混合泳接力赛的第一棒应于水中出发。当裁判长鸣笛一长声时，选手应立即入水，不得故意拖延。裁判长再次鸣笛时，多数选手均已就出发位置，发令员可下达“各就位”或预备口令，等选手处于相对静止时，发令员就发出出发信号。

2. 自由泳

自由泳指比赛选手可采用任何姿势进行比赛，但在个人混合泳或混合泳接力时，自由泳则指仰泳、蛙泳或蝶泳以外的姿势。

自由泳每一转身及游毕全程时，比赛选手必须以身体任何部分碰触池端。在整个比赛游程中，选手身体的一部分必须露出水面。在出发及每次转身后，选手潜泳距离不得超过15 m。

3. 仰泳

选手于水中面向出发台排成一列，并以双手握出发把手，双足包括足趾均应置于水面下，且禁止将足部踏于溢水沟上或脚趾扣于溢水沟的边缘。

在出发信号响起及转身后，选手均应保持背部朝下的仰姿游完全程。除转身规定外，在游程中均必须保持上述姿势。此种正规姿势包括身体之纵轴滚动，但滚动不得超过水平90°以上。头部姿势与此无关。

在比赛全程中，选手部分身体必须露出水面前进，除了在出发及转身后，选手可在水中游15 m，其余时候头部必须露出水面，否则以犯规论。

转身时，两臂与胸部可以翻成俯卧，继而用单手或双手划动使身体向前滚转，转动的过程中肢体必须连贯，不得用脚踢或腰部拨动。而滚动后，双脚蹬出时，必须以仰姿进行。游至终点时，必须以仰姿触及池端。

4. 蛙泳

自由出发及每次转身后第一次划臂动作开始，身体应保持俯姿。

两臂划水动作应同时，并在同一水平面上不可有轮换与交替动作。两手应于水面或水面下同时自胸部向前伸出，肘部除了在触终点前的最后一次划水外，不得露出水面。双手必须在水平面或水中回复，除了出发及每次转身后第一次划臂外，两手之后划水动作，均不可越过臀线位置。

两腿动作应同时，并在同一水面上不可有轮换动作。在蹬腿时，两足必须向外、向后蹬，不得有剪式、上下打水或海豚式踢腿动作。两足可以露出水面，但不得有海豚式踢腿动作。

在每次转身及抵至终点时，均应用两手在水面上或水面下同时触碰池端。在触碰池端前的最后一次向后划水动作结束后，其露出水面的部分头部，可以潜入水中，但在触壁前的一个完整或不完整的配合动作中，头应部分地露出水面。

出发及每次转身后，全身可潜入水中，运动员可做一次长划臂及一次蹬腿的动作。从浮出水面起，每完成一次划臂及一次踢腿这一蛙泳动作周期中，头部须露出水面一次。出发与转身时，在两手做第二次划臂动作至最宽部分内收之前，头部必须露出水面。

5. 蝶泳

自出发及每次转身后的第一次划臂起，身体必须保持俯姿，且两肩必须保持与水面平行，但在水面下允许腿侧向打水，任何时间身体均不得翻转成仰姿。

两臂动作必须同时一致，自水面上同时挥向前方，同时后划。

两足的所有动作必须同时一致，两腿及两足允许同时在垂直面动作，两足或两腿虽无须在同一水平面上，但不得有交互动作。

在每次转身及抵达终点时，两手必须在水面上或水面下同时触碰池端。

在出发和转身后，允许选手全身潜于水中，但不得超过 15 m。

第十一节 轮 滑

一、轮滑运动的起源和发展

轮滑运动(俗称旱冰运动)，又称四轮溜冰运动，是以有四个轮子的轮滑鞋为主要运动器具，以在平整地面上滑行为基础的运动。它包括速度轮滑、花样轮滑、轮滑球三大主要项目。

现代轮滑是由美国的詹姆斯·普利姆普顿于 1863 年发明的。他用金属轮子代替木质轮子，这项发明推动了各国轮滑运动的发展。1892 年，国际轮滑联盟在瑞士成立，轮滑运动进一步向正规化、国际化方向发展。以后，轮滑运动逐渐演化为花样轮滑、速度轮滑和轮滑球三种不同形式的运动项目。1940 年，在罗马举行的第 43 届国际奥林匹克委员会会议上正式承认了轮滑项目的国际联合会。这决定，使轮滑运动很快地从欧洲传到北美、南美、非洲、大洋洲等地，各洲也相继开展了轮滑锦标赛。目前，美国、德国、意大利是世界轮滑的强国。我国轮滑运动开展较晚。轮滑运动于 19 世纪传入中国，当时仅限于沿海个别城市，只作为娱乐活动。直到 20 世纪 80 年代初期，我国才有正式比赛出现。现在，轮滑运动已经成为我国青少年最喜爱的运动项目之一。

进行轮滑运动时，人体要保持各种特殊的平衡姿势，以做出各种高速度、高强度、高难度的技术动作。这就要求练习者有良好的肌肉力量和身体的协调性、灵活性。所以，轮滑运动能全面发展人体的各项素质，改善人体的心肺功能，增强各关节的灵活性，同时对培养勇敢、顽强的意志品质，果断的判断力等也会产生良好的影响。它既能丰富人们的业余生活，又能陶冶人们的情操。

二、轮滑运动的分类

轮滑运动可以分为速度轮滑、花样轮滑、轮滑球。

1. 速度轮滑

速度轮滑的比赛分为两种：一种是在一个椭圆形、弯道呈盘子形状的场地上进行的比赛，称为场地速度轮滑比赛；另一种是在公路上进行的比赛，称为公路速度轮滑比赛。

场地和公路速度轮滑的正式比赛距离为：300 m、500 m、1000 m、1500 m、2000 m、3000 m、5000 m、10000 m、15000 m、20000 m、21000 m、30000 m、42000 m、50000 m。

2. 花样轮滑

花样轮滑有男子单人滑、女子单人滑、双人滑（一男一女）几种。其规定图形有 17 类，共 61 种滑法。裁判根据运动员所做动作的准确性、难度、造型优美的程度来评分。

3. 轮滑球

比赛规则、打法、裁判法及使用的器材与冰球类似。比赛双方各 5 人上场竞技。所不同的是，全场共分两局进行，各 20 min，两局中间双方交换场地。轮滑球运动量大，场面精彩火爆，很受年轻人的喜爱。

三、轮滑技术动作

（一）练习前的准备

（1）选择好适宜的轮滑鞋，穿上的轮滑鞋松紧适合即可，然后带上必要的防护用具。

（2）穿上一只轮滑鞋后，可在地上试一试滑度如何；也可慢慢地用一只脚蹬地，而后用穿轮滑鞋的另一只脚滑行一段距离。

（3）穿另一只轮滑鞋后，初学者，尤其是第一次穿轮滑鞋的人一定要注意，此时最容易摔倒，所以先要蹲稳，然后将身体重心移到两脚之间再慢慢站起来。

（二）基本的站立与姿势

1. 基本站立

正确的站立是滑行的基础。一般初学者初次穿上轮滑鞋站起来后，会因轮子意外的滑动而难以保持身体平衡，因此他们必须先掌握基本的站立方法。

（1）丁字站立法：该方法是两脚丁字步站立，前脚卡住后脚的脚跟，两膝微屈前倾。由于前脚跟卡在后脚两轮之间，轮滑鞋不能滑动，人体站立比较稳定。

（2）八字站立法：两脚尖自然分开，形成自然开角，两脚跟自然靠近。上体稍前倾，两膝自然下垂。重心落在两脚之间可以避免身体前后滑动。

（3）平行站立法：两脚分开，比肩稍窄，两脚尖稍内扣，保持两脚并行。膝部微屈，上体稍前倾。重心落在两脚之间，平稳站立。

以上三种基本的站立，是初学者必须掌握的。在练习中要注意：两条大腿要稍微绷紧点，控制腿的稳定性，不让任何一脚随便滑动。站立时，上体和两臂要保持相对稳定，不能在腰、腿、脚没有准备的情况下乱动。

2. 基本姿势

基本姿势同基本站立一样，也是滑行的基础。基本姿势的掌握有利于提高重心的稳定性，可以帮助练习者掌握正确的动作，使其在滑行中少摔跤、少走弯路。

(1)一般初学者滑行时的站立姿势：上体稍前倾。大腿蹲屈成140°左右，小腿前弓成80°左右。全身自然放松，两脚间距20 cm左右，重心落于脚心和脚掌之间，两脚平均用力，要站平衡。

(2)速度轮滑的基本姿势：上体前倾，背部肌肉放松，背部稍高于臀部，眼看前方5~6 m处，屈膝，两脚并行，两脚并拢或分开在10 cm以内，两臂自然下垂或背于腰后，手互握，重心在脚掌中部。

(三)移动重心练习

1. 原地移动重心练习

原地移动重心是在不向前滑动的前提下所做的动作，旨在练习控制重心移动时的稳定性和掌握平衡的能力。

(1)原地左右移动重心：在两脚平行站立的基础上，上体向一侧移动，并逐步将身体重心完全移到这一支撑腿上。待平稳后，上体再向另一侧腿上移动，并将身体重心完全移到该腿上，左右移动重心的练习要反复进行。

(2)原地踏步练习：在八字站立的基础上，重心移到左脚上，另一腿微屈上抬，使脚离地为5~10 cm，再落下。重心移到右脚上，左脚再抬起，交替练习。

(3)原地蹲起练习：两脚平行站立或八字站立。做向下蹲再起来的动作。开始时可半蹲，逐渐加大蹲的程度，最后做深蹲。开始时可慢慢做，然后再逐渐加快速度。练习时，应保持上体直立，不可向前屈体再直立，而是只做腿的蹲屈动作。在屈伸踝、膝、髋3个关节时，应注意动作的协调性，保持重心的垂直升降。

(4)原地单腿支撑练习：在双脚平行站立的基础上，将身体重心完全移到一条腿上，然后慢慢将另一条腿抬起，脚稍离地，并停留片刻。支撑腿微屈，重心要平稳地落在支撑腿上。平稳地停留一定时间后，抬起的脚落地，再换另一腿反复练习。基础练习是学习轮滑的第一步，初学者应按照循序渐进、由易到难的原则，先扶物或扶人进行练习，待初步掌握身体平衡后再进行徒手练习。

(5)两脚原地前后滑动：在两脚平行站立的基础上，做一脚向前、另一脚向后的来回滑动动作。两臂前后摆动，像走路一样，同两脚配合。两脚滑动时，应始终保持平行，重心要始终保持在两脚中间，两腿伸直，由大腿发力做前后滑动动作。这是提高对重心的控制能力和对滑动的适应能力的练习。

(6)原地高抬腿练习：在原地踏步的基础上，每次抬腿逐渐加高，直抬至大腿与地面平行。抬腿时，应注意身体协调配合，保持重心稳定，防止重心后移，身体后仰。这一练习，应在具有初步滑行技术又有一定的重心控制能力时再做。

2. 迈步移动重心练习

初学者在较好地掌握了原地移动重心的基础上就应进行向前、后、左、右移动重心的练习，学会正确移动身体重心和迈步是掌握正确滑行的基础。

（1）向前八字走：在丁字步站立或八字步站立的基础上，一脚抬起向前迈出一小步，脚尖稍偏外，呈八字形落地，同时身体重心迅速跟上，待重心完全落于前脚时，后脚抬起再向前迈出，移动身体重心。

（2）横向迈步移动：在平行站立的基础上，一侧脚向同侧迈出一步，身体重心随之迅速跟上，另一侧腿收回，在内侧靠拢着地，并承接体重，然后换腿练习。这是在滑行中横向移动重心的重要基础。

（3）横向交叉步移动：其动作与横向移动基本相同。它们的区别是：这种移动练习的一侧腿的回收是从支撑腿的上方进行，成交叉步向一侧移动重心。

初学者在学习迈步移动重心时，身体不要直立。因为直立姿势重心高，容易摔倒。正确的姿势应该是力求降低身体重心，上体前倾一些，腿部还要适当蹲屈，这样既可提高身体的平衡性，又有利于掌握动作。

3. 初步滑行练习

初学者在掌握了迈步移动重心后，就可以开始学习向前的滑行动作。

（1）走步双滑练习：在学会向前八字走的基础上，每次连续走几步可产生一定的惯性，然后两脚迅速并拢，并由八字变为两脚平行，借助惯性向前滑行，体会身体向前滑的感觉。然后走几步再并拢双脚滑行，力争连续做几次。走步双滑的关键是保持重心在两脚中间。

（2）高姿势交替蹬地交替滑行：双脚呈八字步站立，膝、踝微屈，上体直立。开始时，双脚同时向两侧蹬地，使双脚同时开始前滑。重心随之稍向左腿，左腿成支撑腿，右脚再稍多做一点蹬地动作后迅速收回，向左腿靠拢，脚尖稍偏外侧，落地时自然形成八字步，同时，重心向右腿上移，左脚开始侧蹬地，蹬地后也迅速收回，脚尖外分落地，再承接重心，开始右腿蹬地。两脚交替蹬地，即可连续滑行。

（3）低姿势交替蹬地交替滑行：此练习是在上一练习的基础上，用速度轮滑的深蹲基本姿势做。由于该练习的腿弯曲较大，在动作幅度上比以上的练习大，用力时间也较长，所以滑起来较快，可体会速滑的感觉。做此动作时，右脚侧蹬地，重心随之移向左脚，左腿支撑滑行，右脚蹬地结束后放松收腿，当右脚靠近左脚时，重心开始回移，左腿开始蹬地，右脚落地后，右腿支撑滑行，然后收回左腿。两脚交替蹬地、交替支撑滑行。

（4）交替踏地接双脚滑行：当初步做到两脚交替蹬地、交替滑行后，可把其与双脚惯性滑行结合起来练习。其方法是交替蹬地三四步或五六步，取得一定的前进惯性后，双脚并拢平行，借助惯性向前滑一定距离，然后再交替蹬几步，再惯性滑行，反复练习。

4. 弯道的初步滑行练习

初学者在进行简单的直线滑行时，也应进行一些简单的转弯练习。如果直线动作和弯道动作结合练习，相互提高，进步会更快，效果会更好。

（1）走步转弯：在向前做八字走或者半走半滑时，若想向左转弯，迈步脚落地时，脚尖都要向左转动一点，身体也随之向左转动一点，逐渐呈弧形的走滑路线。向右转弯时动作相同，但方向相反。

（2）惯性转弯：当向前滑行有了一定速度后，两脚平行稍靠近，如果向左转弯时则左脚略靠前，右脚靠后，重心落在两脚之间的前 1/3 处。最好是前腿略弓，后腿直。身体重量压在左脚和右脚的左侧轮，利用惯性向左滑一较大弧线。右转时，动作相反。

（3）短步转弯：在学会慢慢转弯动作的基础上，将身体姿势放低，重心完全落在左腿上，甚至超出左腿支点(向左转时)，右脚向右侧蹬地后迅速收回，靠近左脚落地做非常短暂的支撑，此时，左脚迅速向左稍转脚尖，右脚再迅速向外侧蹬出。连续做此动作即可加速连续转弯。右转时，动作相反。

第十二节 跆拳道

一、跆拳道运动概述

跆拳道运动是一项起源于朝鲜半岛的古老而又新颖的竞技体育运动，是朝鲜民族在生产和生活的基础上发展起来的一项运用手、脚技术和身体能力进行自身修炼和搏击格斗的传统体育项目。说它古老，是因为它在有记载的朝鲜民族史上已有三千多年的历史；说它新颖，是因为跆拳道自20世纪50年代中期在朝鲜半岛重新崛起到现在，60多年来，努力向世界传播，已经风靡全球，成为一项新颖的竞技体育项目。跆拳道的内容十分丰富，但主要内容包括品势修炼(动作组合)、搏击格斗和功力检验三大部分。

跆拳道的“跆”字，意为像台风一样猛烈地、强劲地跳踢的“脚”；“拳”字意为拳头，是用来进攻的武器；“道”是指人生的正确道路，在这里寓意正确使用手脚的方法和原理。跆拳道运动要求练习者不仅应学习跆拳道技术，更应注重对跆拳道礼仪、个人道德修养的学习和遵从，每一次练习都要求“以礼始，以礼终”，培养人的礼仪、忍耐、谦虚和坚忍不拔的精神，这对青少年尤其具有特殊的教育意义。

跆拳道练习者身穿专用的白色跆拳道道服，腰系代表不同段位的腰带进行训练或比赛。跆拳道的水平是由练习者的级别和段位体现的，水平越高，其段位也就越高。跆拳道的段位分为初级的十级至一级和高级的一段至九段。跆拳道的比赛是分男、女两个组别按体重分级进行的。由于跆拳道运动是以腿法为主要进攻手段，因而比赛时气氛紧张激烈，双方斗智斗勇，拳来腿往，高难动作精彩纷呈，充分展示了人体的激烈对抗，具有极高的观赏价值。观看跆拳道比赛，可以激发人的斗志，鼓舞人奋发向上的精神，陶冶人的道德情操，同时可以使人享受到击打艺术的美妙感觉。

二、跆拳道的基本技术

(一)跆拳道实战的基本姿势

1. 实战姿势的类型

(1)标准实战姿势：左脚在前称为左势，右脚在前称为右势(以下以左势为例)。

动作规格：两脚前后开立与肩同宽，前脚尖45°斜向右前方，后脚跟抬起，膝关节微屈，重心落在两脚中间；上身自然直立，45°斜向右前方，双方握拳、拳心相对，两臂弯曲置于胸前；头部直立向前，目视正前方(图6－12－1)。

侧位　　正位

图 6－12－1

图 6－12－2

图 6－12－3

动作要领：身体自然，肌肉放松；膝关节松而不懈，富有弹性；心无杂念，以无意为有意。易犯错误：全身紧张，肌肉僵硬；重心偏前或偏后，不利于启动；膝关节不弯曲，缺乏弹性。

（2）侧向实战姿势：身体完全侧向，前后脚在一条直线上，其他部位同标准姿势（图 6－12－2）。

（3）低位实战姿势：身体姿势同标准实战姿势，只是双膝弯曲加大，重心降低。这种姿势重心低，不易失去重心，但移动相对较慢（图 6－12－3）。

2. 与对手相关的站位

（1）开式站位：指和对方体前相应的站位，即自己的体前相对对方的体前，包括左势对右势（图 6－12－4）和右势对左势（图 6－12－5）两种形式。

（2）闭式站位：指和对方的体前侧不相对应的站位，即自己的体前对应对方的体后。包括左势对左势（图 6－12－6）和右势对右势（图 6－12－7）两种站位形式。

（二）跆拳道实战的基本步法

跆拳道是一种以腿法为主的武技，实战中步法的灵活运用对充分发挥腿的威力，取得实战的胜利具有极其重要的意义。脚法使用时多以后腿进攻，因此跆拳道的步法具有鲜明的特点，即重心落在两脚之间或偏于前腿，而且身体姿势大多以侧向站位为主，以便保护身体和正面要害部位和使后腿通过拧腰转髋发力，增加击打的力量和速度。

图 6－12－4

图 6－12－5

图6－12－6

图6－12－7

跆拳道的步法在实战中具有极重要的意义：第一，步法是连接技术动作的关键环节，在跆拳道实战中，不论是进攻、防守，还是防守反击动作，绝大多数是在运动中完成的，因此需要灵活、快速、敏捷、多变的步法连接技术，以保证后面技术动作的完成和发挥，否则就会处于被动挨打的地位。第二，通过灵活多变的步法移动，使对方的进攻或防守落空，同时自己抢占有利的攻击或防守位置，为反击创造条件。第三，灵活多变的步法可以保持身体姿势的平衡，因为身体只有在相对平衡的状态下，才能更有力、更有效地攻击对方，达到攻击的目的。跆拳道的实战是在运动中进行的，没有正确、灵活、多变的步法，就难以取得实战的胜利。第四，灵活机智地运用多种步法，可以给对方心理造成压力，使对方产生无所适从的感觉，为战胜对方创造条件。

实战中常用的基本步法包括以下几种：

(1)前进步：标准实战姿势开始，两脚成斜马步，两手握拳置于胸前。前进时后脚蹬地向前迈步，身体侧转成另一侧斜马步(图6－12－8)，可连续进行。这是前进步中的一种——上步。注意拧腰转髋。

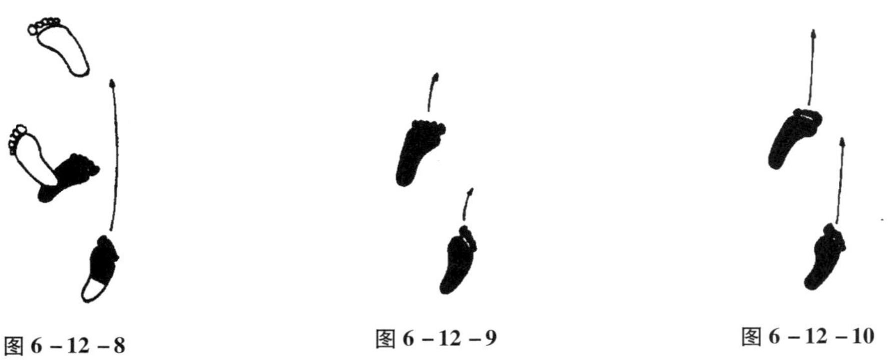

图6－12－8　　图6－12－9　　图6－12－10

前进时，后脚蹬地，前脚向前滑行称为前滑步(图6－12－9)；后脚蹬地，前脚向前跳跃称为前跃步(图6－12－10)。前滑步和前跃步都属于前进步，是主动进攻时采用的步法。也可用于假动作，配合手臂的动作进行，便于快速接近对方。

(2)后退步：由标准实战姿势开始，前脚掌用力蹬地，后腿先退后一步，前脚随即后退，之后两脚以及身体仍保持原来姿势(图6－12－11)。若前脚掌蹬地后，后脚沿地向后滑行一步，前脚随即同样向后滑行一步，之后两脚以及身体仍保持原来姿势，叫做后滑步退（图 6－12－12）。这种步法可以拉开和对手的距离，避开对方的进攻，准备做反击动作。

图 6－12－11　　图 6－12－12　　图 6－12－13

（3）后撤步：从标准实战姿势开始，以后脚前掌为轴，前脚抬起向后经后脚内侧向后撤一步，形成和原来相反的实战姿势（图 6－12－13）。后撤步可根据实战需要左右变化，调整与对方的相对距离，准备进行攻击或反击。

（4）侧移步：由标准实战姿势开始，两脚前脚掌同时向左（右）侧蹬地，使身体向右（左）侧移动，离开原来的位置。向左移叫左移步，向右移叫右移步（图 6－12－14）。侧移步的作用是避开对方有力的攻击，移动到对方的侧面，准备进行反击。

（5）跳换步：由标准实战姿势开始，两脚同时蹬地使身体腾空，空中两脚前后交换，同时转体；落地时身体姿势呈另一侧的准备姿势（图 6－12－15）。跳换步的腾空不宜高，略离地即可；换步时要拧腰转髋，迅速敏捷，其目的是干扰对方的攻防思路，选择适合自己进攻的方位和转换自己身体的得分部位使对方不能得分，同时争取反击的空间和时间，马上转入进攻。

图 6－12－14　　图 6－12－15

（6）弧形步：由标准实战姿势开始，前脚的前脚掌原地蹬地面，后脚同时向左（右）蹬地后右（左）跨移一脚，成为和原来准备姿势不同方向的准备姿势。向左跨步为左弧形步（或左环绕步），向右跨步为右弧形步（右环绕步）（图 6－12－16）。

（7）前（后）垫步：由标准实战姿势开始，后（前）脚向前（后）脚并拢的同时，前（后）脚蹬地向前（后）迈（退）步，仍成原来的实战姿势（图 6－12－17）。

垫步动作的要点是后脚（前）向前（后）要迅速，不等后（前）脚落地，前（后）脚就要蹬地向前（后）移动；前（后）脚移动的距离要适当，既能照顾与对方的位置关系，又便于自己后面的连接动作。垫步动作要迅速、轻捷、连贯，要快速接近或远离对方。后面的连接动作，无论是进攻还是防守，都要连接迅速，可在垫步进程中做动作，不给对方任何机会。

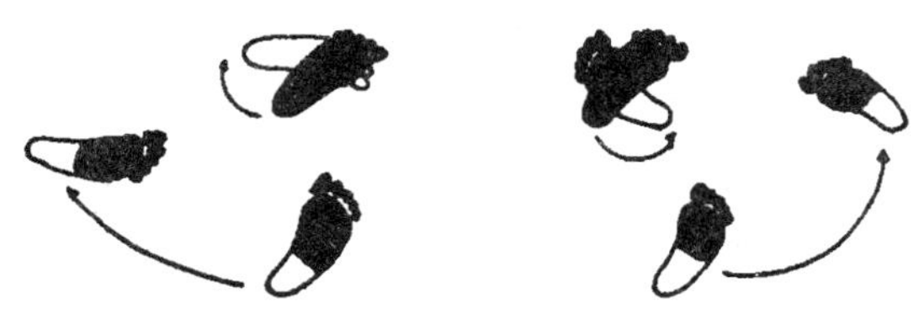

图 6 - 12 - 16

(8)前冲步：由实战姿势开始，后脚向前迈进一步，身体姿势同时转正，随即前脚向前冲一步，仍成为实战姿势(图 6 - 12 - 18)。可连续冲几步后成实战姿势。

前冲步的动作要点是两腿动作要连贯快速，步幅要小、频率要快，灵活多变，是主动追击对方的有效步法。连续动作要轻捷快速，给对方造成慌乱，亦可采用向后退的类似方法避守。

图 6 - 12 - 17　　图 6 - 12 - 18

(9)组合步：指各种步法之间的不同组合，实际上，跆拳道技术在实战运用的过程中，无不通过各种步法的运用和变化而得到实施，而且使用的步法都是有意或无意地组合起来综合运用的。运用步法是为了调整距离，使自己的动作更加快速灵活，进而达到控制节奏、有效攻击和有效防守的目的。步法的组合应根据实际情况的变化而改变，把攻击和反击的技术与步法紧密结合起来，做到在移动中进攻，在移动中防守，在移动中反击，使步法的运用和拳法、腿法融为一体，成为进攻、防守、反击的有机连接技术，从而达到取得实战胜利的目的。

(三)跆拳道实战的基本进攻技术

跆拳道实战的基本进攻技术主要包括拳法、掌法、肘法、膝法和脚踢法，这些技法组成了跆拳道实战的基本技术。只有练好基本进攻技术，才能为今后的实战水平的提高打下基础，才有可能成为优秀的跆拳道选手和跆拳道实战家。根据教学需要，在此只对脚的踢法作简要介绍。

跆拳道以其变幻莫测、优美潇洒的腿法闻名于世，被世人称为踢的艺术，这是跆拳道区别于其他格斗术的一个重要特点。跆拳道的腿法讲究变化多样和灵活多端，对人体柔韧性、大脑反应的灵敏性、身体运动的稳定性都有很高的要求，是对人体机能和体能的综合考验。跆拳道实战中脚踢进攻时一般使用的部位包括脚前掌、脚趾、脚背、足刀、脚后跟、脚后掌(脚跟底部)。利用这些部位可以进行站立踢、跳动踢、助跑踢、转身踢和飞踢等不同形式的踢法进攻,而且每种踢法踢击的部位各有不同。在实战过程中,运用脚踢时要根据具体情况,如对方所处位置、防守的姿势以及双方的距离,选择不同的踢法。脚踢时要利用步法保持身体的平衡,注意两臂的防守,踢击完成马上回到准备姿势,准备下一次的进攻和防守。腿的回位动作要快,以免被对方抓住或抱住。平时要多用各种腿法踢击悬挂的沙袋,经过反复练习来提高踢的力量、速度和高度。

(1)前踢:实战姿势开始。右脚蹬地,髋关节向左旋转,双手握拳置于体侧;同时,右腿以髋关节为轴屈膝上提。当大腿抬至水平或稍高时,髋关节向前送,向前顶,以小腿膝关节为轴快速向前上方踢出,力达脚尖,整条腿踹直。踢击后迅速放松,右腿沿原路线弹回,将右脚放置在左脚前,仍回到实战姿势(图 6－12－19)。

图 6－12－19

动作要领:膝关节夹紧,小腿放松,要有弹性;髋往前送,高踢时髋往上送;小腿回收与前踢的速度一样快。主要攻击部位有面部、下颏、腹部、裆部。前踢亦可用于防守。

将前踢发力部位由脚尖改换为脚跟时,前踢动作就变为前蹬动作,动作方法要点相同,只是脚的形状发生了变化。

(2)侧踢:实战姿势开始。右脚蹬地,以髋关节为轴屈膝提起,两手握拳置于体侧;随即左脚以前脚掌为轴外旋 180°,髋关节向左旋转,右脚以膝关节为轴向前蹬伸,右脚快速向右前上方直线踢出,力点在脚跟。发力后,沿起腿路线收腿、放松,重心落下(原处或向前均可),再次回到实战姿势(图 6－12－20)。

图 6－12－20

动作要领：起腿时大小腿、膝关节夹紧；踢出发力时，头、肩、腰、髋、膝和踝成一条直线；大小腿直线踢出，原路线收回。侧踢动作的主要攻击部位有膝部、腹部、肋部、胸部和头面部。

(3)后踢：实战姿势开始。转身后腿后撤，背对对方。重心后移至左脚，右脚蹬地后屈膝提起，右脚贴近左大腿，两手握拳置于胸前；随即左脚蹬地伸直，右脚自左大腿内侧向后方直线踢出，力达脚跟。踢击后，右脚沿原路线快速收回，回到实战姿势（图 6－12－21）。

动作要领：起腿后上体和大小腿折叠收紧；后踢时动作延伸要长，用力延伸；转身、提腿、出腿动作连续一次性完成，不能停顿；击打目标在正后方偏右。后踢动作的主要攻击部位有膝部、腹部、裆部、胸部和头面部。

图 6－12－21

(4)劈腿：实战姿势开始。右脚蹬地，重心前移至左脚。同时，右腿以髋关节为轴屈膝上提，两手握拳置于胸前；随即充分送髋，上提膝关节至胸部，右小腿以膝关节为轴向上伸直，将右腿伸直举于体前，右脚过头。然后放松向下以右脚后跟（或脚掌）为力点劈击，一直到地面，回到实战姿势（图 6－12－22）。

图 6－12－22

动作要领：脚尽量往高、往头后举，要向上送髋，重心往上；脚放松往前落，落地要有控制；起腿要快速、果断；踝关节要放松。劈腿的主要攻击部位有头顶、脸部和锁骨。

(5)摆踢：实战姿势开始。右脚蹬地重心前移，右腿以髋关节为轴，屈膝上提，两手握拳置于体侧；左脚以前脚掌为轴外旋 180°，右腿以膝关节为轴继续向前上方伸成直线，顺势右脚的脚掌用力向右侧屈膝鞭打，顺鞭打之势上体右转，右腿屈膝回收，右脚落回原处，回到实战姿势(图 6－12－23)。

图 6－12－23

动作要领：提膝、伸直、右侧屈膝鞭打动作要连贯快速，没有停顿；击打点在体前偏右侧，以脚掌为击打点；左脚旋转支撑要保持平衡，踹击后迅速将腿收回。摆踢攻击的主要部位是头面部和腹胸部。

(6)后旋踢：实战姿势开始。两脚以两脚掌为轴均内旋约 180°，身体随之右转约 90°，两拳置于胸前。上体右转，与双腿拧成一定角度。右脚蹬地，将蹬地的力量与上体拧转的力量合在一起，将右腿向后上方以髋关节为轴直腿摆起，右腿继续向右后旋转鞭打，同时上体向右转，带动右腿弧形摆至身体右侧，右腿屈膝回收；右脚落到右后方，回到实战姿势(图 6－12－24)。

图 6－12－24

图 6－12－25

动作要领：转身、旋转、踢腿连贯进行，一气呵成，中间没有停顿；击打点应在正前方，呈水平弧线；屈膝起腿的旋转速度要快；重心在原地旋转 360°。后旋踢攻击的主要部位有面部和胸部。

(7)推踢：亦称蹬踢，实战姿势开始。右脚蹬地，重心前移，右脚以髋关节为轴提膝前蹬，用右脚脚掌向前蹬推，力点在脚掌，推力向正前方(图 6－12－25)。

动作要领：提膝后尽量收紧膝关节；重心往前移，利用身体的重量和力量；推的时候，腿往前伸展、送髋；推的路线水平往前。推踢的主要攻击目标是腹部。

(8)横踢：又称轮踢，实战姿势开始。右脚蹬地，重心前移至左脚，右脚屈膝上提，两拳置于胸前；左脚前脚掌碾地内旋，髋关节左转，左膝内扣；随即左脚掌继续内旋至 180°，右腿膝关节向前抬至水平状态，小腿快速向左前横向踢出；击打目标后迅速放松，收回小腿。右腿落回原地，回到实战姿势(图 6－12－26)。

动作要领：膝关节夹紧，向前提膝，尽量走直线；支撑脚外旋 180°；髋关节往前送，身体与大小腿成直线；严格注意击打的力点在正脚背；踝关节放松，击打的感觉是“面团”“鞭梢”。横踢攻击的主要部位有头部、胸部、腹部和肋部。

图 6－12－26

(9)跳踢：指先跳起使身体腾空，然后在空中完成各种踢法的攻击技术。跳踢包括旋风踢、双飞踢、腾空后踢、腾空劈腿、腾空后旋踢、跳步横踢等多种方法，是跆拳道的高难技术动作。

(10)单腿连踢：指同一条腿连续进行两次以上的进攻方法。这种技术也属于跆拳道的高难技术动作。

(11)双腿连踢：指两条腿连续进行两次以上的进攻。这种技术同样属于跆拳道的高难技术动作。

(四)跆拳道的品势教学

跆拳道的品势是学习跆拳道基本技术的具体形式，是在设定条件下，根据基本动作把防御和攻击作成套路来训练的练习体系。品势练习时要求练习者假设敌意，熟练地掌握各种单人技术动作，以便能够在以后的跆拳道实战和比赛中具体运用。品势练习是成为跆拳道选手的必经之路。

通过品势练习，可促使练习者正确掌握攻防动作的基本技术，熟练地掌握手、脚及身体各部位动作的各种力量，提高速度、柔韧性、灵敏性和力量等身体素质，增强练习者的体能和技能，树立自信心，培养健康向上的意志品质。

跆拳道中的不同品势大约有 25 种，每种又都有规定的动作及数量，动作是按固定的方向进行的，所有要求都十分严格和规范。由于品势有很多种，我们只选择了最基本，而且又是学习跆拳道必须掌握的品势——太极型介绍给大家，供大家学习。

跆拳道的太极型是以宇宙哲学观为其根本原理，运用太极阴阳学说而组合成的动作套路，练习时的路线是遵循阴阳八卦的规律进行的，所以其动作无论是攻击或防守，前进与后退，还是演练时的急速与缓慢及刚健与柔韧的变化，都是活用了太极宇宙观的基本原理和法则。太极型共有 8 个套路，称为太极八章，是学习跆拳道的基本套路。因为篇幅有限，只对太极一、二章进行介绍，供初学者参考。

1. 太极一章

太极一章象征八卦中的“乾”位。乾意寓着宇宙万物的根源(图 6－12－27)，同时又有阳刚之意，因此太极一章也就成为跆拳道动作的根源，它的演武路线是用“☰”表示的。

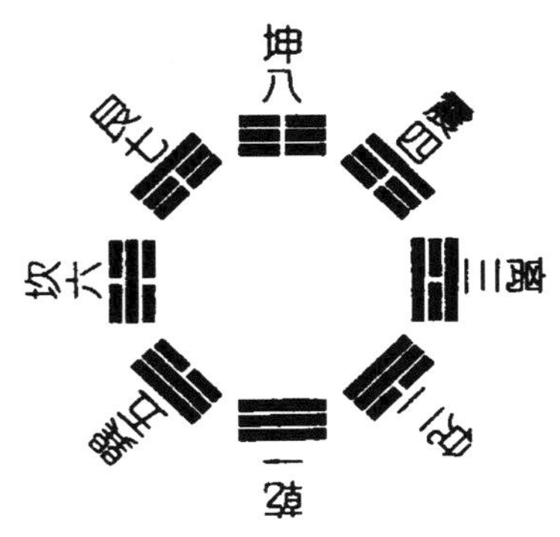

图 6－12－27

太极一章共有 18 个动作，其动作构成为便于初学者学习和掌握，大多采用前屈立的站位姿势，所使用的技法包括中段冲拳、下段防守、中段防守、上段防守和前踢等较为简单的动作。

表 6－12－1 太极一章内容

动作数	方　向	站　立	手
预备姿势	左脚向左平移一步，面向 E 方向	自然立	预备姿势
1	身体左转，左脚在 B 线	左高前屈立	左手顺位下段防御
2	右脚向前一步，在 B 线	右高前屈立	右手顺位攻中段
3	左脚为轴心，右后转 180°，右脚落在 H 线	右高前屈立	右手顺位下段防御
4	左脚向前一步，落在 H 线	左高前屈立	右手顺位攻中段
5	右脚为轴左转，左脚迈向 E 方向	左前屈立	左手顺位下段防御
6	身体姿势不变	左前屈立	右手逆位攻中段
7	左脚为轴身体右转，右脚落在 G 线	右高前屈立	左手逆位中段防御
8	左脚向前一步，落在 G 点	左高前屈立	右手逆位攻中段
9	右脚为轴，左后转身 180°，左脚落在 C 线	左高前屈立	右手逆位中段防御
10	右脚向前一步，落在 C 线	右高前屈立	左手逆位攻中段
11	左脚为轴，身体右转，右脚落向 E 方向	右前屈立	右手顺位下段防御
12	身体姿势不变	右前屈立	左手逆位攻中段
13	右脚为轴，身体左转，左脚移向 D 线	左高前屈立	左手顺位上段防御
14	右脚前踢，落向 D 线	右高前屈立	右手逆位攻中段
15	左脚为轴，身体右后转 180°，右脚移向 F 线	右高前屈立	右手顺位上段防御

续表 6-12-1

动作数	方　向	站　立	手
16	右脚前踢，落向 F 线	左高前屈立	左手顺位攻中段
17	右脚为轴，身体右转，左脚移向 A 方向	左前屈立	左手顺位下段防御
18	右脚向前一步，落向 A 方向	右前屈立	右手顺位攻中段(发声“呀”)
收势	以右脚为轴，左手转身收回左脚，面向 E 方向	自然立	预备姿势

2. 太极二章

太极二章与太极一章不同的是，整个架型的节奏舒缓且柔软，其中脚与拳配合的动作更在不经意中表现出其柔中带刚的攻击力量。我们在演练此型时，应体现出一种刚柔相济、快慢有度、不偏不倚的精神内涵。

表 6-12-2　太极二章内容

动作数	方　向	站　立	手
预备姿势	左脚向左平移一步，面向 E 方向	自然立	预备姿势
1	身体左转，左脚在 B 线	左高前屈立	左手顺位下段防御
2	右脚向前一步落在 B 线	右前屈立	右手顺位攻中段
3	左脚为轴心，右后转 180°，右脚移向 H 线	右高前屈立	右手顺位下段防御
4	左脚向前一步，落在 H 线	左前屈立	左手顺位攻中段
5	右脚为轴，身体左转，左脚迈向 E 方向	左高前屈立	右手逆位中段内防
6	右脚向前一步，右脚迈向 E 方向	右高前屈立	左手逆位中段内防
7	右脚为轴，身体左转，左脚落在 C 线	左高前屈立	左手顺位下段防御
8	右脚向踢，落向 C 线	右前屈立	右手顺位攻上段
9	左脚为轴，身体右后转 180°，右脚落在 G 线	右高前屈立	右手顺位下段防御
10	左脚前踢，落向 G 方向	左前屈立	左手顺位攻上段
11	右脚为轴，身体左转，左脚移向 E 方向	左高前屈立	左手顺位上段防御
12	右脚向前一步，面向 E 方向	右高前屈立	右手顺位上段防御
13	右脚为轴，身体左后转 270°，左脚落在 F 线	左高前屈立	右手逆位中段内防
14	左脚为轴，右后转 180°，右脚落在 D 线	右高前屈立	左手逆位中段内防
15	右脚为轴，身体左转，左脚迈向 A 方向	左高前屈立	左手顺位下段防御
16	左脚前踢后，向前一步，落向 A 方向	右高前屈立	右手顺位攻中段
17	左脚前踢后，向前一步，落向 A 方向	左高前屈立	左手顺位攻中段
18	右脚前踢后，向前一步落向 A 方向	右高前屈立	右手顺位攻中段(发声“呀”)

续表 6－12－2

动作数	方　向	站　立	手
预备姿势	左脚向左平移一步，面向 E 方向	自然立	预备姿势
收势	以右脚为轴，左后转身，收回左脚面向 E 方向	自然立	预备姿势

三、跆拳道比赛方法和规则

（一）跆拳道比赛的场地

跆拳道比赛的场地是 12 m×12 m 水平的、无障碍物的正方形场地（图 6－12－28）。比赛场地应为有弹性的垫子。必要时，比赛场地可根据实际情况高出地面 50～60 cm，为了安全，比赛台的支撑装置与地面的夹角要小于 30°。

12 m×12 m 见方的比赛场地正中 8 m×8 m 见方的区域称为比赛区，其余为警戒区。比赛区和警戒区的表面用两种不同颜色划分，同色时要用 5 cm 宽的白线加以区别。这种划分比赛区和警戒区的线称为警戒线，比赛场地最外面的线称为边界线。

（二）跆拳道比赛的时间

跆拳道每场比赛为 3 局，每局比赛的时间为 3 min，局间休息 1 min；青少年比赛时间可根据情况适当调整。

（三）跆拳道比赛中允许使用的技术和允许攻击的部位

1. 允许使用的技术

拳的技术：紧握拳头并使用正拳进行正面攻击的技术。

脚的技术：使用踝关节以下脚的部位进行攻击的技术。

2. 允许攻击的部位

（1）躯干：可用拳或脚的技术攻击髋骨以上至锁骨以下，以及两肋部，但背部没有被护具保护的部位禁止攻击（图 6－12－29）。

（2）面部：从两耳向前的头颈的前部，只允许用脚的技术攻击（图 6－12－29）。

（四）跆拳道比赛的有效得分

1. 有效得分部位

（1）躯干：躯干被允许攻击的部位。

（2）面部：面部被允许攻击的部位。

2. 有效得分

有效得分是使用允许的技术，准确有力地击中有效得分部位。但使用允许的技术攻击被护具保护的非有效得分部位，击倒对方时，按得分计。得分 1 次累加 1 分，最后比分为三局比赛得分的总计。

3. 不计分的情况

不计分的情况如下：①攻击后故意倒地；②攻击后有犯规行为；③使用任何犯规动作进攻。

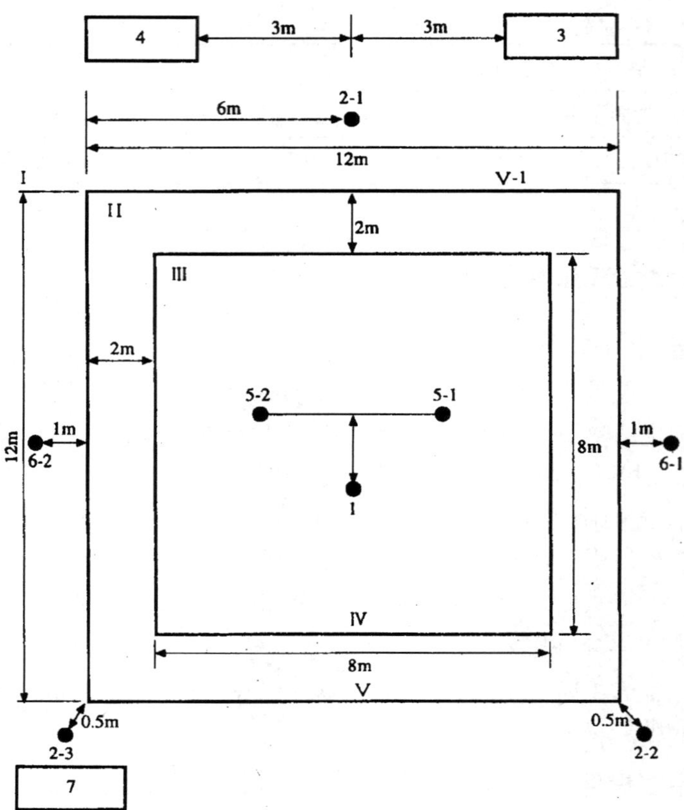

图 6－12－28

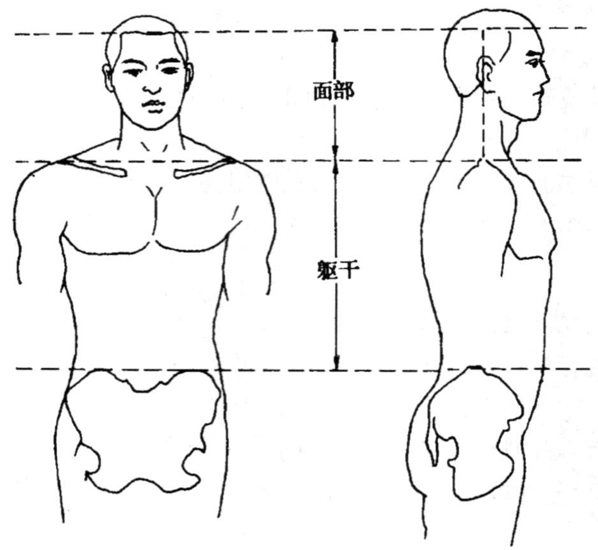

图 6－12－29

（五）跆拳道比赛中的犯规行为

（1）比赛中任何犯规行为都由主裁判判罚。

（2）如属于多重犯规时，选择严重的一项进行处罚。

（3）处罚分为警告和扣分两种。

（4）警告 2 次扣 1 分，警告次数为奇数时，最后 1 次不计。

（5）1 次“扣分”应给对方运动员加 1 分。

（6）判罚警告的犯规行为：

- 接触行为：①抓住对手；②搂抱对手；③推对手；④用躯干贴靠对手。
- 消极行为：①故意越出警戒线；②转身背向对方逃避进攻；③故意倒地；④伪装受伤。
- 攻击行为：①用膝部顶撞对手；②故意攻击对手裆部；③故意蹬踏对手的腿部和脚；④用掌或拳击打对手面部。
- 不当行为：①教练员或运动员示意扣分或得分；②教练员或运动员有不文明语言或不得体行为；③比赛中教练员离开规定位置。

（7）判罚扣分的犯规行为：

- 接触行为：①抱摔对手；②抓住对手进攻的脚故意将其摔倒。
- 消极行为：①越出边界线；②故意拖延比赛时间。
- 攻击行为：①攻击倒地的对手；②故意击打对手后脑或后背；③用手重击对手面部。
- 不当行为：教练员或运动员有严重的过激表示或行为。

（8）运动员违背竞赛规则和故意不服从裁判员时，主裁判有权直接判其“犯规败”。

（9）犯规罪计扣 3 分者，判其“犯规败”。

（10）警告和扣分按 3 局累计。

第七章　中华民族传统体育与健身方法

第一节　武术

武术是中国的传统体育项目，其内容可分为套路和对抗两种运动形式，套路运动有拳术、器械、对练和集体项目，对抗运动有散手、推手和短兵三种形式。武术集力学、兵学、哲学、医学、美学与伦理学于一体，是一项非常适合我国人民体质和特点的运动，是全民健身推广的常见传统体育健身方法。经常坚持武术运动能有效地增强体质，陶冶情操，使身心得到健康发展。限于篇幅，本节仅选编了简化太极拳和初级长拳第三路。

一、简化太极拳

简化太极拳是按照由简到繁、由易到难的原则，对已在群众中流行的太极拳进行改编、整理。它改变了过去那种先难后易的锻炼顺序，去掉了原有套路中过多的重复动作，集中了原套路的主要结构和技术内容，易学易懂，这套拳共分八组，包括“起势”“收势”等共二十四个动作。练习者可连贯演练，也可以选择单式或分组练习。

• 第一组

(1)起势。身体自然直立，左脚左迈一步，与肩同宽(图7－1－1①)。两臂前平举，手心向下，高与肩平(图7－1－1②)。屈膝按掌至腹前，目视前方(图7－1－1③)。

(2)左右野马分鬃。左：体微右转，收脚抱球，目视右手(图7－1－1④⑤)。左转体迈步，弓步分手，左手高与眼平，右手落于右胯旁，手指向前，目视左手(图7－1－1⑥)。右：后坐跷脚，左转体收脚抱球，目视左手(图7－1－2①②)。右转体迈步，弓步分手，右手高与眼平，左手落于左胯旁，手指向前，目视右手(图7－1－2③④)。左：与上左相同(图7－1－2⑤⑥⑦)。

图7－1－1

图 7－1－2

(3)白鹤亮翅：右脚跟进半步，胸前抱球，左虚步分手，眼看前方(图 7－1－3①②)。

● 第二组

(4)左右搂膝拗步。左：①体微左转，右手落于体前，再右转，右手经下摆至右前上方与耳高，左手经面前划弧右胸前，眼看右手。②体左转，左脚左前迈出成左弓步，右手屈肘由耳侧向前推出，高与鼻平，左手前搂后按于左胯旁，眼看右手指(图 7－1－3③④⑤)。右:①后坐跷脚外撇，体左转，收右脚，脚尖点地，左手由左后向上平举，右手划弧左肩前，眼看左手。②同左②，唯左右相反(图 7－1－4①②③)。左：①后坐跷脚外撇，体右转，右手经下摆至右前上方与耳高，左手经面前划弧右胸前，眼看右手。②同上左②(图 7－1－4④⑤⑥)。

图 7－1－3

图 7－1－4

(5)手挥琵琶。右脚进半步，成左虚步，脚跟着地，左手上挑，高与鼻平，右手收至左肘里侧，两臂微屈，眼看左手(图 7－1－5①②)。

(6)左右倒卷肱。右手向后上方划弧平举，左手翻掌向上，左脚尖点地，眼随着右转体先向右看再转看左手(图 7－1－5③)。左：退左脚略向左后斜，成右虚步。同时，左手向后上方划弧平举，右手由耳侧向前推出，两掌心均向上，眼随转体左看再转看右手(图 7

-1-5④⑤)。右：与左相同，唯方向相反(图7-1-6①②)。左：与上左相同(图7-1-6③④)。右：同上右(图7-1-6⑤⑥)。

图7-1-5

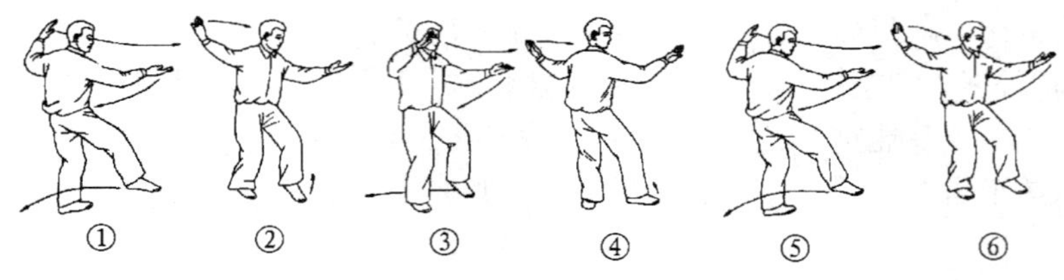

图7-1-6

• 第三组

(7)左揽雀尾。体微右转，收左脚，右抱球(图7-1-7①②)。棚：左脚向左前方迈步成左弓步，左臂屈成弓形向左挥出，高与肩平，右手落于右胯旁，眼看左前臂(图7-1-7③)。捋：体微左转，左手前伸翻掌心向下，右手心向上，前伸至左腕下方，两手随体微右转经腹前向右后上方划弧，右手高与肩平，左手屈于胸前，重心移右，眼看右手(图7-1-7④⑤)。挤：体微左转，右手搭于左腕里侧，重心前移成左弓步，同时，双手向前挤出，眼看左腕(图7-1-8①②)。按：右手经左腕上方向右划弧与左手齐，两手心向下，分开与肩宽，后坐收掌至胸前，左脚尖跷起，眼看前方，重心前移成左弓步，两手向前上按出，腕高与肩平(图7-1-8③④⑤⑥)。

图7-1-7

(8)右揽雀尾。体右转左脚尖里扣，右手向右、向下、向左划弧至左肋前，左手与右手在胸前抱球，重心左移，右脚向左脚靠拢点地(图7-1-9①②③)。其余与左揽雀尾相同，唯方向相反(图7-1-9④⑤⑥、图7-1-10①②③④⑤⑥)。

图 7－1－8

图 7－1－9

图 7－1－10

• 第四组

（9）单鞭。体左转扣右脚，两手左高右低向左运转后右勾手，左手停于右肩前，同时，重心由左移至右腿，眼看左手，体微左转，左脚迈步成左弓步，推左掌，指与眼平，眼看左手（图 7－1－11①②③④）。

图 7－1－11

（10）云手。体右转扣左脚，左手经右上划弧至右肩前，眼看左手，重心左移，左手向左运转下落，右手向左上划弧至两眼前，同时，收右脚小开立步（距离 10 ~ 20 cm），眼看右手（图 7 – 1 – 12①②③④）。连做三次（图 7 – 1 – 12⑤⑥、图 7 – 1 – 13①②③④⑤、图 7 – 1 – 14①②③）。

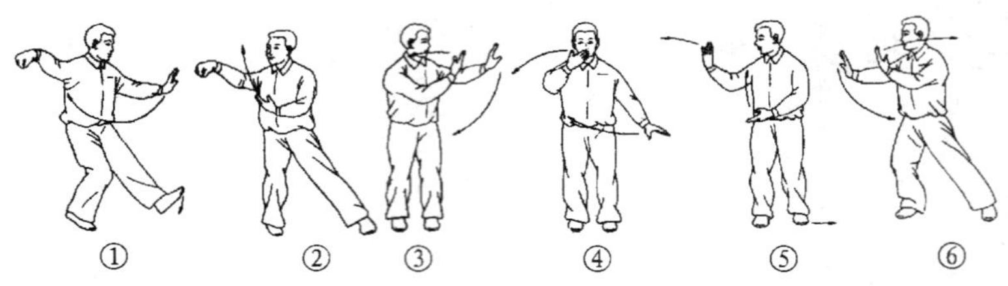

图 7 – 1 – 12

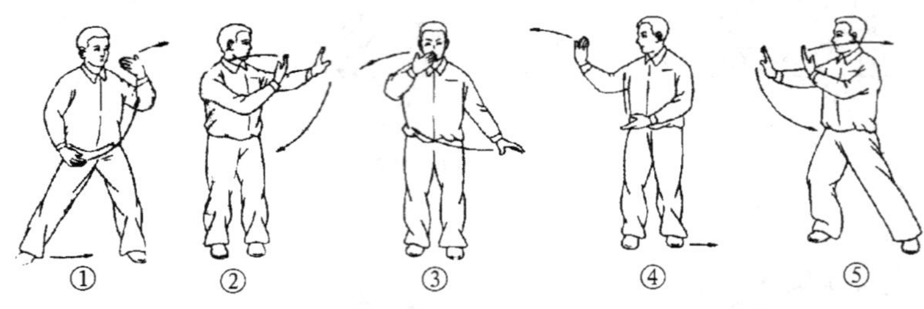

图 7 – 1 – 13

（11）单鞭。体微左转，迈左脚成弓步，右勾手，左掌前推，眼看左手指（图 7 – 1 – 14④⑤）。

图 7 – 1 – 14

● 第五组

（12）高探马。右脚进半步，成左虚步，两手心向上，右掌经耳旁前推，手心向前高与眼平。左手收至左腰前，手心向上，眼看右手（图 7 – 1 – 15①②）。

（13）右蹬脚。左手穿掌至右手背，提左脚，迈步成左弓步，同时两手分开自两侧向下划弧合抱于胸前，右手在外，右脚收拢脚尖点地，眼看右方（图 7 – 1 – 15③④⑤⑥）。两臂分开平撑，手心向外，同时蹬右脚，眼看右手（图 7 – 1 – 16①②）。

（14）双峰贯耳。收右腿，两手落于右膝两侧，手心向上。右脚前落成弓步，同时两手握拳从两侧前上划弧至脸前，拳眼斜向内（两拳相距 10 ~ 20 cm），眼看右拳（图 7 – 1 – 16③④⑤）。

图 7-1-15

图 7-1-16

(15)转身左蹬脚。体左转，扣右脚，两拳变掌由上左右划弧合抱于胸前，左手在外，左脚收至右脚内侧点地，眼看左方(图 7-1-17①②③)。两臂分开平撑，手心均向外，同时蹬左脚，眼看左手(图 7-1-17④⑤)。

图 7-1-17

- 第六组

(16)左下势独立。①屈左膝，右掌变勾手，左掌向右划弧于右肩前，眼看右手。②右腿屈膝下蹲，左腿向左侧偏后伸成仆步，左手向左下经左腿内侧穿出，眼看左手。③弓腿起身，提右膝，挑右掌指向上，左掌按于胯旁指向前，眼看右手(图 7-1-18①②③④)。

(17)右下势独立。①体左转，右脚落于左脚前点地，同时，左手后举成勾手，右掌向左划弧于肩前，眼看左手。②和③同左下势独立(图 7-1-19①②③④)。

- 第七组

(18)左右穿梭。①左脚落地坐盘，右脚上步点地，同时，两手在左胸前抱球，眼看左

图 7－1－18

图 7－1－19

前臂。②右脚前迈成弓步，同时右手架于额前，手心斜向上，左手向前推，高与鼻平，指向上，眼看左手。③左脚上步于右脚内侧，脚尖点地，同时两手在右胸前抱球，眼看右前臂。④基本动作同②，唯左右相反（图 7－1－20①②③④⑤⑥）。

图 7－1－20

（19）海底针。右脚上半步成左虚步，同时右手随体右转向下、后、上提，由耳旁斜前下方插掌，指向下，左手向前、下划弧手指向前，眼看前下方（图 7－1－21①②）。

（20）闪通臂。体稍右转，左脚前迈成左弓步，同时右手体前上提至头上，掌心斜向上，左掌向前平推，高与鼻平，眼看左手（图 7－1－21③④⑤）。

• 第八组

（21）转身搬拦捶。右后转体，扣左脚，同时右手随转体握拳向右下划弧至左肘旁，拳心向下，眼看前方。右转体，右拳经胸前翻转撇出，左手落于左胯旁，同时右脚收回再向前迈出，脚尖外撇，眼看右拳。重心移至右腿，左脚向前迈步，左手向前拦掌，右拳收回腰

图 7-1-21

旁，眼看左手。成左弓步，同时右拳向前打出，高与胸平，左手附于右前臂内侧，眼看右拳（图 7-1-22①②③④⑤、图 7-1-23①②③④）。

图 7-1-22

图 7-1-23

（22）如封似闭。左手经右腕下穿出，右拳变掌，两手心向上回收，同时体后坐，左脚尖翘起，眼看前方。两手在胸前翻掌，向前推出高与肩平，同时重心前移成左弓步，眼平视（图 7-1-24①②③④⑤⑥）。

（23）十字手。重心右移，扣左脚，体右转，右手随转体向右划弧，与左手成两臂侧平举，同时右脚外撇，成右弓步，眼看右手。重心左移扣右脚，然后右脚向左回收半步，两脚与肩同宽，同时两手向下、向上划弧交叉于胸前，右手在外，两掌心向里，眼平视（图 7-1-25①②③④）。

图 7－1－24

(24)收势。两手向外翻掌，分手下落，收左脚还原，眼平视(图 7－1－25⑤⑥)。

图 7－1－25

二、初级长拳第三路

初级长拳第三路是把在群众中流行广泛的查、华、炮、洪、弹腿、少林等拳种，根据各自的风格特点，综合整理、创编的长拳套路之一。

本套动作易学易懂，易于掌握，充分体现了长拳快速有力、灵活多变、蹿蹦跳跃、节奏鲜明、气势磅礴的运动特点。

练习长拳时要求做到：手要快捷，眼要明锐，身要灵活，步要稳固，精要充沛，气要下沉，力要顺达，功要纯青。

• 预备动作

预备势：两脚并步站立，两臂垂于身体两侧，五指并拢贴靠腿外侧，眼向前平视(图 7－1－26①)。

(1)虚步亮掌。右脚向右后方撤步成左弓步。右掌向右、向上、向前划弧，掌心向上；左臂屈肘，左掌提至腰侧，掌心向上。目视右掌(图 7－1－26②)。右腿微屈，重心后移。左掌经胸前从右臂上向前穿出伸直；右臂屈肘，右掌收至腰侧，掌心向上。重心继续后移，左脚稍向右移，脚尖点地，成左虚步。左臂内旋向左、向后划弧成勾手，勾尖向上；右手继续向后、向右、向前上划弧，屈肘抖腕，在头前上方成亮掌(即横掌)，掌心向前，掌指向左。目视左方(图 7－1－26③)。

(2)并步对拳。右腿蹬直，左腿提膝，腿尖里扣，上肢姿势不变(图 7－1－27①)。左腿向前落步，重心前移。左臂屈肘，左勾手变掌经左肋前伸；右臂外旋向前下落于左掌右侧，两掌同高，掌心均向上(图 7－1－27②)。右脚向前上一步，两臂下垂后摆(图 7－1－

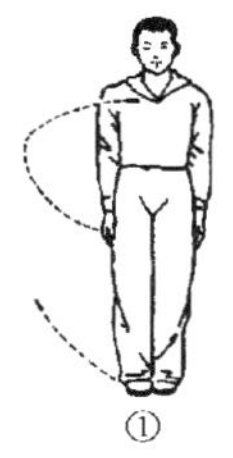

图 7－1－26

27③）。左脚向右脚并步，两臂向外、向上经胸前屈肘下按，两掌变拳，拳心向下，停于小腹前。目视左侧（图 7－1－27④）。

图 7－1－27

• 第一段

（3）弓步冲拳。左脚向左上一步，脚尖向斜前方；右腿微屈，成半马步。左臂向上向左格打，拳眼向后，拳与肩同高；右拳收至腰侧，拳心向上。目视左拳（图 7－1－28①）。右腿蹬直成左弓步。左拳收至腰侧，拳心向上；右拳向前冲出，高与肩平，拳眼向上。目视右拳（图 7－1－28②）。

（4）弹腿冲拳。重心前移至左腿，右腿屈膝提起，脚面绷直，猛力向前弹出伸直，高与腰平。右拳收至腰侧；左拳向前冲出。目视前方（图 7－1－28③）。

（5）马步冲拳。右腿向前落步。腿尖里扣，上体左转。左拳收至腰侧，两腿下蹲成马步；右拳向前冲。目视右拳（图 7－1－28④）。

图 7－1－28

(6)弓步冲拳。上体右转 90°，右腿尖外撇向斜前方，成半马步。右臂屈肘向右格打，拳眼向后。目视右拳(图 7－1－29①)。左腿蹬直成右弓步。右拳收至腰侧；左拳向前冲出。目视左拳(图 7－1－29②)。

(7)弹腿冲拳。重心前移至右腿，左腿屈膝提起，腿面绷直，猛力向前弹出伸直，高与腰平。左拳收至腰侧，右拳向前冲出。目视前方(图 7－1－29③)。

图 7－1－29

(8)大跃步前穿。左腿屈膝。右拳变掌内旋，以手背向下挂至左膝外侧，上体前倾。目视右手(图 7－1－30①)。左腿向前落步，两腿微屈。右掌继续向后挂，左拳变掌，向后、向下伸直。目视右掌(图 7－1－30②)。右腿屈膝向前提起，左腿立即猛力蹬地向前跃出。两掌向前向上划弧摆起。目视左掌(图 7－1－30③)。右腿落地全蹲，左腿随即落地向前铲出成仆步。右掌变拳抱于腰侧，左掌由上向右、向下划弧成立掌，停于右胸前。目视左脚(图 7－1－30④)。

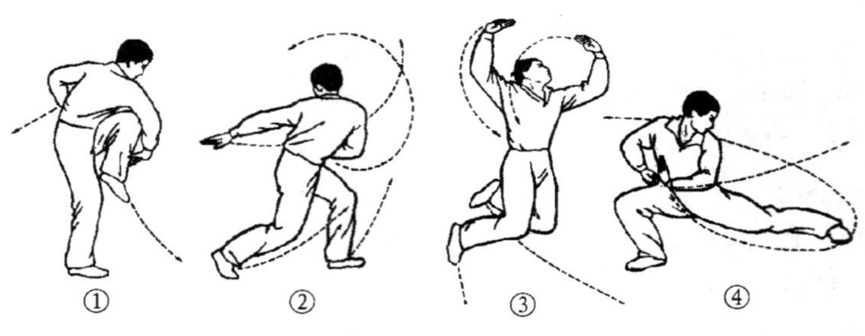

图 7－1－30

(9)弓步击掌。右腿猛力蹬直成左弓步。左掌经左腿面向后划弧至身后成勾手，左臂伸直，勾尖向上；右拳由腰侧变掌向前推出，掌指向上，掌外侧向前，目视右掌(图 7－1－31①)。

(10)马步架掌。重心移至两腿中间，左腿脚尖里扣成马步，上体右转。右臂向左侧平摆，稍屈肘；同时左勾手变掌由后经左腰侧从右臂内向前上穿出，掌心均朝上。目视左手(图 7－1－31②)。右掌立于左胸前；左臂向左上屈肘抖腕亮掌于头部左上方，掌心向前。目视右方(图 7－1－31③)。

• 第二段

(11)虚步栽拳。右腿蹬地，屈膝提起；左腿伸直，以前脚掌为轴向右后转体 180°。右

图 7－1－31

掌由左胸前向下经右腿外侧向后划弧成勾手；右臂随体转动并外旋，使掌心朝右。目视右手(图 7－1－32①)。右脚向右落地，重心移至右腿上，下蹲成左虚步。左掌变拳下落于左膝上，拳眼向里，拳心向后；右勾手变拳，屈肘向上架于头右上方，拳心向前。目视左方(图 7－1－32②)。

图 7－1－32

(12)提膝穿掌。右腿稍伸直。右拳变掌收至腰侧，掌心向上；左拳变掌由下向左、向上划弧盖压于头上方，掌心向前(图 7－1－32③)。右腿蹬直，左腿屈膝提起，脚尖内扣。右掌从腰侧经左臂内向右前上方穿出，掌心向上；左掌收至右胸前成立掌。目视右掌(图 7－1－32④)。

图 7－1－33

(13)仆步穿掌。右腿全蹲，左腿向左后方铲出成左仆步。右臂不动，左掌由右胸前向下经左腿内侧，向左脚面穿出。目随左掌转视（图 7－1－33①）。

（14）虚步挑掌。右腿蹬直，重心前移至左腿，成左弓步。右掌稍下降，左掌随重心前移向前挑起（图 7－1－33②）。右腿向左前方上步，左腿半蹲，成右虚步。身体随上步左转 180°。在右脚上步的同时，左掌由前向上、向后划弧成立掌，右掌由后向下、向前上挑起成立掌，指尖与跟平。目视右掌（图 7－1－33③）。

（15）马步击掌。右脚落实，脚尖外撇，重心稍升高并右移，左掌变拳收至腰侧；右掌俯掌向外掳手。左脚向前上步，以右脚为轴向右后转体 180°，两腿下蹲成马步。左掌从右臂上成立掌向左侧击出；右掌变拳收至腰侧。目视左掌（图 7－1－33④）。

（16）叉步双摆掌。重心稍右移，同时两掌向下向右摆，掌指均向上。目视右掌（图 7－1－34①）。右脚向左腿后插步，前脚掌着地。两臂继续由右向上、向左摆，停于身体左侧，均成立掌，右掌停于左肘窝处。目随双掌转视（图 7－1－34②）。

（17）弓步击掌。两腿不动。左掌收至腰侧，掌心向上；右掌向上、向右划弧，掌心向下（图 7－1－34③）。左腿后撤一步，成右弓步。右掌向下、向后伸直摆动，成勾手，勾尖向上；左掌成立掌向前推出。目视左掌（图 7－1－34④）。

图 7－1－34

（18）转身踢腿马步盘肘。两脚以前脚掌为轴向左后转体 180°。在转体的同时，左臂向上、向前划半立圆，右臂向下向后划半圆（图 7－1－35①）。上动不停，两脚不动，右臂由后向上向前划半立圆，左臂由前向下、向后划半立圆。上动不停，右臂向下成反臂勾手，勾尖向上；左臂向上成亮掌，掌心向前上方。右腿伸直，脚尖勾起，向额前踢（图 7－1－35②）。右脚向前落地，脚尖里扣。右手不动，左臂屈肘下落至胸前，左掌心向下。目视左掌。上体左转 90°，两腿下蹲成马步。同时左掌向前、向左平掳变拳收至腰侧，右勾手变拳，右臂伸直，由体后向右、向前平摆，至体前时屈肘，肘尖向前，高与肩平，拳心向下。目视肘尖（图 7－1－35③）。

● 第三段

（19）歇步抡砸拳。重心稍升高，右脚尖外撇。右臂由胸前向上、向右抡直；左拳向下向左，使臂抡直。目视右拳。上动不停，两脚以前脚掌为轴，向右后转体 180°。右臂向下向后抡摆，左臂向上向前随身体转动（图 7－1－36①）。紧接上动，两腿全蹲成歇步。左臂随身体下蹲向下平砸，拳心向上，臂部微屈；右臂伸直向上举起。目视左拳（图 7－1－36②）。

（20）仆步亮拳。左脚由右腿后抽出前上一步，左腿蹬直，右腿半蹲，成右弓步。上体微向右转。左拳收至腰侧，右拳变掌向下经胸前向右横击掌。目视右掌（图 7－1－36③）。

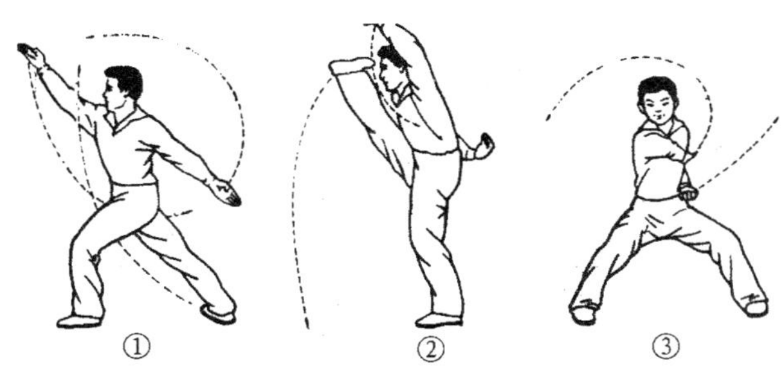

图 7－1－35

右脚蹬地屈膝提起，上体右转。左拳变掌从右掌上向前穿出，掌从右掌上向前穿出，掌心向上；右掌平收至左肘下(图 7－1－36④)。右脚向右落步，屈膝全蹲，左腿伸直，成仆步。左掌向下、向后划弧成勾手；右掌向右、向上划弧微屈，抖腕成亮掌，掌心向前。头随右手转动，至亮掌时，目视左方(图 7－1－36⑤)。

图 7－1－36

(21)弓步劈拳。右腿蹬地立起；左腿收回并向左前方上步。右掌变拳收至腰侧，左勾手变掌由下向前上经胸前向左做掳入(图 7－1－37①)。右腿经左腿前方向左绕上一步，左腿蹬直成右弓步。左手向左平掳后再向前挥摆，虎口朝前(图 7－1－37②)。在左手平掳的同时，右拳向后平摆，然后再向前、向上做抡劈拳，拳高与耳平，拳心向上，左掌外旋接扶右前臂。目视右拳(图 7－1－37③)。

图 7－1－37

(22)换跳步弓步冲拳。重心后移，右脚稍向后移动。右拳变掌臂内旋以掌背向下划弧

挂至右膝内侧；左掌背贴靠右肘外侧，掌指向前。目视右掌(图7－1－38①)。右腿自然上抬，上体稍向左扭转。右掌挂至体左侧，左掌伸向右腋下。目随右掌转视(图7－1－38②)。右脚以全脚掌用力向下震跺，与此同时，左脚急速离地抬起。右手由左向上、向前掳盖而后变拳收至腰侧；左掌伸直向下、向上、向前屈肘下按，掌心向下。上体右转，目视左掌(图7－1－38③)。左脚向前落步，右腿蹬直成左弓步。右拳向前冲出，拳高与肩平；左掌藏于右腋下，掌背贴靠腋窝。目视右拳(图7－1－38④)。

图7－1－38

(23)马步冲拳。上体右转90°，重心移至两腿中间，成马步。右拳收至腰侧，左掌变拳向左冲出，拳眼向上。目视左拳(图7－1－39①)。

图7－1－39

(24)弓步下冲拳。右脚蹬直，左腿弯曲，上体稍向左转，成左弓步。左拳变掌向下经体前向上架于头左上方，掌心向上，右拳自腰侧向左前斜下方冲出。目视右拳(图7－1－39②)。

(25)叉步亮掌踹腿。上体稍右转。左掌由头上下落于右手腕上，右拳变掌，两手交叉成十字。目视双手(图7－1－40①)。右脚蹬地并向左腿后插步，以前脚掌着地。左掌由体前向下、向后划弧成勾手，勾尖向上；右掌由前向右、向上划弧抖腕亮掌，掌心向前。目视左侧(图7－1－40②)。重心移至右腿，左腿屈膝提起，向左上方猛力蹬出。上肢姿势不变，目视左侧(图7－1－40③)。

(26)虚步挑拳。左脚在左侧落地。右掌变拳稍后移，左勾手变拳由体后向左上挑。拳背向上(图7－1－40④)。上体左转180°，微含胸前俯。左拳继续向前、向上划弧上挑，右拳向下前划弧挂至右膝外侧，同时右膝提起，接着向左前方上步，脚尖点地，重心落于左脚，左腿下蹲成右虚步。左拳向后划弧收至腰侧，拳心向上；右拳向前屈臂挑出，拳眼斜向上，拳与肩同高。目视右拳(图 7－1－40⑤)。

图 7－1－40

• 第四段

(27)弓步顶肘。重心升高，右脚踏实。右臂内旋向下直臂划弧以拳背下挂至右膝内侧，左拳不变。目视前下方(图 7－1－41①)。左腿蹬直，右腿屈膝上抬。左拳变掌，右拳不变，两臂向前、向上划弧摆起。目随右拳转视(图 7－1－41②)。左脚蹬地起跳，身体腾空，两臂继续划弧至头上方(图 7－1－41③)。右脚先落地，右腿屈膝，左脚向前落步，以前脚掌着地。同时两臂向右、向下屈肘停于右胸前，右拳变掌，左掌变拳。右掌心贴靠左拳面(图 7－1－41④)。左脚向左上一步，左腿屈膝，右腿蹬直成左弓步。右掌推左拳，以左肘尖向左顶出，高与肩平。目视前方(图 7－1－41⑤)。

图 7－1－41

(28)转身左拍脚。以两脚前脚掌为轴向右后转体 180°。随着转体，右臂向上、向右、向下划弧抡摆，同时左拳变掌向下、向后、向上抡摆(图 7－1－42①)。左腿伸直向前上踢起，脚面绷平。左掌变拳收至腰侧，右掌由体后向上、向前拍击左脚面(图 7－1－42②)。

(29)右拍脚。左脚向前落地，左拳变掌向下、向后摆，右掌变拳收至腰侧(图 7－1－42③)。右腿伸直向前上踢起，脚面绷平。左拳变掌由后向上、向前拍击右脚面(图 7－1－42④)。

(30)腾空飞脚。右脚落地(图 7－1－43①)。左脚向前摆起，右脚猛力蹬地跳起，左腿屈膝继续前上摆。同时右拳变掌向前、向上摆起，左掌先摆而后下降拍击右掌背(图 7－1－43②)。右腿继续上摆，脚面绷平。右手拍击右脚面，左掌由体前向后上举(图 7－1－43③)。

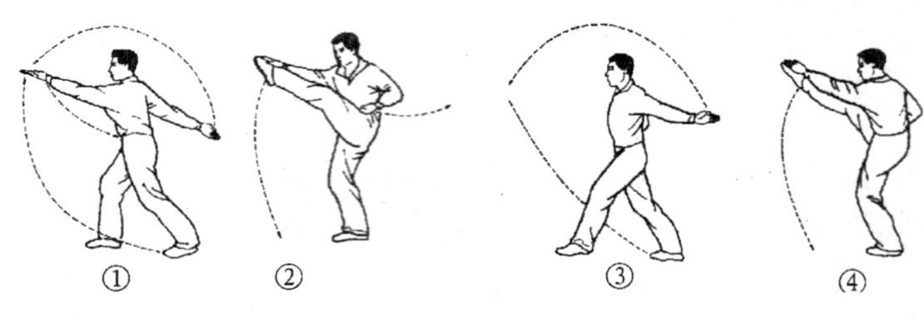

图 7－1－42

图 7－1－43

（31）歇步下冲拳。左、右脚先后相继落地。左掌变拳收至腰侧（图 7－1－43④）。身体右转 90°，两腿全蹲成歇步。右掌抓握、外旋变拳收至腰侧；左拳由腰侧向前下方冲出，拳心向下。目视左拳（图 7－1－43⑤）。

（32）仆步抡劈拳。重心升高，右臂由腰侧向体后伸直，左臂随身体重心升高向上摆起（图 7－1－44①）。以右脚前脚掌为轴，左腿屈膝提起，上体左转 270°。左拳由前向后下划立圆一周；右拳由后向下向前上划立圆一周（图 7－1－44②）。左腿向后落一步，屈膝全蹲，右腿伸直，脚尖里扣成右仆步。右拳由上向下抡劈，拳眼向上；左拳后上举，拳眼向上。目视右拳（图 7－1－44③）。

（33）提膝挑掌。重心移成右弓步。同时右拳变掌由下向上抡摆，左拳变掌稍下落，右掌心向左，左掌心向右（图 7－1－44④）。左、右臂在垂直面上由前后各划立圆一周。右臂伸直停于头上，掌心向左，掌指向上；左臂伸直停于身后成反勾手。同时右腿屈膝提起，左腿挺膝伸直独立。目视前方（图 7－1－44⑤）。

（34）提膝劈掌弓步冲拳。下肢不动。右掌由上向下猛劈伸直，停于右小腿内侧，用力点在小指一侧，左勾手变掌，屈臂向前停于右上臂内侧，掌心向左。目视右掌（图 7－1－45①）。右脚向右后落地；身体右转 90°。同时左掌变拳收至腰侧，右臂内旋向右划弧做劈掌（图 7－1－45②）。上动不停，左腿蹬直成右弓步。右手抓握变拳收至腰侧，左拳由腰侧向左前方冲出。目视左拳（图 7－1－45③）。

• 收势

（35）虚步亮掌。右脚扣于左膝后，两拳变掌，两臂右上左下屈肘交叉于体左前。目视右掌（图 7－1－45④）。右脚向后落步，重心后移，右腿半蹲，上体稍右转。同时右掌向上、向右、向下划停左腋下；左掌向左、向上划弧停于右臂上与左胸前，两掌心左下右上。

图 7-1-44

图 7-1-45

目视左掌(图 7-1-45⑤)。左脚尖稍向右移，右腿下蹲成左虚步。左臂伸直向左向后划弧成反勾手；右臂伸直向下、向右、向上划抖腕亮掌，掌心向前。目视左方(图 7-1-45⑥)。

(36)并步对拳。左腿后撤一步，同时两掌从两腰侧向前穿出伸直，掌心向上(图 7-1-46①)。右腿后撤一步，同时两臂分别向体后下摆(图 7-1-46②)。左脚后退半步向右脚并拢，两臂由后向上经体前屈臂下按，两掌变拳，停于腹前，拳心向下，拳面相对。目视左方(图 7-1-46③)。

还原：两臂自然下垂，目视正前方(图 7-1-46④)。

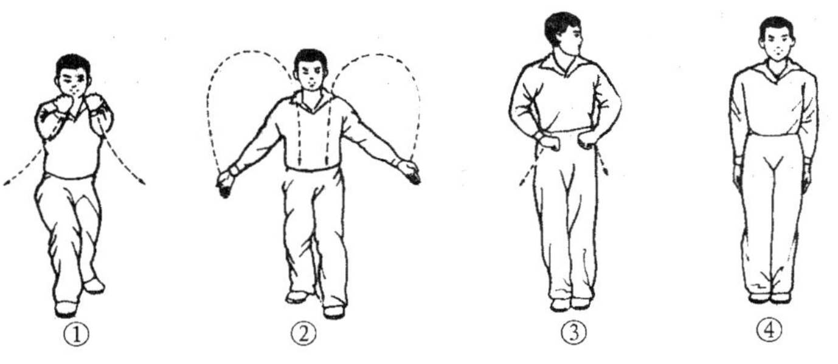

图 7-1-46

第二节　高脚运动

高脚是湘鄂渝黔地区的民族传统体育项目。据传，高脚在很久以前是该地区青少年雨雪天“防湿”的工具，人骑在高脚上可以通过山间小道，跨过溪河、稻田；在闲暇时，则进行竞速、角斗对抗、竞艺等嬉戏娱乐。如今，其作为防湿工具的功能已基本消失，但作为嬉戏娱乐和锻炼身体的手段仍风行在该地区的青少年中。

高脚运动通过完成各种走、跑、跳跃、转身、平衡、变换姿势等练习，进行竞速、角斗、竞艺等比赛，其技巧性、对抗性、趣味性和观赏性极强。经常参加高脚活动和比赛，不仅可以发展和提高人体力量、速度、耐力、协调性、灵敏性及平衡能力等素质，有效提高神经系统和心血管系统的机能，全面增强体质，增进健康，而且还能培养顽强、勇敢、坚毅、进取等优秀的精神品质。

一、高脚基本骑法

高脚骑法与高脚器材的制作形式有着紧密联系。用马卦子绑成踏镫的卦子马的骑法最多，而取竹木条天然形成的枝丫，用细棕绳缠绕加固成踏镫的统子马只有一种骑法。具体骑法是双手各握一根马杆的上端，双脚各踏在一只马的踏镫上，手脚配合提杆抬腿左右交替迈步，维持身体平衡，完成走、跑、跳跃、闪转等动作。其手握杆的方法可分为虎口向上的正握法和虎口向下的反握法两种。按手与脚的关系，其可分为同边马和异边马两种。按脚踏踏镫的方法，其可分为一双内、一双外、罼骡子、乌龙绞柱等。卦子马可以骑出任何一种骑法，而统子马只有罼骡子一种骑法。

（1）一双内：两脚横着踏镫踩马，两踏镫相对朝内，两马杆在两腿外侧的骑法。

（2）一双外：两脚横着踏镫踩马，两踏镫均朝外，两腿将两马杆夹在中间的骑法。

（3）一边顺：两脚横着踏镫踩马，两踏镫同时向左或同时向右，即一只内一只外的骑法。

（4）罼骡子：两脚顺着踏镫踩马，两踏镫均朝后，马杆在两腿前方的骑法。

（5）乌龙绞柱：以大小腿缠绕马杆后再用脚踩在踏镫上的骑法。缠绕可以由内向外缠，也可以由外向内缠，可以单缠，也可以双缠，可以缠 90°，也可以缠 180°、270°、360°等。

（6）夹夹脚：属异边马骑法，即两马杆在体前交叉，左手握右脚踏的马杆，右手握左脚踏的马杆，迈左脚时，右手提杆，迈右脚时左手提杆。这种骑法使踏在后面马杆的脚迈步受到限制，只能采用跟步的方法行进。

（7）观音坐莲：属异边马骑法，即两马杆在体后交叉，左手握右脚踏的马杆，右手握左脚踏的马杆，手脚异边配合迈步的骑法。一般采用两手虎口向下的反握法握杆。这是各种骑法中难度最大的一种，需要有更好的协调性、灵活性和平衡能力。

（8）苏秦背剑：属异边骑法，即一只马杆在身前，一只马杆在身后，左手握右脚踏的马杆，右手握左脚踏的马杆的骑法。

（9）转换技巧：骑在高脚上不下马而由一种骑姿转换成另一种骑姿的方法，如由夹夹脚换成观音坐莲或由观音坐莲换成夹夹脚的技巧。

二、高脚运动形式

骑在高脚上可以完成走、跑、跳跃、闪转、平衡等基本练习，在熟练掌握各种基本骑法后就可以进行高脚的竞速、角斗对抗、竞艺等形式的竞赛了。

(一)高脚竞速

高脚竞速有短距离跑、中长距离跑、接力跑、障碍跑及越野跑等，通过跑的练习，可以发展奔跑能力、速度、耐力及平衡能力，为角斗对抗和竞艺打下良好的基础。高脚竞速运动形式与田径运动中的各种跑一样，在技术上都包括起跑、加速跑、途中跑和终点冲刺跑四个组成部分。在骑姿上，可以选择自己最熟练的一种，一般常用一双内或犟骡子，尤以犟骡子为优。

1. 起跑

(1)“各就位”：听到“各就位”的口令后，做几次深呼吸，然后手握高脚走到起跑线后，将一只马脚置于起跑线后，另一只马脚离起跑线 30 cm 左右。两手握住马杆上端，重心稍前移，集中注意力听“预备”口令。

(2)“预备”：听到“预备”口令后，置于前方的马的同侧脚踏上高脚踏镫，将立于地面的脚的脚跟提起，脚前掌撑地，重心上提前移，上体前俯，背微弓，眼看前下方 2 m 处，集中注意力听跑的枪声或口令。

(3)“鸣枪”(跑)：听到枪声或“跑”的口令后，两手用力握马杆，后脚迅速踏上踏镫，同时积极向前跨步，前腿充分蹬直，身体保持较大的前倾姿势向前跑出。

200 m 和 400 m 都是在弯道起跑，为了减少离心力的影响，使起跑后能更快地发挥速度和顺利地转入弯道跑，起跑时应尽可能沿直线跑一段距离。因此，各就位时应站在靠跑道的右侧，身体逐渐向内(左)倾斜，以便顺利进入弯道。

2. 加速跑

起跑后的加速跑距离一般为 20 ~ 30 m，其技术特点是身体前倾较大，后蹬角度较小，迈步幅度由小到大，频率逐渐加快，从正前方或正后方观察，两马脚距逐渐缩小，直到两马脚印内侧几乎在一条线上。

3. 途中跑

(1)直道跑：途中跑时后蹬以强有力的动作蹬伸髋、膝和踝关节。摆动腿的大腿和手臂有力地向前上方提杆摆出，加强后蹬效果。躯干保持稍前倾，两臂配合下肢节奏向外侧提杆，使两马杆上端向外，两马脚靠拢，形成“V”字形，这样大腿向前上方提摆时才不至于撞上马杆，影响动作及造成膝部与大腿外侧损伤。途中跑的速度决定于步频与步长，只有上下肢协调配合，节奏统一，才能发挥高步频、获得最大步长。中长跑的途中跑技术与短距离快速跑基本相同，但上体前倾角度、摆腿、提杆的动作幅度和后蹬力量都较小，要求动作轻快，步伐均匀，做到既省力又实效。

(2)弯道跑：为了克服离心力的影响，在进入弯道跑时，身体应逐渐向左倾斜，右臂摆幅加大，并稍向内摆，左臂加大向外提杆的动作幅度；右腿前摆时，膝部稍内转，左腿前摆时，膝部稍外转。在跑完弯道即将进入直道时，身体逐渐恢复到正常跑的姿势。

(3)高脚接力跑：是由接力队员依次接替跑完一定距离的集体比赛项目。常有男、女 4 × 100 m、4 × 200 m、4 × 50 m 接力，以及迎面接力、男女混合接力等。接力跑能发展速度

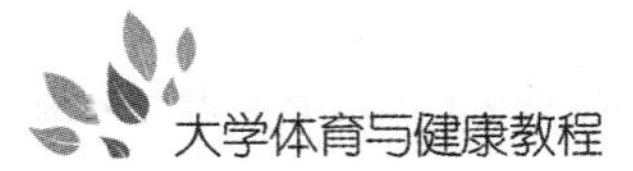

和培养团队协作精神。由于高脚跑时双手均握马杆，无法传接接力棒，因此，采用在规定区域内完成接力的方法。

高脚接力跑是一项竞争激烈的比赛项目，比赛能否获胜，不仅取决于接力队员的跑速，在很大程度上还取决于接力时机的掌握。在10 m的接力区内，当前一个队员的马脚踏入接力区内，后一个队员即可跑离接力区。最理想的接力时机是后一个队员在接力区内预跑，当前一个队员一踏入接力区，后一个队员即以最快速度跑离接力区。要做到这一点，必须加强练习，增强彼此间的密切配合。

为了发挥全队每个队员的特长，应根据队员的实力和对方运动员的情况安排顺序。有时把实力最强的队员放在第1个，从一开始就超过对方，在心理上形成优势。在4×100 m接力中，第1个和第3个队员还应善于跑弯道。在一般情况下，把实力最强、冲刺能力好的队员放在最后。

(4)障碍高脚跑：是在比赛场地上跨越一定障碍的竞赛，目前尚无定型的障碍高脚跑竞赛项目，但为了提高比赛和练习的趣味性和惊险性，教学中可以根据实际情况设置若干个不同性质的障碍。可设栏、独木桥、台阶、多个立杆、水池等，要求参与者骑在马上跨过栏、通过独桥、上下台阶、蛇形绕过立柱，跃过水池等。障碍高脚跑不仅要求运动员有较好的耐力，更要有跨越障碍的本领，技术要求比一般的跑要高得多。

(5)高脚越野跑：在野外自然环境中进行的一种中长距离的比赛活动，目前亦无定型的比赛形式。由于活动在野外自然环境中进行，空气新鲜、阳光充足、风景优美，同时需要通过天然崎岖小路、稻田、沟渠等障碍，能培养勇敢顽强、机警、灵敏及吃苦耐劳的优良品质，且锻炼身体的效果极好，是少数民族地区学校体育活动的理想形式。

4. 终点冲刺跑

终点冲刺跑，主要是以顽强的毅力，动员全身力量，以最快的速度冲向终点，然后向前减速缓冲跑10 m左右即下马。

(二)高脚角斗对抗

高脚角斗对抗是指两名运动员在一定区域内以自己最熟练的一种骑法骑在高脚上，采用规则允许的方法迫使对方下马或出界的一种运动形式。它不仅需要有娴熟的骑术，还需要有较强的力量、速度、耐力、灵敏等素质，更需要有灵活机动、随机应变的战术，是高脚竞赛中最具趣味性和观赏性的一种形式。在骑姿上，常用一双内、一双外和犟骡子，尤以一双外或犟骡子为优。

1. 基本技术

(1)格斗姿势：使身体处于强有力的待发状态，是完成进攻、防守和防守反击的最佳姿势，其特点是身体暴露面积小，机动性好，自身防护能力强，是一个既轻松自如，又能保持平衡的姿势。以左脚在前为例，其动作要领如下：骑在马上两脚前后斜线开立，左脚在前，右脚在后，前后距离比肩稍宽，身体左侧在前；两脚尖向前，膝关节微屈，重心落于两腿之间稍偏向后；两手握平马杆上端，左上臂紧贴左肋部，右臂屈肘紧贴右肋部；下颌微收，含胸，目视前方；全身适当放松，处于灵活状态，并根据临场变化随时调整身体位置、方向和重心。

(2)移动：移动是高脚对抗中运用进攻与防守技术的先导，目的是及时调整与对方的相对位置，便于技术、战术的运用与发挥。移动的常用步法有以下几种：

①上步：以格斗姿势站立，后脚经前脚内侧向前上一步成另一侧格斗姿势。

②撤步：以格斗姿势站立，前脚经后脚内侧向后退一步成另一侧格斗姿势。

③进步：以格斗姿势站立，前脚前进一步，后脚向后蹬地，随之跟进一步。

④退步：以格斗姿势站立，后脚后退一步，前脚用力蹬地，随之向后退一步。

⑤前滑步：连续两次或两次以上的进步称前滑步。

⑥后滑步：连续两次或两次以上的退步称后滑步。

⑦前垫步：以格斗姿势站立，两脚用力蹬地(以前脚为主)，使身体轻轻跃起，然后，后脚迅速跟进，落在前脚原来位置附近，前脚向前进一步。

⑧后垫步：与前垫步同，唯前后相反。

⑨环绕步：以格斗姿势站立，重心前移，前脚环形向前上步，后脚迅速向同一方向跟进，连续进行。在与对方对峙时，围绕对方走环绕步，伺机发动攻击。

(3)冲撞：冲撞是指运动员骑在高脚上，将撞击对方一侧的上臂紧贴身体，当对方靠近时，用肘关节以上部位冲撞对方躯干或相应部位，迫使对方下马或出界的方法。

冲撞是高脚对抗的主要技术。竞赛规则规定，不能用肘尖、膝冲撞对方，也不能用握马杆的手及马杆弹击对方，因此，冲撞时冲撞接触一侧的上臂一定要紧贴身体。但当冲撞已经发生，即双方接触后，可以用力向外抬肘及转动上体，挤靠对方，迫使对方失去平衡下马或出界，或给对方以重创，削弱其进攻能力。

冲撞时既要撞击对方，又要维持好自己的平衡，特别要注意当对方使用冲撞假动作躲避时，要尽量稳住自己的重心。

(4)扫绊：扫绊是指运动员骑在高脚上，用自己的马脚扫、绊、拦、踢对方的马脚，迫使对方失去平衡下马或出界的方法。

竞赛规则规定，不能用高脚的马脚扫、踢对方踏镫以上的任何部位，因此，扫绊技术在使用时一定要注意攻击部位，不要造成犯规。扫绊技术使用得当能够轻松地迫使对方失去平衡下马或出界，其关键是掌握好使用时机，一般在冲撞后对方因冲撞失去平衡而调整步伐与重心时使用。使用时首先要保持住自己的平衡，因为这时只有一只马脚在起支撑作用，使用不当反而会使自己失去平衡。在双方对峙时一般忌用扫绊技术。

(5)假动作：假动作技术是指运动员运用各种动作的假象迷惑和调动对方，使其产生错误的判断或失去身体的平衡，从而取得时间、空间上的有利条件，更好地实现自己的意图。假动作与其说是一种技术，不如说是一种战术，其思想基础是虚与实的转换。在各种对抗性活动竞赛中，谁掌握好虚实转换，谁就能轻松取得主动权。比赛中，单一的技术动作很容易被对手识破，在实力相当的情况下，谁能巧妙地运用好假动作，谁就能赢得胜利。

假动作必须做得逼真才能迷惑对方，同时假动作要能及时变为“实动作”，在被对方识破为假动作时，要能将计就计地实施进攻与防守。假动作要与真实动作夹杂运用，做到虚虚实实。实战中常用的假动作有：冲撞假动作、挤靠假动作等。

2. 基本战术

熟练的技术是取胜的基础条件，但灵活多变的战术也是克敌制胜的关键，战术运用得当，有时能化弱为强。下面介绍几种不同情况下的战术运用方法。

(1)速战速决：在对方弱于我方或对抗中犹豫不决时，应主动攻击对方，多以强有力的冲撞技术猛烈进攻，使对方处于被动挨打的局面。

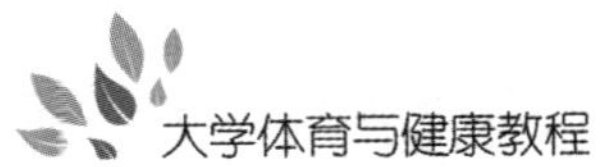

(2)借力进攻：在对方强于我方时，应多采用环绕步游走，与对方冲撞时运用步法及时躲闪，使对方进攻落空，然后再借力拦绊，迫使对方下马或出界。

(3)以假乱真：势均力敌时，可施以假乱真之计智取。我方故意暴露出破绽，诱敌深入，如露出站立不稳之势，诱使对方使用扫绊进攻，然后乘对方一脚支撑之机突然上步冲撞。又如做出与对方奋力冲撞之势，待对方全力上攻时，我方巧妙闪过，使其用力过猛而无支撑倒地等。

3. 竞赛规则简介

(1)场地：直径6 m的硬平沙土地。

(2)器材：高脚可用任何材料制成卦子马或统子马，男子马脚高度不低于30 cm，女子马脚高度不低于25 cm。

(3)比赛时间：每场比赛三局，每局5分钟，局间休息2分钟。

(4)体重分级：轻量级(60 kg以下)、中量级(60～75 kg)、重量级(75 kg以上)。

(5)下马：运动员身体任何部分触及地面。

(6)出界：高脚的任何一只马脚踏线或触及界外地面。

(7)器材损坏：高脚的马杆折断或踏镫下滑导致高度不足。

(8)犯规：用肘尖、膝冲撞对方任何部位；用马杆、手弹击对方任何部位；用马脚扫、踢对方踏镫以上任何部位；一脚离开踏镫，以脚踢击对方任何部位。

(9)主动进攻：①主动向对方出击并占优势者；②将对方逼下马，自己也跟着后下马者；③将对方逼出界，自己也跟着后出界者；④将对方的出击化为劣势者。

(10)胜负判定：一局比赛以下马、出界、器材损坏次数少者为胜；如上述指标相等，则以犯规少者为胜；如再相等，则以主动进攻多者为胜；再相等，则以体重轻者为胜。一场比赛以胜两局者获胜。

(三)高脚竞艺

高脚竞艺是骑在高脚上进行各种骑姿变换的练习，是一种技巧性、艺术性较强的竞赛形式。动作包括各种基本骑法、骑姿变换方法及走、跑、跳跃、转体、平衡等。

竞艺比赛是在直径12 m的圆圈平地上进行的，比赛可设男、女单人，双人、六人等各种项目，可以有音乐伴奏，要求编排合理，前后衔接和谐，能表现出矫健、有力、勇猛的精神。裁判员根据运动员临场骑的姿势多少、难度大小、变换技巧及编排与表现力情况进行评分。

三、高脚技术教学

(一)高脚基本骑姿教学的顺序

(1)首先学习同边马的一双内、一双外和罼骡子骑法，并以罼骡子为重点，然后学习乌龙绞柱、一边顺骑法；待同边马较为熟练后，再学习异边马的夹夹脚，最后学习观音坐莲和苏秦背剑等骑法；各种骑姿转换方法可在各种骑法中交叉练习。

(2)以提高竞速能力为主要练习目标的运动员，可只练习罼骡子或一双内的骑法，其他骑姿只需要适当了解即可。

(3)以提高角斗对抗能力为目标的运动员，应以罼骡子和一双外作为主要骑姿，多发展急起急停、闪腾的能力。

(4)高脚竞艺是以比骑姿多、难度大、姿态美、转换巧为特点的竞赛形式，因此，应多练习难度较大的异边马骑法，以难取胜，并注意骑姿要轻巧优美。

(二)高脚基本骑姿练习步骤

1. 靠墙上马和走马

(1)靠墙上马：背靠墙壁站立，左、右脚依次踏上踏镫。

(2)靠墙原地走马：依靠墙维持平衡，原地提杆踏步走马，体会手脚配合提杆迈步时的协调性。

(3)墙边原地走马：由靠墙原地走马逐渐过渡到站在墙边而不靠墙的原地走马，在难以维持平衡时再后退靠墙。

也可在他人的帮助下上马和原地走马，方法是帮助者面对骑马者，手握马杆中段，帮助维持平衡及提杆迈步。

2. 走马

(1)低马走马：缩短马脚高度，最低可至10 cm左右，进行原地或行进间的走马练习。

(2)常马走马：在低马走马基本能完成以后，应迅速将马踏镫升至正常高度进行走马练习。

(3)大步走马：将步幅提高到一般走马步幅的两倍左右，进行大步走马练习。

(4)后退走马：向后方退行，以提高平衡能力。

(5)横向走马：向左右横向行走。

(6)垫步走马：练习左右脚交替在前的垫步走马。

3. 跑马

(1)原地小步跑马：动作轻松、协调，步频较高。

(2)原地高抬腿跑马：以大腿抬至水平位置以上为佳。

(3)后蹬跑马：步幅增大、重心升高的后蹬跑练习。

(4)垫步跑马：左右脚交替在前的垫步跑马练习。

(5)后退跑马：向后方快速退行，应注意安全。

(6)加速跑马：速度由慢到快再逐渐减速的直线跑马练习。

(7)蛇形或折线跑马：以提高平衡能力和骑马技巧为目的的蛇形、折线跑马练习。

(8)单脚交换跑跳马：一脚跳2～3次后换另一只脚跳2～3次的单脚交换跑跳马练习。

第三节 秋　千

秋千是我国民族传统体育的重要内容，在古代，它本是北方民族在生产劳动之余进行的一种嬉戏活动，春秋时期传入中原后，不仅盛行于民间，而且流行于贵族宫廷之中，成为青少年、儿童和妇女所钟爱的体育活动。我国一些少数民族至今仍把秋千作为迎新佳节的一项主要的体育游戏，许多学校、公园及娱乐健身场所都设有不同高度、不同形式的秋千，足见秋千运动具有广泛的群众基础。经常进行秋千锻炼，可以发展腿部蹬力、臂及肩带引力和腕、指抓握力，提高全身协调能力；同时可提高肺功能，改善神经系统特别是植物性神经及前庭功能；此外，还能调节情感，培养机智勇敢、顽强拼搏的良好品质。

秋千场地器材设施可因地制宜地建造，秋千架可用两根木柱固定竖立，顶端横架一条圆木，圆木上系两根绳索，绳的下端系一木板连接成脚踏板；也可将绳索系于大树的粗枝丫上制成简易秋千。现代秋千比赛的秋千架用钢架制成，高 12 m，脚踏板离地 80 ~ 90 cm(图 7 – 3 – 1)。

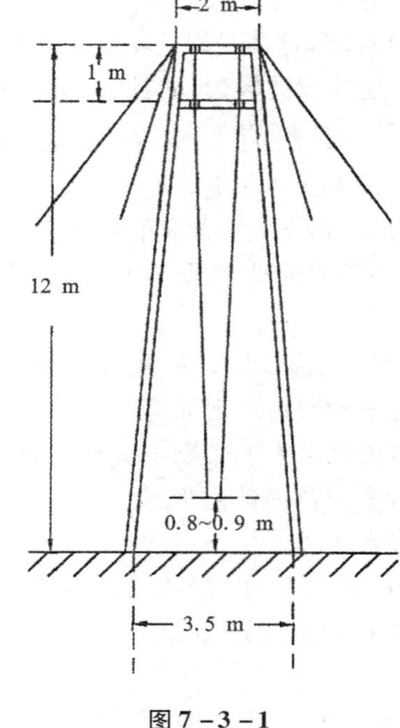

图 7 – 3 – 1

一、秋千技术

秋千运动有单人荡和双人荡两种形式，且单人荡和双人荡均可进行高度比赛和触铃比赛。高度比赛是指运动员在一次比赛中，在规定的预摆次数内按身体所能够触及的铃杆高度判定胜负，高者名次列前；触铃比赛是在确定的高度上，在规定的时间内，以运动员触铃次数多少判定胜负，次数多者，名次列前。

秋千基本技术包括起荡、预摆和触铃几个部分。

(一)起荡

起荡包括准备动作、预备和鸣哨起荡几个组成部分。它的任务是使身体获得尽可能大的起荡初始角，以较大的势能，摆脱静止状态，向最低点摆去。

(1)准备动作：运动员听到“准备比赛”的口令后，做几次深呼吸，然后走上起荡台，系好安全带，双手紧握秋千绳，将秋千绳向后拉，一脚踏上脚踏板的一端，然后支撑脚向后跳动，使踏板腿的大腿尽量抬高至极限处；收腹含胸，颈部放松，眼看前下方。向裁判员报告“准备完毕”，集中注意力听“预备”的口令。

(2)“预备”：听到“预备”口令后，深吸一口气，膈肌上提，支撑脚脚跟上提，尽量以脚前掌支撑，踏板脚向后勾板，使身体重心尽量提高。眼看前下方，集中注意中听起荡的哨声或口令。

(3)“鸣哨”(起)：听到哨声或“起”的口令后，支撑腿用力蹬离起荡台，迅速踏上脚踏板，两臂伸直，两腿保持屈蹲姿势向最低点摆去。

(二)预摆

预摆是指利用两腿屈伸蹬板和双臂拉引秋千绳的力量使身体随着秋千的摆动进行有规律的站起和蹲下的动作，即当秋千从高点摆向低点时，运动员蹲下，在快接近最低点时，运动员猛力站起，由低点摆向高点时，继续完成站起动作，依此循环往复。在一个摆荡周期中需要完成两次站起和两次蹲下的动作，即一个摆荡周期由前摆蹲下、前摆站起、后摆蹲下、后摆站起构成。站起是秋千越荡越高的能量来源，因此，站起是秋千技术的关键环节。

(1)前摆蹲下：运动员从站在起荡台、脚蹬离起荡台、踏上脚踏板开始(或后摆站起到最高点开始)该动作，此时双手紧握秋千绳，双臂放松伸展，肩角充分展开，双腿屈膝全蹲，大小腿折叠紧，腹部紧贴大腿，踝关节尽力屈紧，使身体重心尽量下降，远离秋千绳悬挂点。

(2)前摆站起：站起是秋千升高的能量来源，是秋千摆荡技术的关键。因此，在前摆至接近最低点时，必须以最大的力量和最快的速度突然猛力伸腿蹬板和屈臂引体，使身体在极短的时间内完成站起动作。

(3)后摆蹲下：当运动员以站立姿势前摆至最高点后便转入后摆蹲下阶段。后摆蹲下动作与前摆蹲下相同，双腿屈膝全蹲使重心下降，并使伸腿和引体各肌群充分伸展，为后摆站起做好充分准备。

(4)后摆站起：当后摆至接近最低点时，便立即猛力伸腿蹬板和屈臂引体，使身体迅速完成站起动作，至最高点时，双臂向外推开，使秋千绳尽量分开，提高重心高度。当秋千后摆至最高点时，便进入下一个摆荡周期。

(三)触铃

触铃是确认比赛成绩的标志，高度比赛中，在各高度规定的预摆次数内触铃表示该次试荡成功；触铃比赛中，则直接以规定时间内触铃次数的多少判定胜负。因此，触铃技术非常重要。在实力相当的比赛中，触铃技术的好坏往往决定着比赛名次的先后。

(1)单人高度比赛碰铃：在预摆达到一定高度时，心中要有抢碰的意念，就是在高度尚未能使身体自然碰铃前，先试碰一次，方法是用单手推绳碰铃或用收腹屈髋举腿的方法以脚碰铃。如能成功，则以较少的预摆次数取得优势。如不成功则在下一个摆荡周期中加大蹬腿和屈臂引体力量，使秋千获得更多的升高能量以达到顺利碰铃的目的。

(2)双人高度比赛碰铃：在预摆达到一定高度可能碰铃时，送秋人要提醒碰铃人注意做好碰铃准备。在高度较充分的最后一次预摆时，要加大蹬腿和引体力量，在达到最高点前，两人因引体而使身体紧贴，在到达最高点时，两人均用力推绳，使二人分开，这时碰铃人向后顶头，立腰合胸，以肩背或头后碰铃。

(3)单人触铃比赛碰铃：在高度比赛中，碰铃即试荡成功，而触铃比赛则以触铃次数多少判定名次，因此，第一次碰铃的技术要领与高度比赛的碰铃技术相同。在第一次碰铃后，为了既能连续碰铃，又不至于用力过多而耗能过大，需要运动员以能够抵消各种摩擦阻力而减少能量的力量继续摆荡，以保持连续碰铃至比赛结束。

(4)双人触铃比赛碰铃：第一次碰铃技术同双人高度比赛的碰铃技术要领，第一次碰铃后的碰铃技术要领同单人触铃比赛的第一次碰铃后的碰铃技术要领。

二、秋千技术教学

(一)秋千技术教学顺序

(1)首先学习单人摆荡技术，在基本能按秋千来回摆动进行同步的站起和蹲下动作后，应适时学习双人摆荡技术。

(2)为了提高练习的趣味性，应将单人荡与双人荡交替进行练习。

(3)双人荡更易于理解和掌握站起和蹲下的摆荡技术，只是双人荡需要两人同时配合，增加了协调的难度。在以老带新、以好带差的教学中，双人荡更易于使新手和接受力较差的人快速提高技术。

(4)在摆荡技术基本熟练和巩固以后再学习各种碰铃技巧。

(5)起荡技术可放在最后进行教学。

(二)秋千技术练习步骤

(1)坐在脚踏板上由他人推动，逐渐加大推力使秋千越摆越高，体会摆动给人带来的肌肉感受、视觉感受、血液离心感受。

(2)蹲或站立在脚踏板上由他人推动，体会感觉同上。

(3)由他人助力推动后一个周期站起和蹲下一次的半摆荡练习，即在一个摆荡周期中只完成前摆蹲下和前摆站起或只完成后摆蹲下和后摆站起。这种练习降低了蹲起的频率，运动员可以有较充分的时间进行思考和练习，难度较小，易于掌握。

(4)由他人助力推动后进行完整的摆荡练习，即在一个摆荡周期中完成全部动作。

(5)单人较低高度的触铃练习，触铃次数由每次摆荡触铃 5 ~ 10 次逐渐增加到 50 次以上。

(6)双人较低高度的触铃练习，每次摆荡触铃次数应在 30 次以上。

(7)单、双人逐渐增加高度的触铃练习。

(8)单手抢碰、举脚碰等各种碰铃技巧练习。

(9)起荡技术练习。

(10)完整的单人高度、单人触铃、双人高度、双人触铃教学比赛。

(三)秋千技术教学注意事项

(1)身体出现异常状况，特别是发现有心脏功能不适时，应及时在课前向教师报告，禁止进行练习。

(2)每次练习前应检查场地器材，在确认秋千架、秋千绳、安全带牢固无损时方可进行练习。

(3)安全带的套系应从在下蹲时感到安全带牵拉手腕不太紧也不太松，能充分发挥借力和保护作用为宜。

(4)每次练习应做好充分的准备活动。

(5)摆荡过程中出现前臂胀痛无力、全身乏力及头部眩晕、恶心等属正常现象，坚持锻炼，这种现象会逐渐减轻，这也是秋千运动的特殊锻炼价值之所在。

三、竞赛规则简介

(一)比赛办法

(1)准备比赛、开始比赛见“起荡”技术要领。

(2)结束比赛：触铃比赛中，当预摆次数达 30 次仍未触铃时，应鸣锣结束比赛；高度比赛中，当预摆次数达到各高度所规定的预摆次数(表 7 - 3 - 1)仍未触铃时，应鸣锣结束比赛；运动员和教练员主动提出终止该次试荡要求时，应鸣锣结束比赛。

(3)有效成绩：运动员双手握住秋千绳，双脚站在脚踏板上，秋千绳或运动员身体任何部位触到铃或铃杆为有效成绩，头发必须盘在头上。

(4)裁判员根据运动员或教练员的要求，每次试荡可移动一次系铃架。向前或向后移动的距离不得超过 30 cm。系铃架与秋千架的距离见表 7－3－1。

(5)同运动员连续两次试荡之间，可以休息 5 min。

表 7－3－1 系铃架与秋千架的距离、不同高度的预摆次数表

铃杆高度/m	高度比赛预摆次数	系铃架与秋千架距离/m	铃杆高度/m	高度比赛预摆次数	系铃架与秋千架距离/m
6.00	18	8.20	7.80	30	9.00
6.30	20	8.40	8.10	30	9.10
6.60	24	8.55	8.40	30	9.20
6.90	26	8.70	8.70	30	9.30
7.20	30	8.80	9.00～10.50	30	9.40
7.50	30	8.90			

(二)高度比赛

(1)单人或双人比赛均有 6 次试荡机会。

(2)比赛中，铃杆高度只升不降。

①铃杆的起荡高度均为 6 m。

②铃杆升高幅度：6 m 至 9 m 之间，每次升高 30 cm，9 m 以上每次升高 10 cm。

③极限高度：双人为 10.5 m，单人为 10 m。

(3)允许在某一高度失败后，在同一高度或更高的高度上进行试荡，如连续 3 次试荡失败，即失去参加该次比赛的资格。

(4)运动员可以在起荡高度以上的任何一个高度开始试荡，并可在以后的任何一个高度上决定是否“免荡”。如出现 3 次连续试荡失败，就只能按之前成绩判定名次。

(5)名次判定；

①以比赛中最好一次试荡成绩的高低决定名次，高者名次列前。

②出现成绩相等时，按下列方法处理：在最好成绩的高度上，试荡次数少者名次列前；如仍相等，则以最好成绩的高度上预摆次数少者名次列前；如仍相等，在出现成绩相等高度前，试荡失败次数少者名次列前；如仍相等，则以出现成绩相等高度前，试荡、预摆次数总和少者名次列前。

(三)触铃比赛

(1)铃杆高度：单人 6.2 m，系铃架与秋千架距离 8.3 m；双人 7 m，系铃架与秋千架距离 8.7 m，均可前后移动 30 cm。

(2)单人或双人比赛均有一次试荡机会，时间为 10 min。

(3)名次判定：

①在规定的时间内以运动员触铃次数多者名次列前。

②出现成绩相等时，按下列方法处理：以连续触铃次数多者名次列前；如仍相等，以

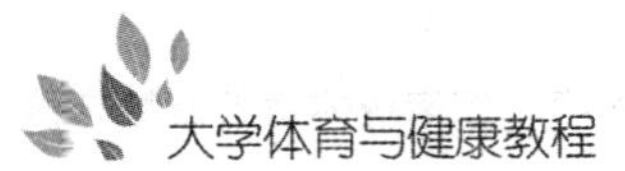

预摆次数少者名次列前；如仍相等，进行附加赛，单人高度不变，双人高度升为 8 m，时间为 3 min。触铃次数多者名次列前。

（四）犯规与处理

（1）抢荡：指运动员在裁判员发出起荡哨声前开始起荡，则：

①在高度比赛中，第一次给予劝告并增加一次预摆次数，第二次给予警告并再增加一次预摆次数，第三次则判定该次试荡失败。

②在触铃比赛中，第一次给予劝告，第二次给予警告并扣除一次触铃次数，第三次则取消比赛资格。

（2）在试荡过程中，如出现运动员的手离开秋千绳或脚离开脚踏板，则：

①在高度比赛中，判定该次试荡失败。

②在触铃比赛中，鸣锣终止该次试荡，终止前成绩有效。

（3）运动员准备比赛的时间超过 3 min，则：

①在高度比赛中，判定该次试荡失败。

②在触铃比赛中，超过 1 秒至 30 秒，扣除一次触铃次数；超过 31 秒至 60 秒，扣除两次触铃次数，超过 60 秒以上者，取消该项比赛资格。

（4）教练员或运动员自行移动系铃架，则判定试荡失败。

第四节　抢花炮

抢花炮是流行于广西三江，湖南新晃、通道和贵州从江、黎平等地区的侗族、壮族民间的一项具有浓郁民族特色的民族传统体育活动。每年农历三月三日，桂、黔、湘三省毗邻地区都要举行盛大的“花炮节”，进行抢花炮竞赛活动。相传这项活动起源于广东，后传至桂、黔、湘交界地区，至今已有三四百年历史，按照侗族习俗，竞赛分为头炮、二炮、三炮。抢得头炮，人财兴旺；抢得二炮，五谷丰登；抢得三炮，吉祥如意。比赛以村寨为单位，抢得头炮的村寨负责筹办次年的“花炮节”。

为了促进少数民族传统体育活动的健康发展，在国家民族事务委员会和体育运动委员会的关怀下，通过民族工作者和体育工作者的努力，我国对抢花炮民俗活动进行了挖掘、整理、改造和推广，并于 1985 年制定了《抢花炮竞赛规则》，经过几十年的完善与发展，抢花炮成为许多省市民运会及全国民运会的竞赛项目，运动水平不断提高，比赛精彩纷呈，有人称之为中国式的“橄榄球”。经常参加抢花炮运动能有效提高人体的力量、速度、耐力、灵敏等素质，增强心血管系统、呼吸系统的功能，全面增强体质，增进健康。同时，其还能培养人们勇敢顽强、机智果断的优良品质及团结协作的集体主义精神。

一、抢花炮基本技术

抢花炮技术是抢花炮运动符合规则规定的攻防动作和方法的总称，可分为进攻技术和防守技术两大部分。

（一）进攻技术

1. 传接炮

传接炮是进攻队员之间有目的地转移炮的方法，是组织进攻的基础，传炮可分为抛传炮和传递炮两种，抛传炮又叫传明炮，传递炮又叫传暗炮。传明炮可以有原地、跳起和跑动行进间三种方式；传暗炮可以有假传递和真传递之分。接炮与传炮紧紧相连，共同完成进攻。传明炮的要求是准确、及时、多变，传暗炮的要求是做到真假难辨。

（1）单手胸前传炮。特点是传出的炮迅速有力，准确性高，动作轻松，便于与其他动作结合运用。以右手传炮为例，其动作方法：虎口张开，拇指与其余四指各握炮的一面，炮的边缘贴在手掌上，手心向上，持炮于胸前。传炮时，身体右转，以上臂带动前臂向前挥动，在手臂接近伸直时迅速甩腕，使炮沿顺时针方向旋转向前飞出。

（2）单手肩上传炮。特点是力量大、速度快、距离远、准确度高，可用于长传快攻。以右手传炮为例，其基本动作方法：虎口张开，拇指与其余四指各握炮的一面，使炮的边缘贴于手掌上，将炮持于身前。传炮时，左脚向传炮方向迈半步，左肩转向传炮方向，同时将炮引至右肩上方，重心落在右脚上。接着右腿蹬转，以肩带臂向前迅速挥摆，并迅速甩腕，使炮上旋向前飞出。

（3）单手侧传炮。特点是可避开防守，迅速转移炮，但准确性低、距离近，常用于防守紧逼时将炮转移给附近的同伴。传炮前手持炮向侧后引臂，然后向前挥摆，使炮从防守者侧方飞出。

（4）单手下手传炮。在被防守紧逼的情况下，很难做出胸前或肩上传炮，因而屈膝降低重心，手持炮向后下方引臂，然后向前下方挥摆，避过防守者将炮传出。

（5）双手接炮。双手掌根靠拢，掌心相对，手指自然微张开，两手形成一个“V”形，两臂向前伸出迎炮。当手接触炮后，两手掌迅速合拢，将炮夹住，两臂后引，缓冲来炮力量。然后迅速将炮收至胸腹之间。

（6）单手接炮。手臂向前伸出迎炮，对准炮边缘，虎口张开，当手触炮时迅速将炮握紧，手臂后引，缓冲来炮力量，另一手协助将炮持稳。

（7）传暗炮。传暗炮是抢花炮运动区别于许多相类似的，如手球、橄榄球等项目的最大特点，也是抢花炮运动的魅力所在。传接暗炮运用得当，不仅能使比赛异常精彩，还能使进攻队轻松得分，赢得胜利。为了实现迷惑对方的目的，传暗炮有真传也有假传，但无论真假，传递的两名队员在做了传递动作后，都要继续做出合手收抱于胸前的持炮动作，并迅速与其他同伴继续做暗炮传递动作，使对方无法判断炮在谁的手中，然后乘势互相掩护攻向炮台区。其动作要领是：传递二人面对面紧靠站立，利用身体掩护挡住防守者的视线，不让防守者发现炮在谁的手中。

2. 持炮奔跑

持炮奔跑是进攻得分的有力手段，根据战术需要，持炮奔跑有单手持炮奔跑和双手持炮奔跑两种，其中双手持炮又有真持炮和假持炮两种情况。奔跑形式有直线、曲线、折线等。

（1）单手持炮奔跑。特点是跑动速度快、变速变向灵活，常用于远离防守者或完全摆脱防守后的进攻。手握炮的方法可以用五指的最后一个指节屈握炮的边缘，将炮贴于手掌的握法；也可以用拇指与其余四指握炮的一个面，炮的边缘贴于手心和虎口，握紧后，手持炮随奔跑而有节奏地摆动手臂。

（2）双手持炮奔跑。一种是将双手合抱于胸前，炮压在手掌和胸之间，这种方法多在传递暗炮后使用，不让对方发现是否真的有炮；另一种是双手握住炮的边缘，这种方法在持炮跑进过程中遇到防守者的拦截与抢夺时使用。

3. 假动作

抢花炮运动的假动作不仅包括传递暗炮的假动作，还包括传明炮中的假动作和持炮奔跑中的左闪右晃的假动作，其目的是运用各种假象迷惑和调动对方，使对方产生错误的判断，失去身体平衡，从而取得时间、空间上的有利条件，实现本方的战术意图。

(二)防守技术

(1)阻挡是指用身体挡住进攻队员的前进路线，这里主要是指对攻方无炮队员的阻挡。

(2)拦截是攻方队员持炮向前奔跑时采用的防守方法，主要包括拉手和搂抱两种。持炮队员向前钻、挤时，防守方应及时用拉手臂和搂抱的方法拦截其去路。拉手臂动作应注意不能有扭、旋等反关节的犯规行为，搂抱应注意不能有抱摔的犯规动作，一般搂抱对方肩以下、膝以上部位。

(3)追赶是被攻方队员摆脱后的应急补救防守方法，即以尽可能快的奔跑赶上进攻队员，然后对其施行拉手、抱腰及抢夺等防守技术。

(4)抢截。即抢截对方的炮，是最积极有效的防守方法，包括抢断攻方队员之间的传接炮和抢夺持炮队员的炮：

①抢断炮即抢断攻方队员之间的传接炮，动作包括判断、移动、接炮或拍打，其中判断准确是先决条件，移动抢位，即快速移动抢先一步移至接炮队员的前面是抢断成功的关键。

②抢夺炮即将攻方队员手中的炮抢夺过来，在一对一的抢夺中，可采用拉手臂、掰手指的方法抢夺；在多对一的抢夺中，可用一人抱腰一人掰手指的方法抢夺。

二、竞赛规则简介

(1)比赛场地：比赛场地由边线、端线、接炮区、罚炮区、炮台区等构成(图 7－4－1)。

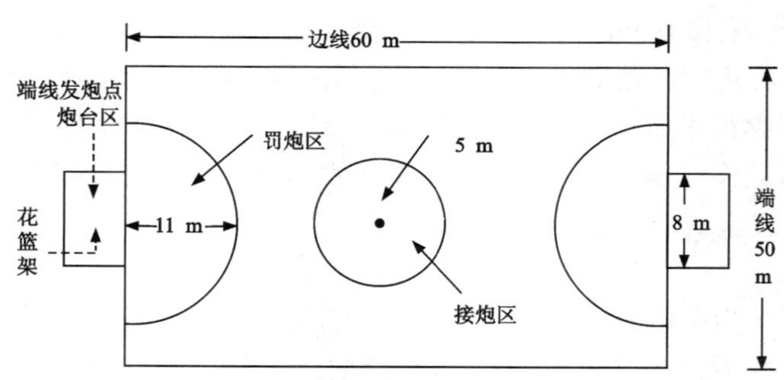

图 7－4－1

(2)比赛器材：花炮、送炮器、花篮架、花篮。

(3)比赛时间：正式比赛时间为 40 min，分上下两半场，每半场 20 min，中间休息 10 min。进炮、犯规、违例等，裁判员鸣哨不停表。

(4)参加人数：每队上场队员不得多于 8 人和少于 5 人，其中 1 人为队长。全场比赛替换队员不能超过 5 人次。

(5)比赛开始：由裁判员带领队员入场，站于接炮区外，当司炮员发炮时，比赛即为开始。比赛中一方进炮得一分后，司炮员重新在接炮区发炮，比赛继续。

(6)得分：持炮队员越过端线进入对方炮台区，把花炮投入花篮内即为得分。进攻队员手持花炮攻进炮台区后由于受伤，已无法将花炮投入花篮内，应判该队进炮得分。

(7)掷界外炮：攻方队员持花炮越出场外(包括踩线)，或一方将花炮掷出场外，或守方队员用合理搂抱动作，将攻方持花炮队员抱出场外，均由守方在出界处掷界外炮，掷界外炮时双方队员均应距发炮点 3 m 以外，掷炮队员应在 5 s 内经由空中将炮发出。

(8)罚任意炮：一方犯规或违例时，由另一方在犯规或违例发生处掷任意炮继续比赛，掷任意炮时，所有队员必须距离掷炮队员 3 m 以外，裁判鸣哨后，掷炮队员必须在 5 s 内将炮从空中掷出。

(9)罚点炮：守方队员在罚炮区内犯规时，由攻方队主罚点炮；攻方队员手持花炮触及炮台区端线，但无法攻进炮台，亦由攻方罚点炮。罚点炮时，除主罚队员外，其余队员均应退出罚炮区外，主罚队员站在罚点炮线后用手将花炮投入花篮，投中得一分，由司炮员重新发炮；未中，则由对方在端线外距炮台区 5 m 处掷界外炮。

(10)犯规：

①搂抱犯规。搂抱不持花炮的队员；搂抱持炮队员的肩以上、膝以下部位，或搂抱持炮队员的单腿。

②压、踩犯规。持炮队员倒地后，其余队员往其身上压、踩。

③故意犯规。有意识地扭手臂、推人、冲撞、踢、踩、打、摔、咬等。

④技术犯规。当队员准备捡地上的花炮时，对方队员用脚踩、踢花炮；一方罚任意炮或掷界外炮时，另一方队员屡次进入了 3 m 以内距离进行干扰；场外教练员、队员有干扰比赛的行为，经裁判劝阻后仍不改正等。

第五节　舞　龙

中华民族繁衍生息的广袤土地，被称为“龙的故乡”。中华儿女，被称为“龙的传人”。龙是中华民族的图腾，是一种精神，一种寄托，一种祝福，是华夏民族勤劳、勇敢、奋进、坚毅、拼搏精神的象征。中国是舞龙运动的发源地。在中国的文化中，龙有着重要的地位和影响，上下数千年，龙已经渗透到中国社会的各个方面，成为一种文化的凝聚和积淀。千百年来，象征着吉祥喜庆、欢乐幸福的舞龙运动已经成为我国广大城乡喜庆佳节最具有代表性的民俗活动，同时也是目前我国推行全民健身计划、增强人民群众身心健康的重要大众体育项目之一。

舞龙运动是指舞龙者在龙珠的引导下，手持龙具，随鼓乐伴奏，通过人体运动和姿势的变化，完成龙的游、穿、腾、跃、翻滚、戏、缠、组图造型等动作和套式，充分展示龙的精气、神、韵等内容的一项传统体育项目。

一、舞龙运动基本技术

(1)“8”字舞龙动作。运动员将龙体在人体左右两侧交替做“8”字形环绕的舞龙动作，其可快可慢，可原地，可行进，也可利用人体组成多种姿态、多种方法的“8”字形舞动。其要求龙体运动转迹要圆顺，人体造型姿态要优美，快舞龙要突出速度、力量，每个动作左右舞龙各不少于4次，单侧每个动作上下各不少于6次。

(2)游龙动作。运动员较大幅度地奔跑游走，通过龙体快慢有致、上下、左右的起伏行进，展现龙的婉转回旋、左右盘翻、屈伸绵延等动态特征。其要求龙体循着圆、曲、弧线的规律运动，运动员协调地随龙体的起伏行进。

(3)穿腾动作。龙体运动路线呈纵横交叉形式，龙珠、龙头、龙节依次在龙身下穿过，称“穿越”；龙珠、龙头、龙节依次在龙身上越过称“腾越”。其要求穿越和腾越时，龙形保持饱满，速度均匀，运动轨迹流畅，穿腾动作轻松利索，不碰踩龙体、不拖地、不停顿。

(4)翻滚动作。龙体呈立圆或斜圆状运动，展现龙的腾跃、缠绞的动势。龙体做立圆或斜圆状连续运动，当龙身运动到舞龙者脚下时，舞龙者迅速向上腾起，依次跳过龙身，称“跳龙动作”；龙体同时或依次做360°翻转，运动员利用滚翻、手翻等方法越过龙身，称“翻滚动作”。其要求滚翻动作必须在不影响龙体运动速度、幅度、美感的前提下完成，难度较大，技术要求也高，龙体运动轨迹要流畅，龙形要圆顺，运用翻滚技巧动作要准确规范。

(5)组图造型动作。指龙体在运动中组成活动的图案和相对静止的造型。其要求活动图案构图清晰；静止造型形象逼真，以形传神，以形传意，龙珠配合协调，组图造型连接、解脱要紧凑、利索。

二、舞龙运动技术教学

(一)舞龙教学阶段的划分

第一阶段为基础阶段，进行舞龙基本功、基本动作、动作组合的教学。要求学会动作，明确动作规格，掌握练习方法，发展专项身体素质，提高身体适应能力。

第二阶段在巩固第一阶段的基础上，学习和掌握基础套路，掌握套路动作的路线及方位等。

第三阶段在全面掌握基础套路的基础上，学习难度较高的自选套路，同时，鼓乐配合集体练习。掌握人、龙、鼓三者之间的协调配合，理论传授与实际操作同步进行，以扩大知识面和提高技术。

划分阶段是为了确定各个阶段所要解决的主要任务。在教学实践中，每个阶段紧密相连，不可截然分开。

(二)舞龙技术学练的五个周期

舞龙套路是由数十个各级别难度动作组成的，每个动作都包含有路线、架势结构、运动方法、节奏、意识以及神韵等要素。在教学中应根据动作技能形成的生理规律，让学生有层次地掌握动作的完整性。从初学到熟练掌握动作，一般可分为以下五个周期：

(1)动作初型期。即粗略地掌握动作，主要是通过教师的正确示范和讲解，给学生建立动作的初步概念。在教师缓慢示范、讲解的指导下，让学生弄清动作的运动路线、方向。这个阶段的特点：学生未具专项素质，缺乏控制能力，大脑皮层的暂时联系处于泛化阶段，在练习中，往往会出现顾此失彼、动作紧张、僵硬不协调、动作同时进行的现象。因此，在教学中，对学生的动作不必苛求，不要过多强调动作的细节、姿态的工整。否则，会使学生产生疲劳感，分散学生的注意力，从而降低兴奋性，影响教学效果。

(2)基本成型期。在学生弄清了动作运动路线、方向的基础上，教师进一步强调动作的姿态、架势的准确和工整。这一阶段通过教师反复的常速讲解、示范，使学生领会动作要领，体会动作变化的细节，反复练习，克服紧张、僵硬、不协调的反应。但这个阶段的技能是不巩固的，很容易因遇到新的刺激而出现失误，甚至已经建立起来的动作概念也会消失。因此，在教学中，教师应不断地给予语言信息提示，严格要求，使正确动作逐步成型并不断巩固。

(3)鼓乐配合定型期。这个阶段要求学生能将已掌握的动作在鼓乐的配合中连贯完成。在教学中，教师应根据动作的节奏配之相应的鼓乐曲目，通过与鼓乐的配合，要连贯、协调、完整地示范动作，并强调动作快慢转换的细节，提高学生的自控能力。

(4)神形兼备期。要求学生领会舞龙运动的特点和套路的演练风格。此时，主要是通过教师对学生灌输“龙”的文化理念，进一步阐明“龙”的精神、气韵与形体动作如何结合，在教师的指导下，使学生体会“神形兼备”“内外合一”的演练技巧、突出舞龙的特点。

(5)巩固提高期。经过反复的练习，将前四个步骤所掌握的动作逐步巩固提高。这个阶段对练习要有明确的要求，要抓住主要环节，及时纠正错误，使大脑皮层的暂时联系不断得到强化，从而形成正确的动力定型。但在训练中不必面面俱到、要求过高，应根据学生的接受能力和素质水平来提出要求。

(三)舞龙技术教学方法与步骤

1.“8”字舞龙动作教学方法与步骤

(1)教学顺序。“8”字舞龙动作种类很多，并且在舞龙动作中占很重要的地位，贯穿于舞龙动作的教学全过程。顺序为：原地的A级难度动作、变换动作的A级难度动作、变换动作的B级难度动作、变换动作的C级难度动作。

(2)讲解与示范。讲解内容：“8”字舞龙动作的重要性、动作方法、技术要领、配合方法等。示范方法：采用正面和侧面相结合、分解和完整相结合的示范方法。正面示范主要内容是上肢动作，侧面示范的内容是身体动作及下肢动作。分解动作示范的内容主要是两队员之间的相互配合。

(3)组织练习的顺序。“8”字舞龙动作一般由原地徒手模仿练习开始，再进行持空把的练习，最后过渡到整队拿龙器材的动作练习。

2.游龙动作教学方法与步骤

(1)教学顺序。顺序为：由A级难度动作到B级难度动作到C级难度动作，由直线动作到曲线动作，由慢到快，由简单动作到复杂动作(如越障碍、上肩等动作)。

(2)讲解与示范。讲解游龙动作的概念、在舞龙动作中的作用及动作内容和动作方法等内容。采用教师单个示范与队伍集体示范相结合的方法。教师示范个体动作时，首先示范腿步动作，再由配合示范手上动作；队伍集体示范全队队员的配合练习动作。

(3)组织练习的顺序。游龙动作一般先徒手练习脚步动作，再练习徒手的手部动作，再练习徒手的手脚相结合的动作，然后拿器械单独练习，再由整条龙队慢速练习配合过渡到快速练习。

3.穿腾动作教学方法与步骤

(1)教学顺序。按由A级动作到B级、C级难度动作的顺序教学。先教穿越动作再教腾越动作，先教慢速动作再教快速动作。

(2)讲解与示范。讲解穿腾动作的概念、动作规律、动作要领、动作在全套路中的作用、队员的相互配合等。采用教师单个动作示范和队伍集体示范相结合的方法，教师示范单个动作，包括脚步动作和徒手动作；队伍集体示范即完整动作示范。

(3)组织练习的顺序。依次做徒手练习、持器械的配合练习、拿龙器材做动作分解练习、慢速完整动作和快速完整动作。

4. 翻滚动作教学方法与步骤

(1)教学顺序。先教A级难度动作，再教B级、C级难度动作。先教单纯的跳龙动作，再教左右及磨转等复杂条件下的跳龙动作及加身体变换等动作的翻滚跳龙动作。

(2)讲解与示范。讲解翻滚动作的概念、在套路中的运用及作用、动作方法及基本要点、技术难点、队员之间的配合等。采用侧面教师单个示范与队员集体示范相结合的方法，教师示范持器械的单个动作练习，队伍做集体配合示范。

(3)组织练习顺序。先练习脚步的跳跃动作及持单个器械的模仿性练习，包括不拿龙器材的滚翻等徒手身体练习，再做排好队形的徒手练习、慢速的持龙跳龙动作练习，再做加上身体动作的跳龙翻滚动作。

4. 组图造型动作教学方法与步骤

(1)教学顺序。先教A级难度动作，再过渡到B级、C级难度动作。先教简单的组图造型，再过渡到复杂的人体动作站位变换配合造型。

(2)讲解与示范。讲解组图造型动作的概念、作用及动作要领、要求等。示范采用图片示范和集体组图示范。

(3)组织练习顺序。首先拿龙器材摆好造型，记住每位队员的造型把位及人的位置，再教组成图形的路径和解脱的动作跑位，最后做串联练习。在复杂条件下的组图造型练习中，先练习技巧动作及队员的配合，再做持龙器材的练习。

三、舞龙竞赛规则简介

(1)竞赛场地。竞赛场地为边长20 m的正方形平整场地(如情况特殊，最小面积不得少于18 m×18 m)，要求地面平整、清洁，场地边线宽0.05 m，边线内沿为比赛场地。边线周围至少有1 m宽的无障碍区。

(2)比赛器材。龙珠要求球体直径为0.33 m～0.35 m，杆高(含珠)不低于1.7 m；龙头重量不得少于3 kg。龙头外形尺寸，宽不少于0.36 m，高不少于0.6 m，长不少于0.9 m，杆高不低于1.25 m，龙头(含杆高)不低于1.85 m；龙身以九节布龙参赛，龙身为封闭式圆筒形，直径为0.33 m～0.35 m，全长不少于18 m，龙身杆高(含龙身直径)不低于1.6 m，两杆之间距离大致相等；龙体、龙尾、龙珠的重量不限制。

(3)比赛时间。第一位运动员踏入赛场，开表计时；如在赛场内静止造型候场，以第一位运动员开始动作开表计时。运动员完成套路动作后，最后一位队员离开赛场停止动作时停表。计时以临场裁判组计时表为准。用两块表计时，按接近规定时间的表计算时间。运动员须在赛前30 min参加检录(查验参赛证件、检验器材与服饰等)，三次检录不到做弃权处理。超过规定时间10 min，运动队不参加比赛即视为弃权。舞龙比赛套路的时间为8～9 min。

(4)参赛人数。参赛人员包括运动队的领队、教练、运动员。每支运动队人数不超过16人。其中领队1人，教练1人，运动员14人(包括替换队员兼鼓乐手4人)。参赛运动员必须身体健康，并经医院体检合格。各运动队必须按规程规定办理报名手续，填写报名表、“自选套路登记表”、“舞龙创新动作难度等级申报表”等。

(5)比赛分类。舞龙比赛的竞赛类型分为单项赛、全能赛。舞龙比赛按性别可分为男子组、女子组。舞龙比赛按年龄可分为成年组(18周岁以上，含18周岁)、少年组(12周岁至17周岁，含12周岁)、儿童组(不满12周岁)。舞龙比赛的竞赛项目可分为：规定套路(单龙，9把1珠，10人上场)、自选套路(单龙，9把1珠)、传统套路(形式不限)、技能舞龙(单龙，9把1珠)。

(6)名次评定。舞龙比赛分预赛、决赛，按成绩高低排定名次。比赛名次的确定根据竞赛规程有关录取名次的规定进行。规定套路录取名次的办法为得分高者，名次列前，如得分相等，按照下列办法确定：①以所有评分裁判之总得分减去总扣分计算，高者名次列前；②无效分的平均值接近有效分平均值者名次列前；如再相等，无效分的平均值高者名次列前；如再相等，名次并列。自选套路录取名次办法为得分高者，名次列前；如得分相等，按照下列方法确定：①所有评分裁判之总得分减去总扣分计算，高者名次列前；②如再相等，以高难度动作数量多者名次列前；③如再相等，名次并列。

(7)评分方法。舞龙比赛属技能类、表现性，由裁判员评分的竞技性集体竞赛项目。裁判员临场评分有5人评分制、7人评分制、9人评分制三种方法(均设1名值班裁判)。评分裁判员根据运动队现场发挥的技术水平，按舞龙规则评分标准，在各类错误中减去相应扣分，所剩部分即为该队得分。当5名裁判员评分时，取中间3个有效分的平均值，为运动队的应得分；当7名或9名裁判员评分时，取中间5个有效分的平均值，为运动队的应得分；应得分只取小数点后两位(小数点后第三位数不作四舍五入)。当应得分在9.5分和9.5分以上时，有效分之间的差数不得超过0.2分；当应得分在9分以上和9.5分以下时，差数不得超过0.3分。当应得分在9分以下，差数不得超过0.5分。当评分裁判员有效分之间的差数不符合规定差距时，裁判长所示的分数为基准分，将基准分与其最接近的两个有效分相加除以3，即为该队应得分。裁判长依据规则，从运动队应得分数中扣除“裁判长扣分”所规定的应扣分，即为该队最后得分。

第六节 陀螺

陀螺，又称“抽陀螺”“赶老牛”“打猴儿”“拉拉牛”等，在我国有着悠久的历史，在山西夏县西阴村土岭出土的距今4000多年的文物中，就有42个木制和陶制的陀螺。陀螺是一种用鞭子抽击一个圆锥形物体，使之在地面旋转的游戏，广泛流行于我国的瑶族、佤族、壮族、哈尼族、拉祜族、基诺族等10多个民族之中，是一项集对抗性、技巧性、趣味性为一体的综合性传统体育活动。

陀螺运动场地小，器材简单，参加者不受年龄和性别的限制，容易开展。

陀螺运动强度不大，主要是通过上下肢的协调配合来完成动作，由于陀螺出手后的运动轨迹是一条弧线，且由于力量、速度的不同，弧度也不同，因此陀螺运动对人的本体感觉是一个良好的锻炼。打陀螺时要调整远距离视物的视差，还要靠协调身体的动作来调节陀螺击打的精准度。陀螺运动无论是进攻技术还是防守技术都要靠腿、腰、臂的顺序发力，要求整个动作协调连贯，同时还需要上体及上肢的协调配合。因此，经常参加陀螺游戏和比赛，可使腿、腰、髋、膝、颈、肩、臂等部位关节和肌肉得到一定程度的锻炼，不仅可以发展和提高人的速度、力量和灵敏等素质，改善人体机能状态，提高人体对外界环境的适应能力和对疾病的抵抗能力，而且还可以改善人的心理状态，提高情绪的控制能力，培养良好的意志品质，增强体质，促进健康。

一、陀螺基本技术与教学

(一)陀螺基本技术

从体育游戏的角度看，陀螺游戏是以物体旋转为特征的运动。因此，陀螺游戏的玩法很多，可以进行放陀击准、陀螺撞架、抽陀竞速、超越障碍、攻防对抗等形式的比赛，在各种形式的陀螺游戏中，都是以陀螺旋转为主要特征。因此，能促使和加强陀螺旋转的动作都可称为陀螺技术，常见的基本技术有旋放技术、抽陀技术、攻陀技术等。

1. 旋放技术

旋放技术是使静止陀螺旋转起来的技术，通常是以细绳缠绕陀螺柱体部分，然后将陀螺掷地，顺势猛拉绳子，使陀螺旋转。全过程可分为准备动作、掷陀、挥臂拉绳几个组成部分。

(1)准备动作：准备动作包括缠陀、握陀、持陀、预备姿势。

①缠陀：以左手大拇指、食指和中指抓紧陀螺的柱体下部，无名指屈指贴附于陀螺锥体部位，陀螺底锥朝向手掌，右手将鞭绳按顺时针方向从陀螺柱体上部开始逐渐向中部缠绕陀螺，至鞭绳缠完或留 20～30 cm(可随个人习性而定)为止，缠绕用力要适当，缠得过紧，绳子张力过大，易拉断绳子，缠得不紧，旋放时力量传递受损，不易旋准旋快，影响放陀效果。

②握陀：缠好陀后，左手大拇指与食指中指握住陀螺柱体，无名指、中指贴于锥体部，将陀握稳。

③持陀：左手握好陀后，右手握住鞭杆下部，左臂向左侧前方伸出，右臂屈肘随之左摆，将陀和鞭持于身体左侧前方胸腹之间。

④预备姿势：放陀前，右肩侧对旋放区，两脚左右开立，稍宽于肩，右脚与旋放区中心点的距离以鞭绳长度减去 1.25 ± 0.05 m 为宜。两膝微屈，上体前倾，重心落在两脚之间(或稍偏左脚)，左手持陀于左侧前方，右手持鞭于腹前，眼睛注视旋放区中心。

放陀前可以腰为轴转动上体，做两至三次预摆的瞄准动作，两膝随上体转动屈伸调节身体重心。也可不做预摆动作，左手持陀向左侧方引臂，右手持鞭随摆，重心随之移至左脚上，左膝稍屈，维持身体平衡，保证掷陀有较长的工作距离。

(2)掷陀：掷陀是旋放技术的主要环节，动作是否正确，用力是否恰当直接影响到陀螺的旋转力量和落点的准确性。在引臂瞄准或预摆结束后，利用左腿蹬地向右转体的力量，带动左臂向前挥摆，不做任何曲腕和拨指动作，全身力量通过手臂和手指作用于陀螺，注意控制陀螺的出手方向和路线，使陀螺头朝上、锥朝下向旋放区飞出。

(3)挥臂拉绳：左手将陀螺掷出后，右手持鞭顺势前摆。陀螺在向前飞行的过程中，由于受到鞭绳的拉动，产生顺时针方向的旋转；当陀螺飞到旋放上方距地面 20 cm 左右，右腿用力蹬地向左转体，右手持鞭向左猛力回拉，使陀螺的旋转获得更大动力，平稳地落于旋放区内。挥臂拉绳后持鞭迅速退出比赛场区。

掷陀与挥臂拉绳是旋放技术的主要环节，掷陀出手的方向、路线、速度决定陀螺的落点，而挥臂拉绳的时机和力量是决定陀螺旋转强度、稳定性和落点的关键因素。因此，掷陀时，在陀螺落地前要特别注意蹬腿转身与爆发式的挥臂回拉动作(图 7－6－1)。

图 7－6－1　掷陀与挥臂拉绳

2. 抽陀技术

抽陀技术是用鞭子连续抽打旋转着的陀螺，使之旋转加强或发生位移改变旋转位置的方法。以右手抽陀为例，其动作要领如下：面对陀螺，两脚左右开立比肩宽。右膝屈膝大于左膝，上体前倾，重心落在右脚上。左手臂自然伸于左侧，右手持鞭于身前。然后，右臂向右侧上方摆起，接着利用右脚蹬地向左转体的力量，以肩带臂、臂带鞭向左前下方挥摆，在身前用鞭子抽打陀螺圆柱体部位。注意控制击陀的角度、路线，使之达到预定目标。抽陀后，手臂随挥摆动作向左缓挥后收回，或做下一次抽陀动作。

3. 攻陀技术

攻陀技术是将陀螺缠绕细绳后向前扔出，使之旋转着飞去击打另一个正在旋转着的陀螺的方法。全过程可分为准备动作、掷陀、拉陀几个部分，看起来与旋放技术没有什么两样，但是攻陀要掷出更远的距离(5～6 m)，掷出的力量要大，又要能击中较小的目标。因此，在具体方法上与旋放技术有明显的不同。

(1)准备动作：包括缠陀、握陀、持陀持鞭和预备姿势几个部分，其中缠陀、握陀及持陀方法与旋放技术相同，仅准备姿势有异，以右手握陀为例，准备姿势如下：左脚站在攻击线后，右脚向右后开立稍宽于肩，右腿屈膝，上体侧后倾，斜侧面对攻陀方向，重心偏向右脚，右手持陀向右侧后上方引臂，左臂屈时持鞭于右胸前，眼睛注视守方陀螺。

(2)掷陀：掷陀是攻陀技术的关键环节，动作质量的高低直接影响到攻击的准确性、速度和旋转力量。陀螺出手时的速度大小、角度、方向以及出手点高度是决定陀螺落点即攻击准确性的主要因素，掷陀动作就是为了使这几个因素得到理想配合，从而提高攻陀的有效性和旋转强度。

图 7－6－2　挥臂掷陀

准备姿势瞄准好守方陀螺后，利用右腿蹬地、身体左转的协调力量，带动右臂向前下方快速挥摆，至肘关节伸直时将陀螺掷出手，使陀螺平头朝上、锥尖朝下对准守方陀螺飞出(图 7－6－2)。陀螺离手后，右臂随势向左斜下摆动，屈膝维持身体平衡，防止踩越攻击线。

(3)拉陀：拉陀是陀螺旋转动量的来源，拉陀技术就是为了使陀螺获得尽可能大的旋转强度，并适当调节陀螺飞行弧线，控制陀螺落点。

右手将陀螺掷出手后，左手随即持鞭顺势左摆，用力拉动鞭绳，使陀螺在快速飞行的同时，在鞭绳的带动下产生顺时针方向的旋转，当缠绕的鞭绳全部拉完后，陀螺即沿鞭绳拉力结束时的即时速度方向、角度飞向守方陀螺。鞭绳拉完后迅速收回鞭，防止鞭绳触及守方陀螺和鞭杆触及比赛场区。

挥臂摆动是攻陀力量的主要来源，因此，动作要协调。陀螺出手时的速度不仅决定了陀螺向前飞行的速度与撞击力，还决定了陀螺旋转的强度。

（二）陀螺技术教学

1. 进攻技术教学

（1）进攻技术模仿练习：①最后用力出手环节的模仿练习，体会蹬地、转身、挥臂、翻腕、拨指以及回拉抽鞭动作；②助跑 1 ~ 2 步、3 ~ 4 步接最后用力出手的模仿练习，体会助跑与最后用力结合的完整动作过程。

（2）无绳进攻技术练习：①原地无绳进攻技术练习；②助跑 1 ~ 2 步接无绳进攻技术练习；③助跑 3 ~ 4 步接无绳进攻技术练习。

（3）完整进攻技术练习：①原地进攻技术练习；②助跑 1 ~ 2 步接进攻技术练习；③助跑 3 ~ 4 步接进攻技术练习；④不断提高进攻命中率的练习。

2. 防守技术教学

（1）防守技术模仿练习：通过练习抛陀、蹬地、转身、挥臂抽鞭动作，重点体会蹬地、转身、挥臂的动作时机。

（2）完整防守技术练习：①掌握抛陀距离，通过反复试点与测量，一般用鞭子全长减 1.2 ~ 1.4 m 作为抛陀距离；②掌握抛陀落点，通过反复练习，掌握抛陀落点，做到落点准，高度适当，力量适中；③掌握蹬地、转身、挥臂的时机，蹬地、转身、挥臂时机是防守技术的关键，一般应在陀螺到达预定落点上空时开始做蹬地、转身、挥臂回拉的动作，回拉抽绳结束，陀螺正好落地，过早则会将陀螺拉回，过晚则用不上力；④掌握完整防守技术；⑤放陀记时测试，在落点准的基础上进行记时，以旋转 1 min 为及格标准，达 3 min 以上为优秀标准。

3. 攻防技术综合练习

（1）个人进攻与防守技术交替的综合练习。

（2）两人及两人以上的进攻与防守技术交替的综合练习。

（3）教学训练的测试与比赛。

（三）陀螺技术教学注意事项

（1）旋放陀螺时要注意周围的情况，旋放周围不宜站人，以免被鞭绳伤及。

（2）进攻时，由于用力过猛，陀螺可能会飞出场外伤及他人，在进攻前，要让周围的人不要靠场地太近，以免发生危险。

（3）旋放或进攻完成后，在捡陀时，当陀还在旋转时，切忌用手去拿，应先用脚踩停，方可捡陀。

二、陀螺基本战术与教学

(一)陀螺基本战术

1. 个人战术

(1)个人防守战术分为周边式和中间式两种:

①周边式。指在旋放过程中，为了加大攻击者的攻击难度，尽可能地将陀螺旋放在旋放区的周边，特别是距进攻线远端的周边地带，加大攻方命中的难度。周边式适于旋放技术熟练、落点控制能力强的运动员使用。

②中间式。指在旋放时，将陀螺旋放在旋放区中间地带的方法。中间地带攻方命中率较高，但由于面积比较大，不易出现失误，防守方可通过加大旋放力度，提高陀螺转速，达到阻碍攻方得高分的目的。中间式适于旋放力量大、落点控制能力弱的运动员使用。

(2)个人进攻战术分为全力攻和巧攻两种:

①全力攻。当遇到防守方旋放落点远、转速快等旋放效果好情况时，应合理地运用全力攻并掌握好出陀的方向、力量、落点，以争取有效命中并得高分。

②巧攻。当遇到防守方旋放效果差或死陀情况时，应进行巧攻，而不要全力攻。因为只要命中就能拿到较高的得分，所以在采用进攻方法上尽可能以命中为主。

2. 集体战术

(1)集体进攻战术分为“二一”式、“一二”式两种:

①“二一”式。把两名技术、心理品质、临场经验较好的队员，安排在第一攻击、第二攻击上，或者安排在第一攻击、第三攻击上。一般来讲，对方在防守过程中，都会安排较好的队员担当第一防守任务，这样的安排可以避免弱对强在第一轮出现，有利于提高士气。

②“一二”式。在只有一名队员较突出时，应将其安排在第一攻击或者第二攻击上，这时可能会出现强对强、弱对弱，或者是强对弱、弱对强的情况，这样能争取一个好的开局，为下面的比赛打下好的基础。

(2)集体防守战术：一般来讲，进攻方在轮次上的安排是好、中、差，那么防守方就应有相应的对阵，也就是按相对技术、心理品质好的队员，相对技术、心理品质较好的队员，相对技术、心理品质较差的队员的顺序安排轮次，以争取比赛的胜利。

(二)陀螺战术教学

1. 个人战术教学

(1)进行全力攻与防守选位练习，即一攻一防。①防守队员把陀螺旋放在旋放区四个边角的任何一个角，进攻队员可做原地攻击或行进间攻击，这样一攻一防四个边角依次轮换，反复进行练习；②进行只守不攻和只攻不守的全力攻击练习。

(2)巧攻与中间式练习：①一攻一守，防守者将陀螺旋放在死陀点附近，攻击者可采用轻打或者吊打等方式进行攻击；②一守一攻，攻防进行转换，进行反复练习。这样，每个人可以在训练进攻技术的同时练习个人的防守战术。

2. 集体战术的教学与训练

集体战术练习是把个人战术有机地连结起来进行练习的方法，主要有以下三种：进行

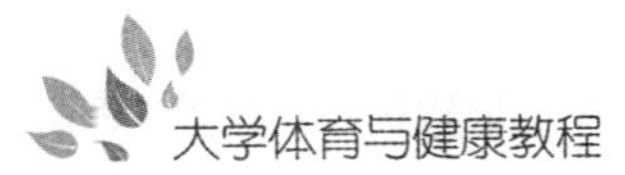

一防三攻练习；进行一攻三防练习；进行三防三攻练习。

无论什么样的练习方法，教练应随时调整进攻和防守位置，以便确定一套完整而有效的练习方案。

三、陀螺规则及裁判法

(一)陀螺竞赛形式

1. 旋放比赛

旋放比赛是指应用旋放技术将陀螺放至一定区域内，然后根据旋转时间长短判定胜负的比赛方法。陀螺落在规定区域内之后，旋转的时间越长越好，一般根据时间赋予一定分值，按预先定好的次数放完后将得分相加，得分高者名次列前。

在放陀区域方面也可按落在不同区域给予不同分值的方法进行比赛，如以落在 30 cm 半径的圈内为 10 分，则可以每增加 10 cm 半径减 1 分的方法赋分，按预先约定好的次数比赛完后将得分相加，得分高者名次列前。

以上两种方法可以独立进行比赛，也可以同时综合进行，即将时间与区域分值相加评定名次。

2. 抽击比赛

这种比赛是将陀螺旋放于平地之后再用鞭子将其抽赶到一定区域内，然后根据旋转时间长短和陀螺所处区域大小判定胜负的比赛方法。评分方法与旋放比赛相同，所不同的是，旋放比赛是直接将陀螺放入比赛区域，而抽击比赛是陀螺旋放后再用鞭子将其抽赶到比赛区域。抽击比赛还可以采用在一定区域规定抽打鞭数比旋转时间的比赛方法。

3. 抽陀撞架

抽陀撞架是两人在规定范围内用鞭子各自抽打着自己的陀螺相互碰撞，以出界和碰死为输的对抗比赛。比赛场地一般为直径 5 m 的圈，比赛进行中，人可以站在圈内，也可站在圈外，但陀螺出界或停转即为失分，一局比赛失分少者为胜，三局二胜制，每局 5 min，局间休息 2 min。

4. 抽陀竞速

抽陀竞速是用鞭子抽打着陀螺通过一定距离，所用时间越少越好的比赛。可以设一人抽一陀、一人抽两陀或多陀的形式，距离可短可长，可以往返，可以接力，可以设置若干不同障碍等。这种比赛场面热烈、趣味性、观赏性强，是青少年较为喜爱的形式。

5. 掷陀击准

掷陀击准是应用攻陀技术打击一定距离之外的旋转陀螺的比赛方法。目前这种方法已是全国及各省市民运会比赛设置的项目，简称打陀螺。以下介绍的陀螺基本规则与裁判法，即为这种比赛形式。

(二)陀螺基本规则

1. 场地与器材

(1)场地：比赛场区为 15 m 宽、20 m 长的长方形区域，旋放区直径为 1.6 m，旋放区可铺设橡胶垫，男子的攻击距离为 6 m，女子的攻击距离为 5 m。比赛场地由比赛场区和无障碍区构成，比赛场区由旋放区、死陀置放点、攻击区、攻击线、守方预备区、攻方预备区等构成(见图7-6-3)。

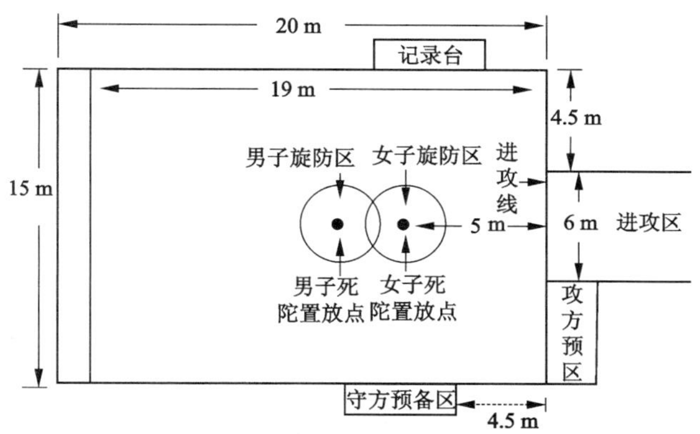

图7-6-3 陀螺场地示意图

(2)器材:①陀螺:非金属性平头陀螺,直径为9~10 cm,高度10~12 cm,圆柱体高度5~6 cm,锥尖金属钉直径0.4 cm,重量为800~900 g。

②鞭:由鞭绳和鞭杆组成,鞭绳长度男子为6 m,女子为5 m,鞭杆可有可无,如有,长度不超过0.6 m。

2. 竞赛方法

(1)项目设置:比赛可设男子团体赛、女子团体赛、男女混合双打、男子双打、女子双打、男子个人赛、女子个人赛。

(2)计分方法:陀螺是一项两队在比赛场地上,从守方旋放陀螺开始,由攻方将自己的陀螺抛掷,击打守方陀螺,将守方陀螺击出比赛场区或比守方陀螺在比赛场区内旋转的时间更长的比赛项目。比赛只计攻方得分,以当场比赛的累计得分决定该场胜负,得分多的队为获胜队。每次进攻可得分值为0、1、2、3、4,即打停得4分;攻守双方均未出界则比旋,旋胜得3分,旋平得2分,旋负得1分;攻守双方均出界得2分,攻方出界、守方未出界得1分。攻方踩、越线,第一落点不在旋放区的间接击中,未击中,在裁判未报分之前身体(含鞭杆)触及场区内,均属无效进攻,得0分。

①停转:陀螺呈非锥尖向下的转动和呈非锥尖为轴心的转动均为停转。

②打停:在有效进攻中,攻方陀螺仍在场内旋转,而碰撞后守方陀螺当即停转或出界。

③旋胜:在有效进攻中,双方陀螺均在场内旋转,守方陀螺先于攻方陀螺停转。

④旋平:在有效进攻中,双方陀螺同时出界、同时停转、一方出界一方停转或攻方击中守方陀螺后出界或停转。

⑤旋负:有效进攻中,守方陀螺仍在旋转,攻方陀螺停转或出界。

(3)胜负判定:采用淘汰或循环的方法,循环赛胜一场得2分,负一场得1分,弃权得0分。

①个人比赛:每场比赛每名队员攻守各6次(3次后攻守互换),得分累计多者为胜。如得分相等,每人加赛1次,直至决出胜负。

②双打比赛：守方2名队员轮换放陀，攻方2名队员轮换各进行两次连续攻击后，攻守互换，每场比赛，每人完成6次攻守。以得分累计多者为胜。

③团体比赛：每队3人，攻方进攻3次，守方放陀3次为一轮，三轮为一节，两节为一局，两局为一场。守方队员放陀顺序为：第一轮1、2、3，第二轮2、3、1，第三轮3、1、2；攻方队员总是按1、2、3顺序进攻。每节比赛结束，攻守互换。局间休息3 min。以全场比赛得分累计多者为胜 。

（三）陀螺竞赛裁判法

每场比赛设裁判员1名，司线员2名，记录员1至3名。

裁判员负责赛前检查场地和器材，并组织双方队长抽签决定攻与防；领导整场比赛，有最终判决权，并对该场比赛发生的问题予以处理；掌握局间休息，检查、监督更换器材，并同意按规则换人；用哨音和明确的手势主持比赛；签字确认本场比赛结果。

司线员要与裁判员密切配合，负责判断陀螺停转时间和是否出界，并用旗示告诉裁判员；当裁判员对比赛情况有疑问时，司线员应向裁判员说明情况。

记录员负责请双方教练员填写比赛位置表；登记比赛队员名单、顺序；准确记录并举牌示意每陀得分；准确记录每队、每人累计黄(红)牌次数以及换人、暂停次数，并将结果及时地告诉裁判员以便让裁判员作出判定和判罚；监督队员放陀、攻击的顺序，如有错误，立即报告裁判员；累计比赛成绩；及时通知裁判员攻守及场地的交换；及时确定双方得分与胜负，并通知裁判员临场公布；比赛结束后请双方队长、裁判员及司线员在记录表上签字。

四、陀螺器材制作与利用

陀螺的比赛形式繁多，可以进行旋放比赛、抽击比赛、抽陀撞架、抽陀竞速、超越障碍、掷陀击准等多种形式的比赛，同时又适合不同年龄的人群参与。因此，根据不同的比赛形式和人群需要，可以制作不同大小、形制和材质的陀螺。陀螺的器材包括陀螺、鞭杆、鞭绳，其制作需要考虑的因素主要有制作材料和制作方法两个方面。这里重点介绍陀螺制作材料的选取和陀螺制作方法，鞭杆和鞭绳的制作方法略。

（一）陀螺制作材料

陀螺一般用青冈木、栗木、油茶树、脱皮龙树等硬质木材制作，考虑到此类木材不易获取，可用建筑用的塑料棒或尼龙棒代替。根据不同比赛形式和人群需要的陀螺大小，选择相应大小直径的材料，一般抽击比赛、抽陀撞架、抽陀竞速、超越障碍比赛用的陀螺，直径在5 cm左右即可，旋放比赛陀螺的直径可大可小，小的以5 cm左右为宜，大的可达20 cm以上，甚至更大。掷陀击准比赛的陀螺按规则规定为9～10 cm。此外，为提高陀螺锥尖的耐磨性和转动的持久性，一般要在陀螺锥尖装上金属陀钉。因此，还需要4～10 mm的金属棒，用于制作陀钉。

（二）陀螺制作方法

1. 削制柱体

用锯子截取比陀螺所需高度稍长1 cm的一节材料，用砍刀将材料削砍成规整的圆柱体，如能借助圆规在柱体截面上画圆圈，再沿圆圈线削砍则更为精确。

2. 削制锥体

柱体削制好后，在圆柱体中部划上一条柱体与锥体分界线，在圆柱体底面找到柱体截面圆心，并标上记号作为锥尖。用砍刀沿分界线向锥尖点削砍，砍出陀螺锥体。

3. 安装陀钉

用锥子和小钻子在陀螺锥尖处打出一个比陀钉稍小稍短的陀钉孔，然后将备好的陀钉打进陀钉孔，陀螺即基本成型。

4. 调制重心

将陀螺旋放在地面上，反复观察陀螺的旋转状况，并判断陀螺重心是否落在锥尖上，并根据重心偏离程度对陀螺的柱体、锥体和锥尖进行砍削和调整，直至陀螺重心完全落在锥尖上，陀螺的旋转能平稳、持久。

第七节　竹竿舞

竹竿舞是黎族人民喜闻乐见的一种民族体育项目，黎语叫“卡咯”，意为“跳柴”，又名“跳柴舞”“打竹舞”。流行于海南黎族、苗族聚居地区和广西北部海湾上的“京族三岛”上。竹竿舞分为打竿和跳竿两部分，打竿有平敲和提敲两种方法，在各种开合节奏的敲击下，竹竿舞在空间与地面的交错舞动中，形成奇特、动感的视觉效应；跳竿者在竹竿的交错舞动中，遵循开进合出的原则，配以各种舞蹈动作，在竹竿中穿梭进出，变换各种花样，让人的视觉产生灵动美。竹竿舞具有一定的观赏价值，同时还具备娱乐性、趣味性、健身性等价值，它的新、奇、美特色受到广大群众和外国友人的喜爱和追崇。

一、竹竿舞的基本技术

竹竿舞通常是敲竹者和跳竹者协调统一、相互轮换的一项民族传统体育项目，它的基本技术由“打竿”和“跳竿”两部分组成。

（一）打竿

1. 打竿姿势

（1）坐打：两腿盘腿而坐，即两脚交叉立于细竿的竹端，屈膝盘腿而坐，两腿盘于体前。一般用于平敲的打竿技术中。（见图 7－7－1）

（2）蹲打：单膝跪蹲，即两脚前后开立约 40 cm，左右相距约 20 cm，后腿屈膝跪蹲。一般用于平敲和单手提敲技术中。（见图 7－7－2）

（3）站打：两脚前后站立。一般用于单手提敲、双手提敲、翻转竹竿的技术动作中。（见图 7－7－3）

2. 握竿方法

根据打竿方法的需求，握竿可分为全握法和半握法两种。

（1）全握法：拇指与其余四指分开，虎口朝前，掌心向里，拇指与其余四指扣屈握竿。

（2）半握法：四指并拢，掌指朝下，拇指前伸放于竹竿的表面，掌心向里，其余四指扣屈握竿外缘。

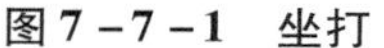

图 7－7－1　坐打

图 7－7－2　蹲打

图 7－7－3　站打

3. 打竿技术

（1）平敲法：打竿者双手握住竹竿的末端，两竹竿在底竿上平行的开合敲击，开度与肩同宽。

（2）提敲法：单手提敲，打竿者双手各拿一根细竹竿，在特定的分合之后，一手向下敲击粗竹竿，一手向上提起竹竿，提敲的次数根据节奏而定。单手提敲的方法有交叉式、平行式、高低式等；双手提敲，打竿者双手各拿一根细竹竿，在特定的节奏转换中，双手同时上提竹竿合击或分开，同时向下开击底竿，双手提敲有上下起伏式、翻转式等。

4. 打竿节奏

打竿的节奏是控制整个竹竿舞的节律以及关系到跳竿者动作展现的最重要的因素，跳竿者和打竿者的节奏必须协调一致，跳竿者必须灵活变换，否则会影响整个表演的顺利进行。

（1）2 拍节奏：打竿者双手握住竹竿，一开一合、周而复始地敲击竹竿。

①平敲：双手合敲，可以是两根竹竿互碰或是两根竹竿向下敲击粗竹。

②提敲：分开敲击底竿一拍后，左手再向下敲击一拍，同时右手抓竿上提。

（2）3 拍节奏：打竿者分开敲 2 拍，合敲 1 拍；分开敲 1 拍，合敲 2 拍，并按此奏周而复始的敲击。

① 平敲：打竿者分开敲 2 拍，合敲 1 拍；分开敲 1 拍，合敲 2 拍，进行平行移动。

② 提敲：分开敲 2 拍，上提碰击 2 拍；合敲 2 拍，分开上提一拍。

（3）4 拍节奏：打竿者分开敲 2 拍，合击 2 拍；分开敲 3 拍，合击 1 拍。

① 平敲：分开敲 2 拍，合击 2 拍；分开敲 3 拍，合击 1 拍。打竿者在底竿进行平行的开合敲击。

② 提敲：打竿者分开敲底竿 2 拍，上提 1.5 m 左右碰击 1 拍，或翻身携竿转体 2 拍。

5. 跳竿技术

跳竿是完成竹竿舞动作展现的最主要的部分，在跳的过程中，一定要遵循“开进合出”原则。它的基本动作有单腿跳、双腿并跳、转体单腿跳、分腿跳及翻跟斗等，再结合手上舞姿，按不同的节奏，在竹竿上轻松欢快地跳动，展现竹竿舞的运动特点。

（1）二拍跳法。

① 单腿跳进：左脚跳进 1 拍，右脚越竿跳出 1 拍。（图 7－7－4）

② 单腿进退：左脚跳进 1 拍，右脚越竿跳出 1 拍；左脚越竿前进跳 1 拍，右脚后跳出 1 拍。

③转体 180°跳进：左脚跳进 1 拍，右脚越竿跳进，同时左转 180°；右脚跳进 1 拍，左脚越竿跳进，同时左转 180°。

图 7－7－4　单腿跳进

图 7－7－5　踢腿跳

图 7－7－6　脚跟点地跳

（2）三拍跳法。

①交换腿跳（二合一开为例）：左脚跳进 1 拍，右脚原地跳 1 拍，左脚越竿跳进 1 拍；右脚越竿跳进 1 拍；左脚原地跳 1 拍；右脚越竿跳进 1 拍。

②单脚连跳（一合二开为例）：左脚跳进 1 拍，右脚越竿跳进 1 拍，右脚原地再跳 1 拍。

③单双脚连跳（一合二开为例）：左脚跳进 1 拍，双脚越竿原地跳进 1 拍，双脚越竿原地跳 1 拍。

④分腿跳（二合一开为例）：双脚跳进 1 拍，双腿分腿原地跳起 1 拍，左脚越竿跳进 1 拍。

（3）四拍跳法。

① 踢腿跳：双脚跳进 1 拍，原地右踢腿跳 1 拍，越竿跳进 1 拍，原地左踢腿跳 1 拍。（图 7－7－5）

② 脚跟点地跳：双脚跳进 1 拍；右脚原地跳 1 拍，同时右脚跟右前点地，上身右倾；双脚越竿跳进 1 拍；左脚原地跳 1 拍，同时左脚跟左前点地，上身左倾。（图 7－7－6）

除了上述的基本跳法以外，竹竿舞还可以创作出各种灵活多变的动作组合，比如可以引入体育舞蹈的诸多舞步、各类民族舞、健美操的相关动作。

二、竹竿舞的基本教学

（一）竹竿舞的教学方法

竹竿舞教学方法是指教师在教学过程中，把竹竿舞的知识、技术和技能传授给学生的途径或手段。科学地选择和运用教学方法，对教师顺利完成教学任务，提高教学质量有着重要的意义。

1. 讲解法与示范法

(1)讲解法是竹竿舞教学过程中最主要的方法。它是一种有声的“示范”，能使学生建立正确的动作概念。通过讲解，向学生说明学习竹竿舞的任务、动作要领、练习方法等，进而阐明技术关键和进行思想教育。

(2)示范法是由教师直接做动作，它能更清晰、更具体、更形象地将动作展示在学生眼前，有利于学生观察与模仿，示范结合讲解更能体现示范效果。

2. 完整法与分解法

(1)完整法是教师对学生动作进行完整的教学，即从动作开始到结束不分段落直接教授给学生，经过讲解、示范、练习来掌握动作的一种方法。这种方法适合于动作难度与学生水平相适应的易学动作。

(2)分解法是教师把动作的技术逐个地分解教给学生，通过分解讲解、分解示范、分解练习，使其掌握动作的方法。

3. 带领与引导法

(1)带领法是指教师带领学生一起做动作，教师起着示范的作用。这是教学中普遍采用的一种方法。

(2)引导法是教师在教学中带引学生进行教学的一种方式，在竹竿舞中的集体跳法中经常用到此种方法。通过教师的引导，学生能更清楚直接地感受动作的技术要领和要求，在动作的把握上能更具体、更准确。

4. 重复法与提示法

(1)重复法是指按照动作的要领反复练习的方法。无论是单脚跳、双脚跳还是集体跳，都要进行有目的的重复练习，它是学生学习、巩固、提高动作的重要方法。

(2)提示法，教师用简单的语言和简单的动作提示要领，纠正错误，指导学生练习的一种教学方法。

竹竿舞在教学上，一般先让学生熟悉打竿的基本技术，熟练开与合的基本规律，明确脚踩的位置，再练习竹竿舞动作。打竿应先从简单的 2 拍节奏打起，结合教学的方法，让学生掌握竹竿舞的运动方法。

(二)竹竿舞的教学步骤

1. 熟悉竹竿舞的打竿方法

在学习竹竿舞之前，必须让学生了解竹竿舞的基本敲打方法。先徒手练习敲竿方法，然后上竹竿敲打，直到熟练掌握。

2. 掌握竹竿舞的基本跳动方法

在确定基本教学内容以后，按教学内容的基本跳竿方法，在原地或是行进间进行竹竿舞基本步法的练习。

3. 上竿跳动配合练习

学员在熟悉基本跳法以后，在竹竿不敲打的情况下，在竹竿间实践跳动，熟悉竹竿间的大小间隙。然后配合敲打熟悉跳动，注意在配合初期，敲打须慢节奏地进行。

(三)教学中易犯错误及纠正方法

1. 夹踝现象

原因：练习者的跳动节奏与敲击节奏不一致。

纠正方法：加强对竹竿节奏的判断，然后徒手练习跳竿动作，熟练上竿可避免夹踝现象。

2. 踩竿现象

原因：对不断敲击的竹竿的开合规律不熟悉。

纠正方法：先判断敲击竹竿的节奏，再分析这一节奏的开合规律，最后以相应动作上竿练习，则可避免出现踩竿的错误动作。

3. 跨跳现象

原因：动作不熟练，从而对不断开合的竹竿产生畏惧心理。

纠正方法：对动作进行徒手强化练习，熟练后再上竿练习，便可避免这一现象。

4. 打竿不一致

原因：打竿者不默契或对不同节奏的打法不熟练。

纠正方法：前者的纠正方法是选出打竿队长，队长发出口令，这样节奏快慢便可一致；后者则是有针对性地训练打竿者，使之熟练地打出不同节奏。

（四）教学注意事项

跳竿时，要求练习者踝关节缓冲不要过大，稍紧张些，前脚掌触地时间要短；要重视和加强基本步伐的训练，在此基础上才能学好竹竿舞；竹竿舞的基本动作简单易学，掌握了基本动作后，可加大各种步伐的难度，增加动作的变化，从而提高竹竿舞的教学效果。

三、竹竿舞成套动作的编排要求

1. 动作的编排要力求创新

竹竿舞动作编排的不断整理与创新是本项目发展的活力之源。创新是所有艺术发展的动力。在竹竿舞比赛中，每个运动员或每支队伍都在努力追求展现与众不同的新颖的动作，以独特的编排显示各自特点。任何运动项目的发展与长久不衰，不仅仅在于继承，而更重要的在于不断地创造，只有不断创新，才能具有旺盛的生命力。

2. 竹竿舞动作元素的构成多样化

（1）动作元素选择的多样化。竹竿舞的动作丰富多样、多姿多彩。在成套动作编排中，十分忌讳单一、雷同的动作模式，崇尚动作类型、形式的丰富多样。

（2）动作风格的多样性。运动员由于受到年龄、身体形态、身体素质、技术特点、文化背景、个性特征等诸因素影响，在技巧动作、难度动作、艺术展现、音乐等方面都会表现出一定个体所具有的较为稳定的个性特征，从而形成竹竿舞运动的不同表现风格。

3. 音乐与动作的统一性

在竹竿舞中，音乐节奏和舞蹈动作需要经过精心创编而相互协调统一。动作的表现借助于音乐的旋律、节奏来体现，队员动作的情感展现也依赖于音乐节奏的引导，通过对音乐不同节奏的处理与快慢交替的竹竿舞动作的协调搭配，可以使动作的表现力更加丰富，给人以崭新的审美体验。竹竿舞的音乐节奏的选择，应有民族的特色，且应欢快、响亮、节奏明朗。

四、竹竿舞的表演或竞赛规则

(一)场地、器材

1. 场地

(1)地面：竹竿舞的表演或比赛应在平整无障碍物的地面上进行。

(2)场区面积：比赛场区长 12 m，宽 6 m，其四周应有 2 m 以上的无障碍区。

2. 器材

(1)直径为 10 ~ 12 cm，长为 6 m 的粗竹竿两根，作为底竿。

(2)直径为 4 ~6 cm，长为 5 m 的细竹竿 8 ~10 根，为打竿。

3. 器材的摆放方式有多种，梯田式摆法(图 7 –7 –7)、“米”字摆法(图 7 –7 –8)、“井”字摆法(图 7 –7 –9)。在不脱离器材的情况下，可以自由选择，灵活多变。

图 7 –7 –7　梯田式摆法

图 7 –7 –8　“米”字摆法

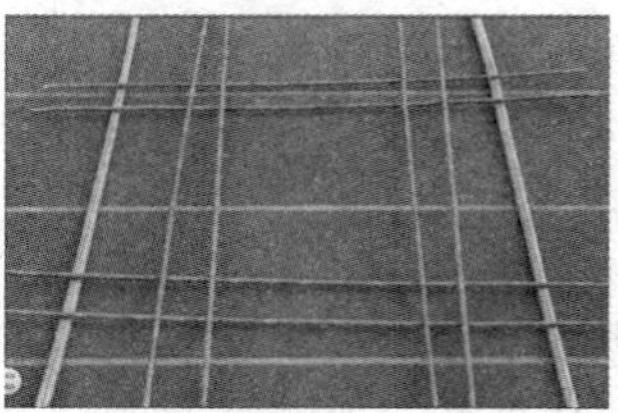

图 7 –7 –9　“井”字摆法

(二)表演或比赛规定

(1)队员的表演或竞赛着装应该民族化。

(2)表演的时间为 3 ~6 min。

(3)运动员的出场顺序由抽签决定。

(4)可佩带不同的民族装饰，但不允许佩带不得体、有损伤性的道具。

(5)表演过程中至少有 5 ~8 个队形或者造型的变化。

(6)动作规定：①竹竿舞的动作应包含跳、转体、绕摆结合自己的创编花样等动作；②比赛或表演中的打竿动作要用 3 种以上的不同节奏；③动作和音乐应该积极向上，与动作协调配合，符合本民族的风格特色，编排应体现竹竿舞的节奏和特点；④比赛或表演时必须配合集体动作，动作应整齐。

(三)比赛方法

每队参赛队员应男女各 8 人，比赛中男女队员应该相互轮换打竿或跳竿。比赛设特等奖 1 名、一等奖 2 名、二等奖 3 名、三等奖 4 名、优胜奖若干名，以此鼓励参赛队的积极性。

参考文献

[1] 白晋湘. 民族传统体育教程[M]. 长沙:中南工业大学出版社,2000.
[2] 卢先吾. 全民健身大全[M]. 北京: 人民体育出版社, 1996.
[3] 编辑委员会. 中国大百科全书・体育[M]. 北京: 中国大百科全书出版社, 1982.
[4] 常乃军. 大学体育教程[M]. 北京:高等教育出版社,2002.
[5] 王达. 大学体育与健康教程[M]. 北京:北京大学出版社,2003.
[6] 闵捷, 高涵. 大学体育与健康基础教程[M]. 北京:北京体育大学出版社,2002.
[7] 杨文轩. 当代大学体育[M]. 北京:人民体育出版社, 2005.
[8] 梁子军, 李翠英, 张军. 大学体育与健康教程[M]. 北京:北京体育大学出版社,2004.
[9] 张国庆, 刘景华. 新编大学体育与健康[M]. 沈阳:东北大学出版社, 2006.
[10] 周学荣, 阿英嘎, 周家祥, 等. 大学体育理论教程[M]. 南京:南京师范大学出版, 2004.
[11] 步德寿, 郭才祥, 阎小良, 等. 体育学[M]. 武汉:湖北科学技术出版社, 2006.
[12] 谢香道. 大学体育教程[M]. 上海:立信会计出版社, 2006.
[13] 康辉斌. 新编体育与健康教程[M]. 北京:中国商务出版社, 2007.
[14] 陶弥, 李明, 陈三忠. 高等学校体育与健康教程[M]. 北京:中国商务出版社, 2006.
[15] 王善胜, 王芬. 金牌背后是科技大战[M]. 北京:北京体育大学出版社, 1997.
[16] 邹师. 大学体育健康教程[M]. 北京:北京体育大学出版社, 2005.
[17] 樊西宁, 龚健, 蒋明朗. 大学体育与健康教育教程[M]. 西安:陕西人民教育出版社, 2006.
[18] 王健. 健康教育学(第二版)[M]. 北京: 高等教育出版社, 2012.
[19] 李振斌,王庆波,李梦泽,等. 体育教程[M]. 北京: 高等教育出版社, 2002.
[20] 黄雨三. 普通人群体育锻炼标准实施手册（下卷)[M]. 北京:清华同方光盘电子出版社, 2003.
[21] 牛亚莉. 体育文化论[M]. 兰州:甘肃人民出版社, 2005.
[22] 肖丽琴, 张玉芹. 新编大学体育教程[M]. 北京:清华大学出版社, 2012.
[23] 杨文轩. 大学体育[M]. 北京:高等教育出版社, 2008.
[24] 陈志军, 张君其. 大学体育[M]. 苏州: 苏州大学出版社, 2014.
[25] 徐勤儿, 张笋. 新编大学体育教程:第 2 版[M]. 苏州:苏州大学出版社, 2010.
[26] 杜宇峰. 大学体育与健康教程[M]. 西安: 西北工业大学出版社, 2012.
[27] 蒋玉梅. 大学体育与校园文化[M]. 武汉:中国地质大学出版社, 2010.
[28] 汪剑, 朱建春, 罗平. 新编大学体育与健康教程[M]. 北京:北京体育大学出版社,2008.

图书在版编目(CIP)数据

大学体育与健康教程／白晋湘等主编. —长沙：中南大学出版社，2017.6(2021.7 重印)

ISBN 978-7-5487-2723-1

Ⅰ.①大… Ⅱ.①白… Ⅲ.①体育—高等学校—教材②健康教育—高等学校—教材 Ⅳ.①G807.4②G647.9

中国版本图书馆 CIP 数据核字(2017)第 044108 号

大学体育与健康教程

白晋湘　谭志刚　唐吉平　陈碧华　周强猛　主编

□**责任编辑**　谢金伶
□**责任印制**　易红卫
□**出版发行**　中南大学出版社
社址：长沙市麓山南路　　邮编：410083
发行科电话：0731-88876770　　传真：0731-88710482
□**印　　装**　湖南省众鑫印务有限公司

□**开　　本**　787 mm×1092 mm　1/16　□**印张** 16　□**字数** 393 千字
□**版　　次**　2017 年 6 月第 1 版　□2021 年 7 月第 6 次印刷
□**书　　号**　ISBN 978-7-5487-2723-1
□**定　　价**　35.90 元

图书出现印装问题，请与经销商调换